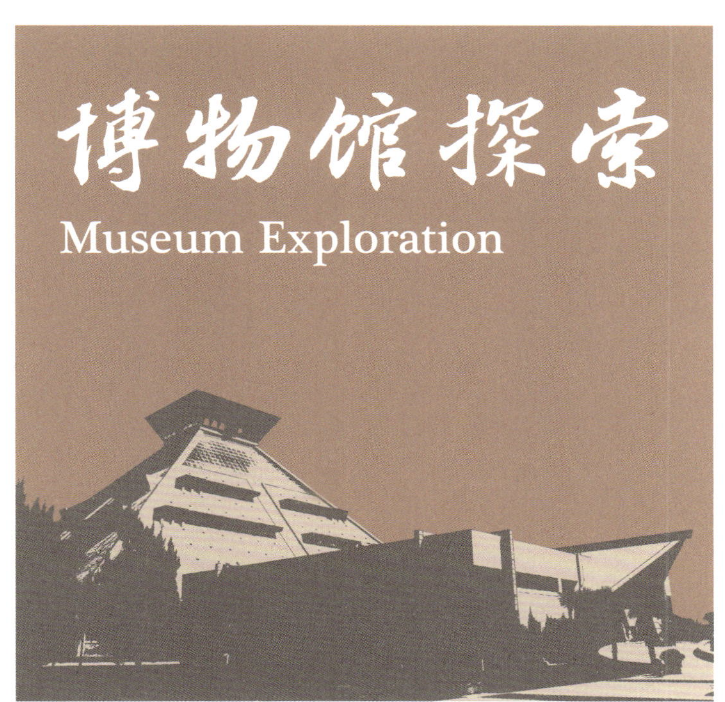

博物馆探索

Museum Exploration

第三辑

河南博物院　编

中原出版传媒集团
中原传媒股份公司

大象出版社
·郑州·

图书在版编目(CIP)数据

博物馆探索. 第3辑 / 河南博物院编. -- 郑州 : 大象出版社, 2024. 9. -- ISBN 978-7-5711-2478-6
Ⅰ. G260-53
中国国家版本馆 CIP 数据核字第 2024GH9868 号

博物馆探索　第3辑

BOWUGUAN TANSUO　DISANJI

河南博物院　编

出 版 人　汪林中
责任编辑　郑强胜　连　冠
责任校对　牛志远　张绍纳
书籍设计　王　敏

出版发行　大象出版社(郑州市郑东新区祥盛街27号　邮政编码 450016)
发行科　0371-63863551　总编室　0371-65597936
网　　址　www. daxiang. cn
印　　刷　河南瑞之光印刷股份有限公司
经　　销　各地新华书店经销
开　　本　890 mm×1240 mm　1/16
印　　张　10
字　　数　200千字
版　　次　2024年9月第1版　2024年9月第1次印刷
定　　价　138.00元
若发现印、装质量问题,影响阅读,请与承印厂联系调换。
印厂地址　武陟县产业集聚区东区(詹店镇)泰安路与昌平路交叉口
邮政编码　454950　　　电话　0371-63956290

《博物馆探索》编委会

“妇好”夔足铜方鼎

商代

通高 42.4 厘米，口长 33.3 厘米，口宽 25.1 厘米

1976 年河南安阳殷墟妇好墓出土

河南博物院藏

目录 | CONTENTS

深刻把握新质生产力变革 持续推动文博事业高质量发展

特　约

史自强
河南博物院

摘要：新质生产力的特点是创新，关键在质优，本质是先进生产力。文博行业保护着传统文化、肩负着传承使命，必须因时而进、踔厉奋发，发挥数字技术的功能；践行绿色发展模式；应用创新科技手段，加强文物保护利用；大力发展新文创产业；深化体制机制改革，营造良好科研氛围。

关键词：新质生产力；文博事业；高质量发展

2023 年 9 月，习近平总书记在黑龙江考察期间提出“新质生产力”概念，并在 2024 年 1 月 31 日主持中央政治局第十一次集体学习时对新质生产力作出系统阐述，之后在参加 2024 年全国两会代表团审议、主持中部地区崛起座谈会和新时代推动西部大开发座谈会等重要场合，多次强调“要牢牢把握高质量发展这个首要任务，因地制宜发展新质生产力”。习近平总书记关于发展新质生产力的一系列重要论述和重大部署，为我们深刻认识和把握新质生产力的科学内涵、重大意义、核心要素、工作要求提供了根本遵循。从习近平总书记将新质生产力列为高质量发展的内在要求和重要着力点，再到今年政府工作报告首次将“大力推进现代化产业体系建设，加快发展新质生产力”列为首项任务，可以看出中央对产业政策的关注和重视程度的提升，而新质生产力也成了理解未来推动高质量发展的关键词汇。学好用好这个新理论，不仅为加快科技创新、塑造发展新动能新优势提供了科学指引，也为指导和引领文博事业高质量发展提供了行动指南。

党的二十大报告指出，要大力发展文化事业和文化产业。博物馆作为公共文化服务单位，既是做好文化事业的重要载体，也是为文化产业发展提供核心内容支撑和力量源泉的重要平台。随着文化热、国潮热、博物馆热持续升温，进一步推动博物馆高质量发展迫在眉睫，文博行业需要深刻领悟新质生产力变革要求，与时俱进，主动拥抱新科技革命，运用新技术，探索新模式，从传统服务业中孕育出新的产业形态，并主动谋划布局未来文化产业发展路径。具体来看，当前文博领域发展新质生产力可以从以下几个方面重点发力：

（一）主动拥抱数字技术，大力发展数字文博。利用数字技术赋能发展博物馆数字经济，提升数字化管理和服务能力，是发展博物馆新质生产力的重要领域。当前，作为第四次工业革命的核心内容，以人工智能、新材料技术、虚拟现实、量子信息技术等为技术突破口的社会形态已经到来，文博行业需要主动对接数字技术，迎头赶上发展趋势。2022 年 5 月，《关于推进实施国家文化数字化战略的意见》的出台标志着文化数字化从专项工程上升为国家战略。2023 年中共中央、国务院印发《数字中国建设整体布局规划》，再次明确推进文化数字化发展，深入实施国家文化数字化战略。今年，“深入推进国家文化数字化战略”首次列入政府工作报告。在文化数字化战略的强力推动下，近两年智慧文博在全国亮点频现，新空间、新场景、新业态不断涌现。比如不少博物馆着手打造了特色沉浸式数字展，展览形式注重透物见人见事、多元融合呈现、凸显故事趣味、增强沉浸体验，充分运用人工智能、多媒体等技术，赋予文物、文献等新的时代表达方式，大大提升了展示效果；陕西历史博物馆和上海博物馆分别打造了自己的数字文创平台“华夏链”和“上博联”，联合其他单位深度拓展文创数字化产业，拥抱元宇宙、抢占新赛道、深挖数藏运营，预示着未来以数字藏品、元宇宙经济中的文创新角色等为主要代表的线上文创将成为新的增长点；河南博物院在利用新技术提升安保技防、消防技术水平方面做出了新尝试，在全国博物馆中率先采用领先的零电位灭弧技术和前期预警监测系统等新技术手段，有效扭转了对于电路火灾隐患及早期火灾难以发现的被动预防态势，大大提升了观众和文物安全系数。此外，通过科技手段，可以推进文物数字化工程，推动文物资源数字化转化，进而实现永久保存与开放利用；通过综合运用智能导览、虚拟漫游、增强现实、人机交互等手段，将前沿科技与古老文物有机结合，开展多种特色讲解服务，可以有效提升文博服务现代化水平。

（二）贯彻绿色发展理念，践行绿色发展模式。习近平总书记指出，“加快形成绿色生产方式和生活方式，厚植高质量发展的绿色底色”，新质生产力本身就是绿色生产力。必须加快发展方式绿色转型，坚定不移走生态优先、绿色发展之路，在全社会大力倡导绿色健康生活方式。文旅行业是实现绿色转型发展的重要领域和重要抓手，博物馆行业是文旅行业的重要组成部分，因此有条件为绿色转型发展做出更大贡献。2023 年中央经济工作会议提出“积极培育智能家居、文娱旅游、体育赛事、国货‘潮品’等新的消费增长点”。2024 年政府工作报告将这一点列为培育壮大新型消费的重点工作之一。据文化和旅游部数据显示及测算：2023 年，国内出游人次 48.91 亿，同比增长 93.3%；国内游客出游总花费 4.91 万亿元，同比增长 140.3%；2024 年春节期间，河南多个城市和景区“上榜”多项文旅榜单——郑州入选十大热门消费城市，郑州、洛阳双双入选十大热门目的地；河南博物院 2023 年共接待游客 273 万人次，创历史新高。很多博物馆每逢周末或节假日一票难约成为常态。毫无疑问，文旅行业已成为疫后消费反弹复苏的急先锋，文旅消费已成为扩大内需的有效途径。数据分析发现，年轻消费群体已成为旅游市场的主导力量，他们追求个性化、多样化和特色体验，倾向于追求视觉、听觉、味觉和体感方面的创新体验和稀缺体验，“为一场演唱会奔赴一座城”“跟着赛事去旅游”等新旅游现象已屡见不鲜。这启示我们，在确保文物安全的前提下，博物馆作为重要旅游目的地，需要用旅游的思维来对待游客，需要研究服务对象的需求，需要用大数据、信息化手段研究游客特征和行为习惯，不断提升服务能力和水平，打造更多的绿色消费场景。此外，在新建文博场馆的规划和建设过程中，应深入贯彻落实绿色发展理念，科学规划建设规模，在设计、施工、材料和运行管理等方面，全面推行绿色低碳建造方式，尽量应用绿色建材。积极引进应用先进适用技术，在不影响功能的前提下整合优化，降低运营维护成本，实现楼宇自动化、信息化、智能化管理，为践行绿色发展观探索文博模式。

（三）应用创新科技手段，加强文物保护利用。党的十八大以来，习近平总书记关于文物工作发表了一系列重要论述。全国文物工作会议确立的“保护第一、加强管理、挖掘价值、有效利用、让文物活起来”新时代文物工作方针是对这些重要论述精神的集中体现。中央全面深化改革委员会会议审议通过《关于加强文物保护利用改革的若干意见》，强调运用科学技术提供的新手段新工具提高文物保护能力。文博行业通过发展新质生产力加强文物保护利用具有很大潜力和空间。比如，在高新技术的创新与应用上，可以联合有关研发单位，围绕文物重点保护方向开展基础研究、关键技术攻关和应用示范，通过跨行业跨学科联合攻关，不断提升文物价值认知的科技支撑能力、文物保护修复的科技创新能力和文物传承利用的科技保障能力；在构建文物保护利用系统性业务发展模式上，以参加国家有关研究项目为依托，探索构建文物认知、诊断、评估、修复、研发为一体的文物保护科学理论与技术体系，着力解决各类文物病理病害分析，围绕修复材料更新、专利技术研发、文物科技鉴定和科学修复等问题，推动构建多学科协同、产学研用深度融合的全链条业务布局；利用互联网、数字化等高新科技手段，赋能文物保护利用，通过算法、算力、平台等让文物资源重新融合形成新质生产力，促进文物与相关行业的深度融合，实现“文物＋旅游”“文物＋教育”“文物＋创意”等领域的业态创新、模式创新，推动文物保护利用和文化产业的创新发展。

（四）创新打造消费场景，大力发展新文创产业。目前国内很多博物馆开展的文创经营活动，实际上大都还属于狭义文创的范畴，仍停留在文物衍生品的设计、生产和销售环节，与新时代新要求和观众的新期待相比，还有很大的潜力可以去挖掘提升。这主要缘于国内博物馆发展文创普遍起步较晚，大多是为响应新时代“让文物活起来”的号召，从 2016 年才在观望中蹒跚起步，并且受限于政策、机制等因素存在着思想是否解放、意志是否坚定、受挫是否停摆等问题。经过这些年的发展，我们需要重新评估文创在博物馆中的地位和作用，文创因其联系广泛、涉及面广等特性，已成为博物馆高质量发展的重要标识和环节，需加大对其重视程度，应从学理角度和博物馆建设的角度对文创进行研究分析，从建设优质公共文化服务体系的角度来考量。因此，博物馆文创产业应抓住机遇大力发展新质生产力，充分利用新科技手段在产品研发、业态打造、市场营销等方面取得新突破，通过文化 + 科技 + 创意打造更多的新文创消费场景，助推文创产业做大做强。比如在产品研发方面，可以从以书签、冰箱贴、网红雪糕、文具、手办等基础文创产品为主逐步向互动产品、数字产品延伸，运用新技术、新媒体等手段，推动文创产品的多元化、个性化发展；在业态打造方面，从以产品实物销售为主逐步向举办展览、演出、沉浸式体验活动等多种形式延伸，从“购、食、听、赏、品、玩”等多个方面，深度强化文化体验感和消费新鲜度；在市场营销方面，可进一步探索让文创走出博物馆，走进社区、景区、商区，加大对外合作力度，加强跨界合作，推出更多与知名商家的联名合作，从以线下实体店C端客户为主逐渐过渡到线上线下同步发力、BCC端齐头并进的格局。

（五）深化体制机制改革，营造良好科研氛围。习近平总书记指出，发展新质生产力，必须进一步全面深化改革，形成与之相适应的新型生产关系。要畅通教育、科技、人才的良性循环，完善人才培养、引进、使用、合理流动的工作机制。健全要素参与收入分配机制，激发劳动、知识、技术、管理、资本和数据等生产要素活力，更好体现知识、技术、人才的市场价值，营造鼓励创新、宽容失败的良好氛围。人力资源社会保障部和国家文物局在高素质人才培养和激励机制方面，也出台了相关政策文件，在文博事业单位的用人机制、人事管理、能力建设、绩效分配、职称评定等方面予以明确，对于稳定和壮大文博研究队伍，优化人才队伍结构，提升人才队伍整体素质、提振文博人才干事创业的主动性等方面确实起到了重要推动作用。但毋庸讳言，当前，对于博物馆行业来说，尤其是不少公益一类事业单位性质的博物馆，仍然普遍存在科研管理体制机制尚不健全、科研奖励激励不足、科研部门小散弱、科研人才严重不足等现象，容易导致科技创新动力不足、积极性不高、产出成果少、人才流失快等严重影响博物馆高质量发展的问题。比如很多博物馆因为不是科研单位，在项目申报、经费申请、激励分配、人才引进等方面无法享受到科研单位相关待遇，在推动科研工作方面经常面临上述问题而又缺乏有效的解决办法；又如关于博物馆开展文创经营的体制机制问题，尽管国家有关部委分别在2016年和2021年两次印发了关于推动文化文物单位文化创意产品开发的若干措施，但全国大多数省份至今仍未出台落实细则，导致公益一类博物馆设立市场主体和落实从业人员激励等措施难以实现，严重制约了博物馆文创产业发展。针对这些问题，需要下大力气破除束缚科研开展和人才发展的体制机制障碍，为促进新质生产力发展持续注入活力。文博工作涉及到对文物的防、保、研、管、用等多个领域，文物保护利用需要强大的科技研发能力和技术应用能力，需要尽快完善文博人才培养、选拔、使用、评价、激励机制，打造过硬的人才队伍，推动藏品保护、文物修复、文物鉴定、展览展示、文创开发等水平全方位提升。通过制度创新、政策供给、加大投入等，畅通高层次人才职业发展通道，通过建立科学完善的人才评价机制，激发高层次人才创新活力。同时，通过全面加强文博人才培育，将高素质人才优势转化为高质量发展胜势，为文博领域发展新质生产力注入新动能。

（六）加强对外交流互鉴，提升中华文化影响力。习近平总书记指出，要扩大高水平对外开放，为发展新质生产力营造良好国际环境。增强中华文化传播力影响力是扩大高水平对外开放的重要环节，因为中华文化积淀着中华民族最深沉的精神追求，是中华民族生生不息、发展壮大的丰厚滋养，中华优秀传统文化是中华民族的突出优势，是我们最深厚的文化软实力。而作为老祖宗留给我们的宝贵遗产，文物承载灿烂文明，传承历史文化，维系民族精神，是中华文明连续性、创新性、统一性、包容性、和平性的有力物证，也是我们加强对外交流的重要载体。博物馆作为文物保管、研究、展示的主要部门，承载着深化对外交流互鉴、推动不同文明和谐共生的重要使命。文博行业应扛起使命、勇于担当，坚守中华文化立场，深入贯彻落实新时代文物工作方针，加快推动中华优秀传统文化创造性转化、创新性发展，利用新质生产力发展，提炼展示中华文明的精神标识和文化精髓，更好地让文物说话、让历史说话、让文化说话。充分利用馆藏文物资源优势，加大走出去、引进来力度，加强文物国际交流合作，通过展览展示、展会论坛、文艺展演、文创合作等多渠道、多路径搭建多元交流平台，不断增强国际传播能力建设，努力提升国际传播效能，加快构建中国话语和中国叙事体系，讲好中国故事、传播好中国声音，展现可信、可爱、可敬的中国形象，推动中华文化更好走向世界。

党的二十大报告指出，必须坚持科技是第一生产力、人才是第一资源、创新是第一动力，坚持创新在我国现代化建设全局中的核心地位。新质生产力的特点是创新，关键在质优，本质是先进生产力。文博行业保护着传统文化、肩负着传承使命，必须因时而进、踔厉奋发，深刻把握新质生产力变革，加快科技创新，坚持绿色发展，深化体制改革，加强对外交流，持续推动文博事业高质量发展，为文化强国建设做出应有的贡献。

穷究至理　寻幽入微

——“礼合中国——商周礼乐文明”展诞生记

陶　亮
河南博物院

摘要：礼在中华文明早期阶段是维护社会秩序的重要手段，在中华文明进程中起到聚合作用。礼是中华传统文化的核心，深入中国人的文化基因，铸就了中国人的文化性格与精神血脉。传统文化中以人为本、和而不同等理念是中华民族能够生生不息、长盛不衰的内在动因。河南博物院策展团队从“大邑商”到“礼合中国”的展览策划，通过建构礼的多重信息体系，揭示礼的内涵与作用，引导人们感悟礼与族氏、礼与国家、礼与社会、礼与生活的关系。

关键词：礼；国家；文明；多元一体进程；以人为本；和而不同

河南博物院2023年11月推出的“礼合中国——商周礼乐文明”展，希望通过展示商周时期礼制的发展、成熟以及自我革新的过程，对商周时期礼乐文化加以诠释，体现中华文化和而不同的特质和理念，以及对于中华文明发展的影响，从而揭示中华民族能持续发展的内在动因，以及崇德、诚信、和谐有序等当代价值。本文将论述“礼合中国”展览诞生的过程，也是我们办展的心路历程。

一、展览的定位和构思

2022年10月28日，习近平总书记视察安阳殷墟，发表了重要讲话。总书记指出——殷墟出土的甲骨文为我们保存3000年前的文字，把中国信史向上推进了约1000年。殷墟我向往已久，这次来是想更深地学习理解中华文明，古为今用，为更好建设中华民族现代文明提供借鉴。中国的汉文字非常了不起，中华民族的形成和发展离不开汉文字的维系。在这方面，考古事业厥功至伟。考古工作要继续重视和加强，继续深化中华文明探源工程。中华文明源远流长，从未中断，塑造了我们伟大的民族，这个民族还会伟大下去的。要通过文物发掘、研究保护工作，更好地传承优秀传统文化。其次，2021—2022年，三星堆3−8号祭祀坑发掘“再醒惊天下”，又一次引发社会各界的广泛关注，形成社会热点。由此，我们想以殷墟为重点，三星堆为热点，来进行展览的定位和构思。

那么我们该如何给展览拟定主旨呢？殷墟的发现与发掘是中华文明溯源的原点和基石，殷商创造了东亚世界的核心文明，屹立在世界的东方。我们想是不是可以通过展示殷商王朝的面貌，来揭示殷商时期文明的政治结构和形态。尤其是中商到晚商时期殷商势力的动态演进过程中，中原文化的推进激发出当地文化的逐渐兴起，形成的青铜文明影响圈构建了早期中国政治文化一体化进程中的重要一环。从中可以体现文化、资源的辐辏以及殷商文化政治影响力的辐射。实际上，我们主要想揭示的还是中华文明一体化的进程。

二、寻找展览切入点

关于商文明、商文化的展览，国内各大博物馆都已经做过很多。一是综合性博物馆常设陈列中包含的商代文明内容，以及遗址类博物馆的商代文明展，如殷墟博物院、郑州商都遗址博物院、盘龙城遗址博物院、新干大洋洲商代青铜博物馆等专题性博物馆。二是关于甲骨文方面的展览，如天津博物馆举办的“殷契重光——纪念甲骨文发现120周年特展”、中国国家博物馆“甲骨文文化展”、国家典籍博物馆“甲骨文记忆”展、山东博物馆“片刻千载——甲骨文化展”、河南博物院举办的“殷契重光——天津博物馆、河南博物院甲骨文联展”、嘉定博物馆与中国国家图书馆联合策划的“甲骨文记忆”展等，更有依托甲骨文而建立的中国文字博物馆。三是某一专题的特展，如两岸共同举办的“商王武丁与后妇好：殷商盛世文化艺术特展”，首都博物馆举办的“王后·母亲·女将——纪念殷墟妇好墓考古发掘四十周年特展”，广东省博物馆主办的“玉鸣锵锵——商代王后妇好玉器特展”，中国国家博物馆主办的“河东之光——山西酒务头考古成果展”。四是关于商代青铜文明的展览，如河南博物院举办的“夏商周社会生活展”“长河溯源——中原夏商周三代礼乐文明展”巡回展、清华大学和山西省文物局主办的“华夏之华——山西古代文明精粹展”、上海博物馆与河南博物院联合举办的“宅兹中国——河南夏商周三代文明展”、二里头夏都遗址博物馆举办的“商邑金戈——盘龙城青铜文明陈列”、深圳博物馆举办的“钟鼎铭盛世——中国古代青铜文明展”、三星堆博物馆举办的“青铜的对话：黄河与长江流域商代青铜文明展”、中国国家博物馆主办的“礼和万方——商周青铜鼎特展”、安阳博物馆“从殷墟到大邑商——新时代殷墟考古新发现成果展”、湖南博物院“王者归来——中国古代青铜器巡礼”展等。我们又该以什么作为切入点，创出新意呢？

自古到今，从国家发展来说，首要的都是重要资源的控制和高端技术的垄断。从殷商时期的历史考古研究成果来看，高端制器如青铜器、玉器等的制作上体现出一种王朝制作、赏赐地方的现象，其背后是政治一体化进程的加深，也就是王朝对于地方控制力的加强。在殷商时期，重要资源包括了制作铜器的铜锡铅原料、制作玉器的和田玉和其他地方玉料，另外盐也是一个重要的战略资源。我们想通过这些资源进入王朝核心地区的途径，还原殷商的政治结构，因为这种政治结构可以很好地诠释早期国家一体化的进程。

三、组建策展团队

基本思路确立后，开始组建十余人的策展团队：陈列部负责展览大纲的编写、展品的选定、借展的商谈和签订协议，以及展场设计制作等展览的落地实施；藏品管理部负责展品的调集；社会教育部根据展览主题拟定一系列社会教育活动并付诸实施；信息中心全程跟踪展览进度，进行展览预告预热、宣发以及媒体采访活动；文创办紧密结合借展文物特点，开发特色文创产品。院长和主管副院长高度重视，向重要的借展单位亲自联系沟通借展事宜。为了掌握最新的考古资料和成果，2 月 6 日，河南博物院特邀中国社会科学院考古研究所何毓灵研究员做了“殷墟考古发掘新收获”的专题报告，给策展人员进行了先期的概念引导和思维拓展。

四、文本聚焦“大邑商”

2023 年 2 月下旬，大纲编写人员拟出“邦畿千里　维民所止——大邑商核心下的殷商政治网络”展览结构。以商王朝对资源的控制、技术的垄断作为切入点对殷商政治网络进行解读和展示。3 月 1 日，召开河南博物院院内专家讨论会，建议展览名称改为“大邑商”，进一步明确以文化范畴来代替“邦”“畿”的概念；以礼乐、政治交流为线，通过对文物、资源的解析研究，如青铜器原料分析、玉石来源研究、食盐来源探讨、甲骨文解读，以及晚商时期商王朝势力范围的转移等，厘清商王朝与周边地区的交流线路，从而展现双方双向交流、文化交融的过程。

大纲编写人员结合专家意见开始细化内容，同时分组赴安阳殷墟、湖北、湖南、江西、安徽、山西、山东、四川等文博单位调研交流。到 4 月底，“大邑商”的展览文本已经基本完成，并经过院内专家的第一轮讨论。

五、计划之外的变化

原本按部就班推进的计划被突如其来的变化改变了。各博物馆正在筹备的如下展览信息相继传来：殷墟遗址博物馆新馆建设拟定于 2023 年 10 月 28 日开馆；中国考古博物馆新馆建设定于 2023 年 9 月 15 日正式面向社会公众开放；三星堆博物馆新馆建设于 2023 年 7 月 28 日开馆；三星堆博物馆与香港故宫合作的“凝视三星堆展”于 2023 年 9 月开展，展出文物 120 件，近半数为 2020—2022 年间三星堆遗址最新发掘品。

此外，2023 年上半年，多家博物馆也正在积极筹备与夏商周三代文明有关的主题展，如安徽博物院的“三星堆・长江流域青铜文明特展”、良渚博物院的“礼记：中原夏商周礼乐文明展”、山西博物院的“大河流金——黄河流域青铜文明特展”、沈阳博物馆的“郑州地区夏商周青铜器特展”。由于殷墟遗址博物馆的建设，为保证此项重点工程，安阳殷墟的文物已经不再外借，三星堆出土的文物也无法出借。原来我们展览中列为重点和热点的文物现在都无法到来，出路在何方？

六、调整思路应对变局

如何求变以应对新情况？先期跟各家博物馆

谈定的借展文物舍弃了十分可惜，那么新拟展览中展示的时代不要有大的变化，将殷商时期扩大到夏商周三代？讲一个三代文明的展览？又不能跟主展馆的展览重复、冲突。世界四大文明只有中华文明是延续不断发展下来的，是什么提供了中华文明持续发展的动力？是否可以深挖文化基因里某些东西来解开这个密码？中华民族能在五千多年的历史长河中顽强生存和不断发展，是因为我们民族有一脉相承的精神追求、精神特质、精神脉络——礼。

传统的“礼”在特殊的历史阶段背负了很多的骂名和污名，甚至被冠以“吃人的礼教”之名。但只能说是一部分人借用礼教之名行吃人之实，“礼”本身含有诸多的积极意义——规范了和谐的社会秩序，制定了崇德尚礼的行为规范，产生了兼容并包的民族精神，熔铸了中华民族的精神血脉。策展团队需要把“礼”的积极意义揭示出来、阐发出来、展现出来。

七、重新构建展览内容

有了上述的发现，策展团队调整策展思路，选择中国礼制发展、完善到自我革新的商周时期作为展示的时间段。讲述“礼”的内涵和在整个中国文明发展中的作用，起名“礼合中国”。从国家施政层面来说，《荀子·大略》载：“礼者政之挽也。为政不以礼，政不行矣。”即礼是推动国家正常运行的根本力量。从个人层面来说，《论语·季氏》载：“不学礼，无以立。”即礼确立了个人立身处世的行为规范和准则。“中”在甲骨文和金文中是一面旗帜的象形，插旗做标识，聚集众人议事，代表着号召力。“国”的原初字义是指用武器守卫一片划定好的区域，代表了国家文明。“中国”是中央之国，是地理和文化心理上的中央王朝。既有中国就有四方，这种关系体现的是早期国家的一种政治结构。“合”是聚合、凝聚之意，是“礼”在整个中国多民族国家过程中起到的凝聚作用。“礼合中国”展览名称就是要表现商周礼制在中华文明多元一体进程中起到的作用，以及这种礼制奠定了其后数千年传统社会文化基调，并且在今天依然产生影响。

新的展览要以宏观的商周发展脉络为内容纵向展示线，以考古、历史文献揭示出“礼”不同层面的内涵、发展演变特性，不同时代“礼”的微观述说为横向展开面，建构起“礼”的多重信息体系，引导人们感悟“礼”与族氏、“礼”与国家、“礼”与社会、“礼”与生活的关系。大纲内容设计上主要是三个大方面的表述：

一是“礼”的内涵，表现在大纲上是第一部分的都城建制之礼和第二部分的器用之礼。其中都城建制之礼着重于“择中观念”的体现，并成为一种政治文化符号，被历代所传承；器用之礼从商代的青铜礼器、玉礼器、白陶等技术为王朝所垄断体现一种“礼在贵胄”的概念，也就是周人所说的“礼不下庶人”；周代因为文献记载的礼制内容较为丰富，因此选择几类具体的礼制进行展示，大到国家制度，小到个人生活。

二是“礼”的传播和大范围被普遍接受，是大纲第三部分内容，讲商代的据点、封国、方国和西周的诸侯国和四夷。这一部分主要揭示的是“礼”如何成为一个为大家普遍接受的东西，并延续下来。也是最能体现展览中“合”的内容。

三是“礼”的自我革新，就是大纲的第四部分内容，先秦的礼制是在西周时期得到完善，之所以要讲到春秋战国时期礼的革新，是因为考虑到传统礼制对后世两千余年整个封建时代的影响。正是这种革新使礼制走上更为世俗的道路，使得中国社会具有相对较大的包容性，和而不同的理念为世代所传承。中华文化的礼制认同超越了地域、乡土、血缘世袭、宗教信仰，但从来不以单一文化代替多元文化，而是主张亲仁善邻，协和万邦。其体现了中华文明的发展守正不守旧、尊古不复古，体现的是继承与发展、原则性与创造性的辩证统一，最终形成求同存异、天下大同的礼制观。这才是中华文明存续不断、民族不断融合壮大、社会不断和谐进步的深层次原因。

八、走上正轨的展览工作

2023 年 5 月份开始，策展团队从上述思路出发进行编撰大纲文本，同时根据主题商借展品。中间几易其稿，经过几次讨论后确定了初稿。9 月初，邀请专家对大纲进行论证，基本得到了专家们的认可。同时也收获了很多中肯的修改意见，如增加了商周之前礼制萌芽的内容，深化并具化了“礼”与“中国”的关系，地方接受王朝礼制的具体表现，以及展览更通俗化的传播等。内容编撰组人员根据专家意见进行修改，新展大纲最终于 9 月底定稿。

对于一个展览来说，文本的确定仅仅是第一步，但却是极为重要的一步。无数的事务性工作在大纲定稿之后就开始正式实施。协议的签订、展品的集中、展场的设计、多媒体内容的对接等等工作随后一一展开。仅展览借展就涉及河南、山西、陕西、山东、湖北、湖南、江西、四川 8 个省份的 26 家文博单位 200 多件套精品文物。河南博物院院领导及有关部门提供了各方面的有力保障；大纲编写组的同事们工作积极、热情高涨、活力迸发、认真负责；展览各实施小组也都陆续积极开展与展览相关的工作。2023 年 11 月 3 日，跨年大展“礼合中国——商周礼乐文明”在河南博物院精彩亮相，圆满开幕。（图 1—6）

九、办展感悟与思考——与君共勉

在新时代要求下如何办好展览，挑战与机遇

图 1 “礼合中国——商周礼乐文明”展序厅

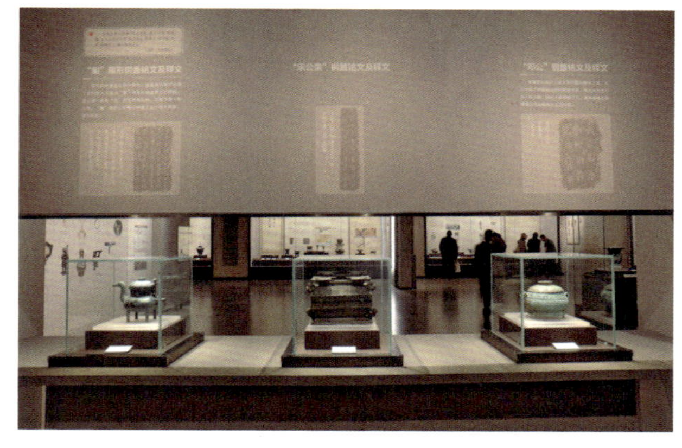

图 2 “礼合中国——商周礼乐文明”展厅 1

图 3 “礼合中国——商周礼乐文明”展厅 2

图 4 “礼合中国——商周礼乐文明”展厅 3

图 5 “礼合中国——商周礼乐文明”展厅 4

图 6 “礼合中国——商周礼乐文明”展厅 5

并存，策展人也有自己的感悟和思考：

一是联合举办展览，为馆际之间实现资源共享和互补开辟了新的途径，这已经成为当下办展的总体趋势和必要途径。

二是加强对展览的前瞻性调查研究和战略性思考，研究社会需求、藏品内涵、新的陈列与服务形式等。不仅要明晰自身博物馆的展陈体系，更要了解其他博物馆的展览规划，做到信息对称，办出特色。

三是在策展工作中要注重培养人才、锻炼队伍。

四是面对宏大选题时如何做到微观细致地表达挑战着我们的能力。首先学术支撑要牢靠，材料要可靠翔实；其次要梳理好其中的逻辑关系，既有大概念的传达，又有证据的支持和每一环节的紧密相扣。

五是深刻认识到传承普及传统文化内涵是内核。我们如何能寻找到更轻松愉快、更加多元的方式将其表达出来，让传统文化进一步发挥其永恒魅力是我们做好展览的努力方向。

陇东南地区两周时期车马坑及车初探

田燕芳
西北师范大学

摘要：车马埋葬制度是我国古代丧葬文化中有关埋葬制度的重要内容之一，车马坑在墓群等级的定义上具有重要意义，所以车马坑的研究也非常重要。陇东南地区发掘出土了两周时期大量墓群，并伴随车马坑的出现。现收集陇东南地区两周时期灵台白草坡、礼县大堡子山、礼县圆顶山、毛家坪遗址、石家墓地及马家塬墓地的车马坑及车进行浅要探析。陇东南地区出土的车马坑及车从西周一直延续到战国晚期，不仅形制丰富且涉及族群多样，文化内涵非常丰富。而车马坑及铜器的发现也印证着陇东南地区在两周时期的重要性及突出的军事实力。

关键词：陇东南地区；两周时期；车马坑；铜器

陇东南地区两周时期占据重要地位，出土墓葬众多，同时也发掘出土了许多车马坑，出土了非常精美且风格多样的车及葬式各异的马，涉及的文化非常丰富。陇东南地区两周时期的车马坑研究性文章较少，但其文化内涵丰富，值得我们去探究。

一、各地出土车马坑及车

（一）陇南地区

1．礼县大堡子山

大堡子山遗址位于礼县县城以东13公里处的西汉水北岸，地处永坪河与西汉水交汇之地。[1]

（1）K1

1994年甘肃省文物考古研究所对大堡子山被盗大墓进行了抢救性发掘，清理出1座车马坑K1。K1为西周晚期至春秋早期大型车马坑，东西向。从西南部残存遗迹看，坑内原有殉车4排，每排并列3乘，共计12乘。均为辕东舆西，每车两服两骖，计4匹马。[2]

（2）Ⅰ K32

2016年秦文化与西戎文化联合考古队对大堡子山Ⅰ M32东侧两周之际的车马坑进行了发掘，编号Ⅰ K32。Ⅰ K32位于秦公三号大墓北侧约20米处，西距M32约2米。车马坑为长方形竖穴土坑，东西向，方向75°。坑内放置两辆车，从东向西依次编号为1、2号车，均为双轮独辀车，左右伏马各一匹。[3]随葬的马车整车放入，整体上呈驾乘状。

1号车车前有2匹马，马骨基本保存完整，呈跪伏状，马的头部置于车马坑东壁浅龛内，身体安置在浅坑中。两匹马马头处均出土有铜马镳、马衔各1件。

车马坑中出土两辆车均为双轮独辀木质车且车身髹漆。1号车保存较完整，车身髹棕色漆。因挤压左轮向内倾斜较严重变形为椭圆形，右轮直立完好。车毂整体呈纺锤形，中部粗两端细。车轴两端各有铜辖1件及木质车軎。车衡截面为圆形，衡末端较细。车轭呈"人"字形。车舆呈长方形且两侧有伏兔，车舆后有一殉人，殉人为约30岁的男性。[4]

ⅠK32车辆1号车构件尺寸详见表1。

表1　ⅠK32车辆1号车构件尺寸表（单位：cm）

轮径	轮距	辀长	轴长	衡长	衡直径
130	175	263	270	118	7–8.5
毂长	毂直径	舆广	舆深	舆高	轮辐
32–33	9–15.5	101	68	残高54	26根

ⅠK32的2号车形制构造与1号车相似，均为双轮独辀车，殉人位于车舆后方紧贴西端坑壁。

车马坑K32是国内首次完整发掘的两周之际秦人附葬车马坑，其主人极有可能为嬴姓宗族成员。[5]

2. 礼县圆顶山

圆顶山位于礼县城东13公里，永兴乡赵坪村西南部，与大堡子山隔西汉水相望。墓地位于圆顶山北麓、漾水河二台地上。甘肃省文物考古研究所与礼县博物馆于1998年2–6月对圆顶山春秋秦墓进行了抢救性发掘，清理出春秋早期车马坑1座（98DLKI）[6]。

车马坑（98DLKI）位于M3西北约20米，为长方形竖穴土坑，东西向，方向86°，内随葬车马五乘（从东至西分别为1号–5号）。车队前后相随，辕东舆西，其中1、3、4为驷乘，2、5为两匹马挽驾。马位于车辕两侧屈肢跪伏，马头前部伸入东壁小龛。殉有5辆车，1号车位于车马坑东端，驷乘。辕东舆西，马位于辕的两侧，马头向东，面向南，背向上，四肢屈曲作跪伏状，头置于东部壁龛内。车舆内殉葬御奴一人，头向西，面向北，侧身屈肢。[7]

2–5号车由于盗扰严重，车结构已不明，但大致与1号车是相一致的。1号车构件尺寸如表2所示。

表2　98DLKI车马坑1号车构件尺寸表（单位：cm）

轮径	轮距	辀长	轴长	衡长	辀直径
132	208	292	286	123	8–12
毂长	衡直径	舆广	舆深	伞径	轮辐
52	2–4	170	78	134	28根

车马坑（98DLKI）中随葬的车整车置入，马皆呈跪伏姿态且车马呈驾乘状，车队前后相随，辕东舆西。坑壁挖有壁龛以放置马头，有殉人，这些都是春秋早期至战国早期秦人车马埋葬的鲜明特点。[8]且秦人有异穴葬车的习惯[9]，所以圆顶山所发掘的车马坑（98DLKI）与大堡子山所发掘的车马坑一样，均为秦人车马。

3. 毛家坪遗址

毛家坪遗址位于甘谷县毛家坪村，东距县城25公里。遗址分布在渭河南岸二级台地上，南靠山地丘陵，北邻渭河川道，地势南高北低。2013–2014年，早期秦文化联合考古队对遗址进行了发掘，发掘出春秋中、晚期之际车马坑一座。

车马坑 K201 位于 D2 发掘点东部，在其主墓 M2059 东南方约 15 米处。东西向，方向 127°。坑内有三辆车，自东向西依次编为 1、2、3 号车，均为木制双轮独辀车，髹漆且有绘彩，车前驾马，呈跪伏姿态，车辀、马头均朝东。三辆车车舆的正下方各有一个殉人坑。

车马坑 K201 车构件尺寸如表 3 所示。

表 3 毛家坪遗址车辆构件尺寸表（单位：cm）

编号	轮径	轮距	辀长	轴长	衡长	舆广	舆深	毂长	轮辐
1	126	140	261	244	130	105	62	轮外长 22–26	26 根
2	120	184	330	288	130	150	100	33	26 根
3	121	174	310	215.5	136	134	78	轮外总长 14	26 根

毛家坪遗址沟东也发掘过车马坑 2 座，为一车二马，车双轮独辀，马东车西，马位于车两侧系驾位置，跪伏状应为杀后放置。遗址所出车马坑从随葬习俗上看，也与礼县大堡子山、圆顶山所出车马坑相同为秦人车马。

4. 张家川马家塬墓地

马家塬墓地位于张家川县城西北约 17 千米、木河乡桃园村北 200 米的马家塬上。墓地北依马家塬山梁，东、西两侧为地势较高的山梁，地势呈马鞍形，墓葬分布于“马鞍”的缓坡地带当中。2006 年以来甘肃省文物考古研究所对该墓地进行发掘，截至 2019 年年底墓地共发现车迹 68 辆。[10] 车多随葬在墓道之中，墓道底部多殉牲，未见殉人的现象。墓地年代在战国中晚期。[11]

马家塬墓葬为墓道、车坑、墓室为一体的墓葬形制，未盗的墓七成以上随葬车辆。大中型墓墓道内均随葬有车辆，车辆多为整车相互叠压随葬。少数小型墓葬未随葬车辆，随葬车辆者亦多存在将车体构件拆分后随葬或仅随葬车体饰件以代构件乃至整车的现象。小型墓中车辆的随葬较为随意，并无严格的葬制，车辆的有无及其各构件的完整程度甚至装饰的豪华与否与墓主的财力关系更为密切。[12] 赵吴成、马玉华所著《战国戎人造车》一书将车辆分为了五类：

第一类为圆角长方形车舆高栏车。这类车出土最多，几乎见于有车随葬的各类墓葬中。此类车表面几乎都有装饰，是此区域内级别最高的车，车表面用各类贵重材质进行全覆盖式装饰，厚重且奢华。

第二类为圆角长方形低舆带珥车，车上常载伞，多出土于次中型规模以上墓葬，个别墓葬内仅随葬这类车。

第三类为椭圆形车舆低栏车，随葬于中型墓葬竖穴的最西端。

第四类为圆角长方形低舆高轼车，仅出土 1 辆。

第五类为圆角方形车舆低栏车，也仅发现 1 辆。

竖穴内的车轴皆朝东放置，墓室内的车朝向北，重装饰。第一、二、三类车在部分中型墓的竖穴内按自东向西顺序叠压摆放；第二、三、四类车多数表面只髹黑漆，轮、衡等其他部位进行金属物或彩绘装饰；第五类无任何装饰。

现将五类车构件尺寸分类[13]统计如表 4 所示。

这五类车虽都为独辀车，但各部件尺寸差异还是较为明显的，且轮辐条 21–40 都有，数量未统一。

两周时期，在甘肃东部和东南部活动的是秦人和西戎，马家塬墓地与战国秦人墓葬形制、葬式和随葬品组合有较大的区别，而马家塬墓地阶梯式墓道的偏洞室墓也应属西戎文化的特征。且

表 4 马家塬墓地车辆构件尺寸表（单位：cm）

型号	轮径	轮距	辀长	轴长	衡长	舆广	舆深	舆高	毂长	轮辐
I	122—152	160—178	310—350	185—305	100—142	83—140	85—146	62—72	40—55	28—36 根
II	122—160	160—180	306—328	250—310	90—135	110—130	100—130	72	60—85	30—40 根
III	94—140	160—180	335—370	224—278	120—250	102—150	70—129	45—75	40—50	26—38 根
IV	70—150	134—168	320	100—248	100	52—120	65—90	20—35	20—60	21—34 根
V	124	150		250	92	105	95	12	48	

据《史记》记载，在陇山东西两侧有八支西戎部族分布，马家塬墓地属于哪一支西戎部族虽目前无法确认，但该墓地的大、中型墓葬随葬器物丰富，规格高，因此这可能是一支西戎部落首领及贵族的墓地。[14] 而墓葬、车坑连为一体，同穴葬车形制，也是战国戎人陪葬车的特点。[15]

（二）陇东地区

1. 灵台白草坡

灵台白草坡西周墓位于白草坡村南两道沟壑之间的土山咀中部梯田里，地势北高南低。由墓地北上一里许，即为黄土塬顶和村落所在。向南下入壑谷，沿小河十里，到达径水支流达溪河畔。[16]

1972 年 10 月，甘肃省博物馆文物队在平凉地区、灵台县革命委员会领导下，由地区展览馆、县文化馆协同，发掘出西周早期康王时期车马坑一座（G1）。车马坑位于 M2 的西南方，方向 55°。车马坑坑形特殊，东西长 8 米，西半部长方形，东半部略呈圆形。随葬车是一辆单辕驾四马的双轮小车，车身髹棕色漆，外涂红彩。随葬时将车拆卸后把车零件逐一放入，放置部位基本上符合车的形态。车前埋葬四马，马头全向东。马头前方和马脚下方分别横放一根车轴，车件比一辆车多出一轴一衡。[17] 无殉人、殉牲现象。

因坑中部有一水洞，舆、轮、辕等大半已毁。车构件残留尺寸如表 5 所示。

表 5 GI 车辆构件尺寸表（单位：cm）

轮径	辀长	轴长	衡长	辀直径	毂长	衡直径	轭	轮辐
125	270	300	残长 110	8—12	内端长 9	3.5—4	残高 43	20 根

车马坑距 M2 较近，车马朝向该墓，且墓内和坑内都有火烧的痕迹，出土的铜饰件很相似。所以推测它可能是 M2 的陪葬车马。[18] 车马坑的主墓 M2 墓底中部有椭圆形腰坑，腰坑内有殉狗 [19]，所以车马坑为殷遗民车马坑。主要原因是关中西部商周之际的人群，粗疏分为泛殷遗民人群、周人及其同盟军的泛“西土集团”联盟人群与周王朝西部的西戎人群三个大的群体，殷遗民与周人的区别，以物质文化和葬俗来区分就在于墓葬是否带腰坑，殷遗民的墓葬带有腰坑而周人墓葬没有腰坑。[20]

2. 石家墓地

石家墓地位于庆阳宁县早胜镇西头村，在马莲河以东、九龙河以南、无日天沟河以北的早胜原上。墓地东为遇村南沟，与国家级文物保护单位遇村遗址隔沟相望。沟内常年有泉水流淌，经古峪沟汇入泾河支流马莲河。[21]

（1）MK2

2018 年甘肃省文物考古研究所对石家墓地南区西南部东侧、西侧区域开展发掘，清理出东周时期车马坑1座（MK2）。MK2为南北向竖穴土坑，车马同坑，车马分层放置，马上车下，车为拆解置入其中。马也是分层放置，2层共30匹，马的葬式比较乱，车马坑年代大致在春秋早期。[22]

MK2为南北向，车马同坑，车马分层放置，且车为拆解置入其中。车马坑虽然年代在春秋早期，但车马坑的形制及葬俗还是与周人相似，而此地在这一时期正是周余民、戎狄（义渠）、秦人相继角逐的历史舞台[23]，因此车马坑MK2为周遗民的车马。

（2）MK3、MK5

2016年甘肃省文物考古研究所在墓地Ⅰ区南部，共清理东周时期的车马坑二座。车马坑呈东西向，平面呈梯形。车马同坑，整车随葬。车马坑内均有殉狗现象。其中MK5坑内殉车五辆，均为单辕，车与车东西向纵列，辕朝东。第一辆车无马，第二至五辆车皆为一车两马。二至五辆车遗存下发现七个殉人，内均置单棺，殉人多为屈肢葬，初步鉴定为25–30岁之间男性[24]。MK3殉车一辆，为一车二马。车为单辕，辕东舆西。[25] MK3、MK5皆为东西向，车马均作驾乘状，车马坑年代在春秋中期。[26]

MK3、MK5皆为东西向，车马均作驾乘状，车为单辕，辕东舆西，与礼县大堡子山及圆顶山的车马坑一致，所以也应为秦人车马。

二、各地出土车马坑及车比较

甘肃灵台白草坡属西周时期墓葬，礼县大堡子山遗址是西周至春秋时期的遗址，圆顶山墓地既有春秋早期也有春秋中晚期乃至战国时期的墓葬，毛家坪遗址时间段则在春秋、战国时期，石家墓群在春秋时期，而马家塬墓地则到了战国中晚期。陇东南这片区域涵盖到了西周到战国晚期各阶段的遗址，人群族属也复杂多变，有殷遗民、周人、周遗民，还有秦人及戎人，而出土的车马坑也从西周早期延续到了战国晚期。现将简报公布的数据统计如表6所示。

以上各地出土车都为单衡独辀，通过比较可以发现，各地出土的车在各构件尺寸数据上都会有差别，有的差别较大，有的差距较小。较为明显的是陇东地区灵台白草坡G1的轴长在300厘米，轮辐有20根，而陇南地区所出车辆的轴长均小于300厘米，马家塬战国墓地所出的车轴有的甚至在100厘米，轮辐均在20根以上，数值的差距还是非常明显的。而在陇南地区，同一族属的数据也更为接近。陇南地区的大堡子山ⅠK32与圆顶山98DLKI所出的秦车结构几近一致，毛家坪遗址所出秦车与之也更趋近。而马家塬戎人墓地出土的战国晚期的车辆结构则更复杂多变，可以看出到了战国晚期，戎人车辆的结构类型较之前的车辆更多样化、车结构更复杂、装饰也更繁华。如马家塬战国墓地所出车的车身周围采用各类镂空饰件进行装饰，镂空饰件的外廓形体多样、纹饰繁杂，有方形、三角形、变体鸟形、桃形及动物形等，纹饰也多为变体鸟纹、忍冬纹、卷云纹和几何纹等。且各类质地的珠子也常用于装饰车辆各个部位，装饰极尽繁杂。虽然资料所显示的这几个地区车都有髹漆，但马家塬墓地出土的车装饰更为精美，这也可以看出随着时间的不断推进车辆也在不断发展，但发展的同时各地区也存在着相互的影响。

表 6　陇东南地区车辆构件尺寸表（单位：cm）

车马坑	时间	轮径	轮距	辀长	辀直径	轴长	衡长	衡直径	毂长	毂直径	舆广	舆深	舆高	伞径	轮辐
灵台白草坡 GI	西周早期	125		270		300	残长 110	3.5—4	内端长 9						20 根
大堡子山 I K32	两周之际	130	175	263		270	118	7—8.5	32—33	9—15.5	101	68	残高 54		26 根
圆顶山 98DLKI	春秋早期	132	208	292	8—12	286	123	2—4	52		170	78		134	28 根
毛家坪遗址（1—3）	春秋中晚期之际	126	140	261		244	130		轮外长 22—26		105	62			26 根
		120	184	330		288	130		33		150	100			26 根
		121	174	310		215.5	136		轮外总长 14		134	78			26 根
马家塬墓地（I — V）	战国中晚期	122—152	160—178	310—350		185—305	100—142		40—55		83—140	85—146	62—72		28—36 根
		122—160	160—180	306—328		250—310	90—135		60—85		110—130	100—130	72		30—40 根
		94—140	160—180	335—370		224—278	120—250		40—50		102—150	70—129	45—75		26—38 根
		70—150	134—168	320		100—248	100		20—60		52—120	65—90	20—35		21—34 根
		124	150			250	92		48		105	95	12		

另一方面，在车马埋葬及族属上也有差异。在陇南地区，礼县大堡子山遗址中车马坑 IK32 为国内首次完整发掘的两周之际秦人附葬车马坑，其后秦人车马埋葬应该是参照 IK32 及同时期的车马埋葬方式进行的。[27] 而圆顶山墓地中的车马坑也丰富了春秋早期秦国考古中重要的实物资料。[28] 由简报资料及车结构数据对比可知陇南地区的大堡子山遗址、圆顶山墓地及毛家坪遗址中的车马坑及出土车马均为秦人车马。秦人车马坑东西向，整车置入，马呈跪伏姿态且车马呈驾乘状，车队前后相随，辕东舆西。且秦人有异穴葬车的习惯，车马坑内也多有殉人。秦人的车马坑多殉人，这也说明春秋时期奴隶制在秦国还相当盛行。[29] 而马家塬战国墓地的墓葬、车坑连为一体，同穴葬车，不见殉人，墓道中多殉马头、牛头及羊头等，且车也更加丰富多样。而据《史记》记载，在陇山东西两侧有八支西戎部族分布，马家塬墓地属于哪一支西戎部族目前仍然无法确认 [30]，虽然无法确认但该墓地的族属与西戎有关 [31]，所以该墓地出土的车为戎人车。到了陇东地区，族群和车马殉葬方式都更趋于复杂多样。西周时期的甘肃灵台白草坡属殷遗民墓葬，车马坑位于主墓的西南方，随葬时将车拆卸后把车零件逐一放入，放置部位也基本上符合车的形态，四马埋于车前，马头全向东。无殉人、殉牲现象。而石家墓地作为首次在庆阳境内发现的春秋时期高等级贵族墓地，从历史背景来看该墓群所在的泾河上游地区，在西周时期属王室行政管理地域。随着周王朝衰弱且对该地区掌控减弱乃至失控，这一地区在东周时期又成了周余民、戎狄（义渠）、秦人相继角

逐的历史舞台。对应在石家墓群文化内涵上，除主体特征为周文化外，另包含北方草原文化、秦文化诸因素。[32] 此墓葬区发掘出土过三座车马坑，其中 MK2 年代大致在春秋早期，车马坑南北向，车马同坑，车马分层放置，且车也为拆解置入其中，所以 MK2 应为周文化影响下的周遗民车马坑。而春秋中期的 MK3、MK5 车马同坑作驾乘状，东西向，整车随葬，车为单辕，辕东舆西，与陇南地区的大堡子山遗址、圆顶山墓地及毛家坪遗址中的车马坑及出土秦人车马特征所对应，所以春秋中期的这两座车马坑也为秦人车马坑。因此从整体上来看陇东南地区两周时期出土的车马坑及车形制多样，样式丰富，涉及的族群也复杂多变。

各个时期车马坑及车都是用来陪葬的，但各时间段不同人群对墓葬随葬车马的习俗也有所不同。西周及春秋时期大型墓葬的发现也往往伴随车马坑的出现，如灵台白草坡车马坑（G1）可能是 M2 的陪葬车马。[33] 大堡子山遗址中经过多次考古勘探，也确认了 K32 是 M32 附葬车马坑。[34] 毛家坪遗址附属车马坑 K201 在其主墓 M2059 东南处。[35] 同时西周及春秋秦人随葬车马坑以大墓为主，小型墓未见随葬车马，而马家塬戎人墓葬大型、中型及小型都随葬有车，一些次小型墓未见车。造成这种现象的原因，赵海洲在《东周秦汉时期车马埋葬研究》一书中进行了分析，认为到了两周，严格的等级制度在丧葬方面更加表象化。西周中后期以后，随着宗法等级关系的进一步调整，贵族阶级内部各个级别的人用什么级别的车马坑陪葬是有严格规定的，即所谓“遣车视牢具”[36]。其实从秦人车马坑随葬的马位于车辕两侧且呈跪伏状也能看出对墓主的重视，也是等级的侧面反映。而到了战国时期，“遣车视牢具”已经开始转变，随葬车马制的等级色彩已经淡化了，[37] 所以马家塬戎人墓葬里中、小型墓葬也随葬有车，这也是社会政治经济发展的必然趋势。

殷遗民、周遗民与秦人将车马坑置于主墓一旁而戎人更喜欢将车马置于墓道之中，对于车马葬于墓外这种异穴葬的现象，印群认为这种现象为大量随葬车马提供了更大的空间，也是仿墓主生前居室的需要，即更像墓主生前车马位于居室之外的景象。[38] 陇东南地区两周时期占据重要的军事地理位置，而车马在当时的社会条件下是军事实力的展现，这种异穴葬的现象也更能看出车马的重要性。而戎人将车马置于墓道之中一方面是为了死者灵魂出行之便 [39]，另一方面其实也是车用途的转变，这种转变从马家塬出土的车就可以看出。马家塬墓葬中随葬的车实用性有所降低，身份、地位及财富的象征性更强烈，这一地区出土的车不像秦人车马坑出土的车那样坚韧与实用。从车的统计数据可以看出随着时间的发展车的辐条整体上在不断增加。西周甘肃灵台白草坡车马坑出土车的辐条有 20 根，到了春秋时期秦人车辐条已增至 26—28 根，战国晚期戎人车辐条除个别较少外其他都很多，有的甚至达到 40 根。

三、出土铜器

（一）各地出土铜器

1. 灵台白草坡

车马坑中出土车的铜件装饰有軎、銮和辖、

衡上的兽面饰、方策、铜泡等。[40] 出土铜器共 94 件，其中辖、軎 4 件，銮 8 件，兽面饰 2 件，半球形泡 39 件，瓦形泡 38 件，方策 3 件。

2. 礼县大堡子山

(1) K1

车马坑内已遭盗扰，发掘仅获铜车饰（如车辖、车軎和大量铜泡）以及锈蚀严重的铁制品。出土铜器有车饰，包括车辖、车軎和大量铜泡。[41]

(2) Ⅰ K32

K32 出土器物也多为车马器和兵器，质地以铜器、骨器为主。[42]

其中出土铜器 37 件（组）。其中马镳 2 件、马衔 2 件、铜泡 19 件、节约 1 件、辖 4 件、兽首饰件 4 件、牛头饰 1 组共 6 件、镞 1 组共 27 件、戈 2 件、矛 1 件。

3. 圆顶山墓葬

圆顶山墓葬中车马坑 98DLK1 因盗扰仅出土部分铜器、陶器、骨器等。[43]

出土铜器共 287 件。其中车构件有軎 4 件，辖 1 对（2 件），衡帽 5 件，带扣 4 件，盖弓帽 1 件；马具马饰包括衔 10 件，镳 19 件，铃 2 件，环 12 件，泡 34 件，节约 16 件，管 85 件；其他有铜绳卡 2 件，镞 90 件，带钩 1 件。

4. 毛家坪遗址

车马坑 K201 出土铜器共 78 件（组）。其中戈 3 件，铲形器 2 件，矛 2 件，浅浮雕兽面纹牌饰 4 件，环 9 件，泡 5 件，勾云形饰片 7 件，络饰 11 组，蟠虺纹合页 3 件，龙形牌饰 2 件，双管节约 4 件，双管带环节约 4 件，双环组 1 件，车軎车辖 2 组，镞 6 件（组），马衔马镳 9 件（组），带扣 1 件，凿 1 件，衡末饰 2 件。

5. 马家塬墓地

马家塬墓地出土的铜器非常丰富，车器及构件主要有车軎、辖、伞杠箍、盖弓帽、车铃及车珥角加固件等。马具及马饰有以泡、管、环、片形器等组成的马衔、镳、当卢、络饰、辔饰、节约及铃等。

（二）出土铜器特征

陇东南地区车马坑内出土的铜器种类非常丰富，除却对车马的装饰多载于车上或散落于车马周围，与生活实用中无多大差异，应仿墓主生前所用而随葬。

同时各地出土的铜器种类多样、样式丰富且纹饰精美。出土铜器种类有车器、马器、兵器等，出土的车马器相对要多，车马器有铜泡、马镳、马衔、节约、辖及各类饰件等，兵器则有镞、戈、矛等。出土器物纹饰多样且丰富精美，有窃曲纹、虎头纹、兽面纹、竖弦纹、螺旋纹、云雷纹、变体鸟纹、忍冬纹、卷云纹和几何纹等。这些出土铜器为研究当时的铸造工艺水平提供了丰富的素材。

（三）意义

两周时期陇东南地区车马坑皆为男性的随葬车马坑，而车马坑不仅仅放置车马，还放置着大量的铜车马器及兵器。这些兵器如镞、戈、矛等在两周时期都是极具杀伤力的武器，而车马器铜泡、节约、辖軎及各类饰件一方面起到装饰作用，而另一方面也是车马的保护装置。车辆虽为木制结构，但在车辆易磨损的地方均以铜器来装饰加固，既减小了磨损也提高了车辆的战斗力。这不仅显示出当时对车马的重视还彰显着墓主人的身份等级。

四、小结

陇东南地区自古是军事重地，车马坑的发掘出土是对古代军事实力的展现和古代丧葬文化的反映。而通过以上对陇东南地区车马坑及车出土资料整理，可发现陇东南两周时期出土有大量车马坑及随葬车，出土的车马从西周一直延续到战国晚期，时间跨度长，地域分布广泛。从殷遗民、周遗民到秦人、戎人，族群多样，文化内涵极其丰富。

随葬的马车丰富且精美，仅马家塬所出的就可分为五种类型，而出土的车马器及兵器等也是样式多样、纹饰精美，其承载的文化内涵也十分丰富，为我们研究古代丧葬文化及军事等各个方面提供了实物资料。且根据简报可看出大型墓葬的出土往往伴随着车马坑的发现，有的车马坑通过出土器物可以直接判断出主墓，这也说明车马坑常作为陪葬坑。如据秦人车马埋葬规律，附葬车马坑一般位于主墓东、东南侧[44]，通过这种埋葬规律也可以推测一个族群的丧葬习俗及礼仪观念。

陇东南这一地区车马坑随葬的马匹多为青壮年公马，马匹多呈规律性摆放，出土的车马也皆有车马器做装饰及保护。而车马坑中出土的兵器虽作为陪葬品放置其中，但均为青铜器，反映出时人对兵器的重视及对军事的投入力度，这也印证着陇东南地区自古以来就占据重要战略位置。因此，对这一地区车马坑及车的研究有利于促进整个地区两周文化的研究。

[1][3][4][5][27][34][42][44] 侯红伟，王刚，方志军. 甘肃礼县大堡子山秦墓及附葬车马坑发掘简报[J]. 文物，2018（1）.

[2][41] 戴春阳. 礼县大堡子山秦公墓地及有关问题[J]. 文物，2000（5）.

[6][7][28][29][43] 毛瑞林，李永宁，赵吴成等. 礼县圆顶山春秋秦墓［J］. 文物，2002（2）.

[8] 刘婷，梁云. 秦人车马殉葬方式及其渊源［J］. 秦始皇帝陵博物院，2015（00）.

[9][11][13][15] 甘肃省文物考古研究所编，战国戎人造车［M］. 北京：文物出版社，2020.

[10] 甘肃省文物考古研究所编著. 甘肃重要考古发现［M］. 北京：文物出版社，2020.

[12] 刘兵兵，谢焱，王辉. 甘肃张家川马家塬战国墓地 2012 ~ 2014 年发掘简报［J］. 文物，2018（3）.

[14][30] 王辉. 张家川马家塬墓地相关问题初探［J］. 文物，2009（10）.

[16][17][18][19][33][40] 初仕宾. 甘肃灵台白草坡西周墓［J］. 考古学报，1977（2）.

[20] 常怀颖. 商周之际关中西部的车马埋葬［J］. 考古学研究，2019（1）.

[21][25] 王永安，张俊民. 甘肃宁县石家东周墓地 2016 年的发掘［J］. 考古学报，2021（3）.

[22][24][26] 王永安. 泾水悠悠话豳风甘肃宁县石家墓地 2018 年考古发现与收获［J］. 大众考古，2019（09）.

[23][32] 王永安. 甘肃宁县石家墓群的发现与发掘［J］. 大众考古，2018（09）.

[31] 王辉. 发现西戎——甘肃张家川马家塬墓地［J］. 中国文化遗产，2007（6）.

[35] 梁云，赵珂艺，刘婷等. 甘肃甘谷毛家坪春秋秦墓（M2059）及车马坑（K201）发掘简报［J］. 文物，2022（03）.

[36] 赵海洲. 东周秦汉时期车马埋葬研究［M］. 北京：科学出版社，2011.

[37][38][39] 印群. 黄河中下游地区的东周墓葬制度［M］. 北京：社会科学文献出版社，2001.

浅谈汉代画像中的鼎

武　玮
河南博物院

摘要：通过对汉画中鼎图像的释读，结合文献及考古资料可知，汉代鼎虽较商周时期社会地位有所下降，但作为礼器仍然被用在祭祀、庙堂、丧葬等礼仪活动中。特别是汉代统治者为宣扬王权正统的合法地位，强化鼎与王权的联系，使“泗水捞鼎”故事在各地广泛流行。随着谶纬学说的流行，鼎进而成为统治者贤明、政治清明的符瑞。西汉晚期后神仙信仰的流行，鼎与祈福及长生升仙相关联。而在民间百戏杂耍之中鼎又成为展示力量、娱乐世俗的表演道具。汉画中鼎的多重社会文化角色的释读，有助于我们研究汉代丰富的社会思想文化。

关键词：汉代；鼎图像；国家政权；权贵；神仙信仰；娱乐

在新石器时代作为炊食器的陶鼎就已出现。铜鼎是在继承陶鼎形制和功能基础上，随着铜器冶铸技术发展而出现的。文献记载最早的铜鼎出现于夏代初期或黄帝时代，从诞生之日起，便在青铜时代占据青铜礼器的核心地位。铜鼎的形制与造型不断变化，但始终作为维护社会等级秩序的重要礼器。自东周时期随着旧社会结构的逐渐解体，用于“明尊卑、别上下”的周代用鼎制度遭到破坏。

秦汉以降，特别是西汉中晚期以后，作为庙堂和祭祀用器的铜鼎虽仍使用，但趋于衰落，表现出更多的日用化趋势，然而鼎作为身份权力标志与国家政权的象征，仍影响着整个两汉社会。目前在各地出土的汉画中也可见到不少关于鼎的图像，与其他图像结合共同表达着丰富的社会与思想内涵。基于此，本文试对汉画中的鼎做一梳理归纳，希冀对研究汉代的社会文化、丧葬习俗、思想信仰等有所裨益。

汉代，鼎作为礼器仍然被用在祭祀、庙堂、丧葬等礼仪活动中。马王堆一号西汉墓遣策记载漆（陶）鼎制仍沿用了先秦的上卿之礼。从记录看，其用鼎制度虽与前代接近，但也有出入。如盛白羹的“大牢七鼎”中，出现了“鹿肉鲍鱼笋白羹”之类的异味，与礼制规定的七羹之制不合[1]。据《续汉书·礼仪志上》记载，东汉皇帝死后行“大葬”礼时，太常要实行“太牢奠”，这仍是沿用了西周以来的用鼎制度。皇帝死后的随葬明器有“瓦鼎十二”，即用正鼎九和陪鼎三，也是用太牢旧制。但鼎的质地由铜变为陶[2]。考古资料也表明，两汉早期在诸侯王及列侯墓中仍随葬铜鼎，但列鼎的组合与数目已不严格遵循周代用鼎制度。西汉中期以后大中型墓葬中随葬铜鼎数目更是随意，像武帝时期山东长清双乳山1号墓内随葬9件列鼎则非常少见[3]。而在一般的中小型墓葬中少见或没有铜鼎陪葬。至东汉，鼎的衰落态势更为明显，铜鼎极少陪葬，陶鼎也大多为等级相对较高墓葬的陪葬品。

祭祀墓主的用鼎组合在马王堆一号汉墓帛画中也有表现。图中的鼎与壶、耳杯等祭祀器物置于案上，画面上鼎为扁圆球腹，双附耳，瘦长的三蹄形足，圜形盖。鼎素面无纹，已不见商周时期繁芜神秘的装饰花纹[4]。（图1）这一特点也与同时期墓葬遗址出土的铜鼎特点相同，鼎作为贵族阶层仍在使用的祭祀礼器，在形制上更加重视实用性，铜器铭文上多为年份、用途、重量、容量、批次、监造者及制造者等内容。

图1　湖南长沙马王堆一号汉墓帛画中的鼎

但正如西汉中期以后用鼎逐渐走向衰落，作为丧葬、庙堂祭祀之用的鼎图像在各地汉画中已经很少见到。四川东汉时期汉画像石棺上的图像中出现有鼎放置于西王母前，学者认为鼎是作为供奉西王母的器具[5]。西王母为两汉时期流行的神仙形象，为社会各阶层崇拜。《汉书》等文献多次记载民众大规模“祠西王母”以求富贵长生升仙的活动，“设张博具，歌舞祠”。作为汉代仍在使用的庙堂祭祀的礼器，鼎是可以作为祠祀西王母的礼器。不过笔者认为这类鼎与西王母的图像更是与汉代神仙信仰有关，在本文后面将做进一步的阐述。

另一方面，由鼎的礼仪功能进而延伸至国家政权的象征却在两汉流行。鼎不再出现在礼仪器具组合中，而是进入到“泗水捞鼎”和“神鼎”的故事语境中，成为汉王朝王权神化的物象符号。

“泗水捞鼎”是汉画中流传甚广的题材，已知今山东、江苏、河南、四川等地均有发现。目前学者对“泗水捞鼎”画像研究比较深入[6]。最早见诸“泗水捞鼎”文献者为《史记·秦始皇本纪》：“始皇还，过彭城，斋戒祷祠，欲出周鼎泗水。使千人没水求之，弗得。”这里的周鼎当为王权象征——九鼎。九鼎的功能与象征意义见于《左传》“宣公三年”王孙满对九鼎的解释：

> 远方图物，贡金九牧，铸鼎象物，百物而为之备。使民知神奸。故民入川泽山林，不逢不若。魑魅，莫能逢之。用能协于上下，以承天休。

故九鼎作为传国重器，“鼎之轻重，未可问也”。其他文献也有类似记载。如《墨子·耕柱》：“九鼎即成，迁于三国。”《逸周书》讲武王伐纣之后，“乃命南宫百达、史佚迁九鼎三巫”。《史记·张仪列传》也有“据九鼎，案图籍，挟天子以令于天下，天下莫敢不听，此王业也”之说。鼎喻王权，惟有德者居之。秦代周后，九鼎的下落不明。《史记·封禅书》一说秦灭周后，周之九鼎入秦；一说宋太丘社亡，而鼎没于泗水彭城下。不过汉朝统治者出于维护自身统治的目的，大力宣扬秦失鼎于泗水的版本。我们在“泗水捞鼎”图像中也可以看到对《史记》《汉书》等文献记载的秦始皇过彭城捞鼎这段模糊不清的历史所做的进一步重构。根据图像，曾经遗失在泗水的周鼎重被发现，秦始皇派人打捞，就在周鼎浮出水面即将打捞上来时，从水中或鼎中跃出一龙，咬断绳索使鼎再次沉入水中，捞鼎以失败告终。这个明显神化的故事在北魏时期郦道元的《水经注》中仍记载。多数的“泗水捞鼎”图像截取了众人合力打捞铜鼎出水时，一龙（或其他神兽）跃出咬断绳索，使鼎再次沉入泗水的情节画面。（图2、图3）神龙咬断绳索内容添加，是以龙喻指汉高祖刘邦及汉朝，刘氏王朝秉承天命，截断秦始皇对象征国家权力周鼎的拥有，宣扬汉代周的王权正统的合法地位。而暴秦无道，终失王权于泗水。这也正是汉代“泗水捞鼎”故事所积极宣扬的政治内涵。

图2　河南南阳新野樊集画像石泗水捞鼎图（河南博物院藏）

图3　江苏徐州大庙晋汉画像石墓泗水捞鼎图（徐州博物馆藏）

图4　山东武梁祠“神鼎”画像石

“泗水捞鼎”终以秦失国之重器而结束。九鼎最后虽不知所终，但汉代统治者始终将古鼎的出现作为祥瑞。汉武帝时汾阴出古鼎，当时虽有九鼎、黄帝铸鼎、汉鼎不同的解释，但不妨碍武帝将鼎的出现作为汉王朝接受天命的征兆，武帝荐鼎于宗庙，并改元“元鼎”。随后东汉时更多古鼎的出现都被认为是王者贤明的征兆，随着谶纬学说的流行，鼎的出现与王者贤明及盛世清明进一步联系。山东嘉祥武氏祠画像石上的征兆图像中就有“神鼎”，并有“神鼎，不炊自孰，五味自生”的榜题[7]。（图4）正如刘宋孙柔之《瑞应图》中对“神鼎”的解释：“质文精也。知吉凶存亡。能轻能重，能息能行。不灼而沸，不汲自盈，中生五味。……王者兴则出，衰则去。”如果说在“泗水捞鼎”的故事中，鼎仅是王权象征，与捞鼎人、观者、桥、龙等共同组成了完整的叙事情节，到了“神鼎”阶段，鼎则被赋予神奇的超自然特质和更加明确的政治涵义，鼎不需要借助于“泗水捞鼎”的故事语境，而是完全独立出来，成为汉代乃至后世统治者推崇的符瑞图像。

从“泗水捞鼎”故事阐释天命归汉，到王者兴而神鼎出的符瑞图像，鼎始终与王权、国家联系在一起。汉代鼎在日常生活中虽逐渐淡出人们的视野，但用鼎者仍被视为权贵豪右的象征，以鼎区别阶层等级的先秦遗风被不同程度地因袭和继承。张衡《西京赋》中描绘的“击钟鼎食，连骑相过”为权贵们奢华生活的写照。内蒙古和林格尔东汉壁画墓墓主为举孝廉出身，曾做过郎官，历任“西河长史”“行上郡属都尉”“繁阳县令”，直至担任“使持节护乌桓校尉”之职。该墓壁画上绘有墓主仕宦经历及宴乐生活场景等，有浓郁的写实风格。在其中的庖厨图中，几件三足鼎作为炊食器放在地上，鼎内盛放肉食[8]。(图 5)

此外作为丧葬用器，陕西洛南县出土汉代绿釉陶鼎盖上刻有“用此器葬者后世富贵宜子孙”[9]的铭文，这同样是以象征权贵身份的鼎作为墓主随葬品进而祈福子孙能够过上富贵的生活。特别是在汉代长生神仙信仰的影响下，鼎作为富贵门第的象征，也与长生升仙及汉人追求的神仙世界联系起来。

长寿、考终命是人类一直所追求的目标。古人认为天地是永恒的，而人与天地同源，故人可仿效天地，顺理阴阳，获得长生，并进而生命得到永恒[10]。随着神仙信仰的流行，至战国以后人们更是在渴求生命永恒的基础上，希冀像仙人一样永恒自由。秦皇汉武皆痴迷于求仙，推动了神仙信仰的发展。《汉书 · 郊祀志》载：“元鼎、元封之际，燕、齐之间方士瞋目扼腕，言有神仙祭祀致福之术者以万数。”西汉中期以后汉代神仙思想逐渐世俗化。先秦时期所描绘的仙人是抛弃世间荣华富贵，独居深山不食人间烟火。至西汉中期为迎合贵族阶层永享荣华富贵的心态，升仙故事如黄帝封禅不死升天、举家飞升等仙话产生[11]。《史记 · 封禅书》记载：“黄帝采首山铜，铸鼎于荆山下。鼎既成，有龙垂胡髯下迎黄帝。黄帝

图 5　内蒙古和林格尔壁画中庖厨图中的鼎

上骑，群臣后宫从上者七十余人，龙乃上去。”仙人唐公房碑则记录了生活在新莽时期的唐公房在服食丹药后，与妻子甚至包括自家的房屋和家畜等财产一同飞升[12]。汉代方士们所描述的神仙世界是富贵逍遥生活，对贵族及平民极具诱惑力，使神仙思想受到社会各阶层的广泛信仰。长生求仙也与富贵享乐物质生活联系起来，特别是西汉晚期以后对神仙世界的描绘中更多地出现了世俗享乐题材[13]。

现世对成仙的向往也同样折射在墓葬中。汉代社会崇尚富贵，对富贵的追求更激发了世俗的享乐观念，“世以侈靡相竞”。受先秦两汉逐利求富贵思想的影响，汉代印章、玉器、铜镜、铜钱等器物上多有“日利”“日倍利”“富贵吉羊”“安乐富贵”“家常富贵”“君高迁”“宜官”“位至公侯”等祈福求贵的吉语祝词。世俗贵族的荣华富贵生活与神仙信仰相结合，在汉画中许多描绘的神仙世界中就会看到大量存在于现实生活中象征身份地位的事物也出现在那里：有权贵豪门居住的豪宅庄园、食俸禄于太仓，歌舞宴乐、犬马游弋、车骑出行等。这些内容的画像，表达了生者祈求死者死后到达神仙世界，得以享受富贵逍遥的生活。

在江苏睢宁东汉晚期九女墩汉墓出土的“双犀护鼎”画像石上格图像中心刻一鼎，其他物象也基本是围绕该鼎展开。鼎旁有两只玉兔守护，两只背生羽翼的神犀头部相向拱卫鼎。鼎上有九穗禾；嘉禾旁有一对凤凰，左上角刻一九尾狐，右上角刻一麒麟。画面左右还刻有祥瑞符号。[14]（图6）鼎上不再出现“泗水捞鼎”图像中所见的绳索、滑轮，反而鼎周围出现大量的物象如玉兔、神犀、嘉禾、凤鸟、九尾狐、麒麟等。这些常见于汉画中居住在西方昆仑山上的西王母仙境中。我们也注意到该鼎的形制也与上述鼎图像略有不同，鼎盖做成博山形状，中部突出。（图7）正如学者们指出，汉代博山装饰的流行，与汉代求仙思想有密切关系。博山最初模拟的应是东方齐鲁地区神仙信仰中所提到的蓬莱、方丈、瀛洲等海外仙山的造型。这类带有博山盖鼎的实物也见于汉墓中，如河南南阳新野樊集汉画像砖墓出土有博山盖陶鼎[15]。此外东汉时期不少墓葬随葬的陶质明器上也都装饰有博山盖，如陶尊、陶仓、陶炉等，是汉代神仙信仰在墓葬中的反映。前面提到的四川东汉时期汉画像石棺上刻画的西王母与

图6　江苏睢宁九女墩东汉墓出土“双犀护鼎”画像

图7　“双犀护鼎”画像中的鼎

鼎的图像也再次将鼎与长生升仙信仰联系起来。在汉代神仙信仰的强烈影响下，鼎和其他代表世俗富贵生活的事物出现在神仙世界中，成为汉代祈福追求长生升仙的物象。

通过对汉画中鼎的多重文化释义，可以帮助我们进一步理解其他相关的鼎图像。在东汉中晚期后出现不少鼎图像，特别是在四川地区，图像中以鼎居中，鼎的双附耳各穿有绳索或绶带，两侧有人或瑞兽如龙、凤鸟或虎等口衔绳索将鼎升出。（图 8、图 9）一部分学者仍倾向将之归属于“泗水捞鼎”故事语境中。然而这些图像与“泗水捞鼎”故事中鼎复沉入水而不可得的结局完全不同，表现的是最终升鼎或出鼎。图像中的龙不再是噬咬绳索使鼎隐没的破坏者，而是成为升鼎或出鼎的协助者。综合前文的探讨，我们认为这类“升鼎”或“出鼎”图像具有多重寓意：一是表现“王者兴，神鼎出”思想观念，即太平盛世下，遂有瑞兽升神鼎而出，以应吉瑞征兆，表达了人们对太平盛世的祈祷与向往，也是希冀死者所居世界仍是一个像盛世一样的美好世界；二是鼎作为社会门第的象征，通过升鼎或出鼎图，寓意获取富贵；三是鼎与长生神仙信仰相关，通过鼎这一媒介，从而达到进入仙境或长生升仙的目的。

汉代鼎除作为礼器、日用容器外，还出现在百戏杂技之中，成为展示力量、娱乐世俗的举重表演。汉代多称之为“乌获扛鼎”，在张衡《西京赋》和李尤《平乐观赋》中都有记载。这种力技竞赛在战国秦汉比较盛行，最初是训练个人的体能与力量。著名的秦武王与勇士孟说比赛举鼎，以武王举鼎折骨断胫而死结局。战国秦汉时“扛鼎”项目非常流行，能否举鼎成功成为判断勇士气力的标准，史书上也多称神力勇猛者为“力能抗（扛）鼎”之辈。到汉代这种力技竞赛已经变成了表演节目，与倒立、弄壶、蹶张和顶竿等皆归入百戏表演节目中。

图 8　四川泸州四号石棺的鼎图像（高文 . 四川汉代石棺画像集［G］. 北京：人民美术出版社，1997：83，图 159.）

图 9　四川泸州市麻柳湾崖墓石棺的鼎图像（高文 . 四川汉代石棺画像集［G］. 北京：人民美术出版社，1997：90，图 169.）

“扛鼎”表演图像出土不多。在江苏铜山洪楼汉墓祠堂中“七力士画像”中，其中一力士两腿分立，挽袖，两手紧抓鼎之两耳，将鼎举过头并倒扣头顶。图像中的鼎圆球形腹倒扣，三足上竖[16]。（图 10）这幅作品将画面定格在力士举鼎过头顶力量勃发的那一瞬间，场面惊险刺激，给人留下难以磨灭的印象。

图 10 江苏铜山洪楼汉墓举鼎力士图

综上，通过对汉画中鼎图像的释读，结合文献及考古资料可知，汉代鼎虽较商周时期的社会地位有所下降，但鼎作为礼器仍然被用在祭祀、庙堂、丧葬等礼仪活动中。特别是汉代统治者为宣扬王权正统的合法地位，强化鼎与王权的联系，在这一社会背景下，“泗水捞鼎”故事在汉代大一统的政体制度下在各地广泛流行。随着谶纬学说的流行，鼎又被赋予了神奇的自然特质，进而成为统治者贤明、政治清明的符瑞。而汉代长生升仙信仰的流行，又使代表权贵门第的鼎加入神仙世界图像中，成为仙境中富贵逍遥生活的物象代表。除此之外，鼎出现在百戏杂技之中，成为展示力量、娱乐世俗的举重表演的道具。对汉代鼎的多重社会文化角色的解读，也是对汉代丰富的社会思想文化的一次探索。

---

[1] 俞伟超. 马王堆一号汉墓用鼎制度考[J]. 文物,1972(9).

[2] 俞伟超. 秦汉青铜器概论[M]// 中国青铜器全集·秦汉卷. 北京：文物出版社，1998.

[3] 山东大学考古系等. 山东长清县双乳山一号汉墓发掘简报[J]. 考古，1997(3).

[4] 湖南省博物馆，中国科学院考古研究所. 长沙马王堆一号汉墓[M]. 北京：文物出版社，1973.

[5] 罗二虎. 汉代画像石棺研究[J]. 考古学报，2000(1).

[6] 邢义田. 画为心声——画像石、画像砖与壁画[M]. 北京：中华书局,2011；罗二虎. 汉代画像石棺[M]. 成都：巴蜀书社，2002；蒋英炬，杨爱国. 汉代画像石与画像砖[M]. 北京：文物出版社. 2001；巫鸿. 武梁祠——中国古代画像艺术的思想性[M]. 北京：生活·读书·新知三联书店，2006；武利华. 汉画“泗水升鼎图”考评[M]// 孙厚兴，郭海林主编. 两汉文化研究（第三辑）. 北京：文化艺术出版社，2004.

[7] 巫鸿. 武梁祠——中国古代画像艺术的思想性[M]. 北京：生活·读书·新知三联书店，2006.

[8] 内蒙古自治区博物馆文物工作队编. 和林格尔汉墓壁画[M]. 北京：文物出版社，1978.

[9] 刘合心，吕宝玲. 华县两汉陶器纹饰选萃[J]. 文博，2005(6).

[10] 葛兆光. 宇宙、身体、气与“假求于外物以自坚固”——道教的生命理论[J]. 中国哲学史，1999(2).

[11] 余英时著，侯旭东等译. 东汉生死观[M]. 上海：上海古籍出版社，2005.

[12] 陈显远. 汉“仙人唐公房碑”考[J]. 文博，1996(2).

[13] 武玮. 汉代模型明器所见的丧葬观念[J]. 中原文物，2014(4).

[14][16] 中国画像石全集编辑委员会编. 中国画像石全集(4)[M]. 济南：山东美术出版社，2000.

[15] 河南省南阳地区文物研究所. 新野樊集汉画像砖墓[J]. 考古学报，1990(4).

试论河内郡汉墓陶井类型及随葬陶井的象征意义

陈建伊
吉林大学考古学院

摘要： 河内郡汉墓中较多随葬陶井，类型较为丰富，与周边地区相比具有较强的地域特征。在对河内郡汉代陶井的类型学研究基础上，将该地区陶井流行年代划分为五期。通过与周边地区进行对比，认为西汉时期陶井随葬可能存在着“巩洛—河内—冀州”的传播路线。并进一步探究陶井在墓葬中的象征意义，认为陶井作为随葬品除了象征水资源外，还象征着肉类果蔬等副食品的储存与取用。

关键词： 河内郡；明器陶井；类型学；象征意义

两汉时期河内郡主要覆盖今河南省黄河以北地区，处于汉代黄河河道与太行山东南麓之间。相较于周边地区，河内郡地区出土的陶井数量多，类型丰富，有较强的地域特征。

目前学界对汉墓出土陶井的研究主要集中在对陶井的类型学研究[1]。在已有的研究基础上，针对河内郡汉墓所出陶井的型式与区域特征做简要分析，并深入讨论陶井作为模型明器所代表的象征意义。

一、河内郡汉墓出土陶井的发现与类型

（一）河内郡汉墓出土陶井概况

河内郡地区汉墓的考古发掘起步较早，1935年中央研究院考古工作队在辉县琉璃阁地区进行了汉代墓葬的清理与发掘工作[2]。目前该地区主要出土陶井的汉墓有辉县琉璃阁汉墓群（包括百泉、山彪）[3]、安阳梯家口村汉墓[4]、安阳郭家湾汉墓[5]、焦作白庄汉墓[6]、新乡武陵村汉墓[7]、新乡火电厂汉墓[8]、新乡老道井汉墓群（包括东同古、金灯寺、王门）[9]、淇县大马庄汉墓[10]、淇县西杨庄及黄庄汉墓群[11]、辉县路固汉墓[12]、辉县赵雷墓地[13]，其他零星公布的资料有济源承留村85M1[14]、焦作博爱县人民路M1[15]、济源赵庄M1[16]、焦作店后村M1[17]、焦作东城花园M106[18]等。在242座河内郡汉墓中共出土陶井269件。绝大多数汉墓随葬一件陶井，也有随葬两

件或三件的现象。

（二）河内郡汉代陶井的类型学研究

河内郡汉墓所出土的陶井多为泥质灰陶且多为素面，少部分陶井有施釉现象。陶井主要由井腹、井沿、井架三部分组成。根据制作工艺的差别，主要分为五型。

A型　无井架，井体呈盆形或钵形，根据口沿分为两亚型。

Aa型　宽平沿，厚方唇，根据口沿及腹部变化分为三式：

Ⅰ式　沿面平直，腹部斜直，略呈收束状。如路固BM69∶6。（图1：1）

Ⅱ式　沿面中部有一周凹槽，上腹部弧收。如路固BM59∶2。（图1：2）

Ⅲ式　沿面变薄，内侧有一周突起，腹部平直。如路固AM4∶6。（图1：3）

Ab型　宽沿，薄唇，根据口沿变化分为两式：

Ⅰ式　宽平沿，薄方唇，腹部上窄下宽。如王门06M14∶8。（图1：4）

Ⅱ式　沿面变窄，沿内侧有凸棱。如赵庄M1∶27。（图1：5）

B型　有井架，横梁两侧突出，根据井架的形态分为三亚型。

Ba型　龙头架，横梁两侧成龙头形，根据井架形态变化分为三式：

Ⅰ式　支架上端呈圆弧状，龙头形态较模糊。如路固AM71∶21。（图2：1）

Ⅱ式　支架上端平直，井架变高，龙头形态生动。如王门06M3∶9。（图2：2）

Ⅲ式　井架细长，龙头端向外突出较长。如

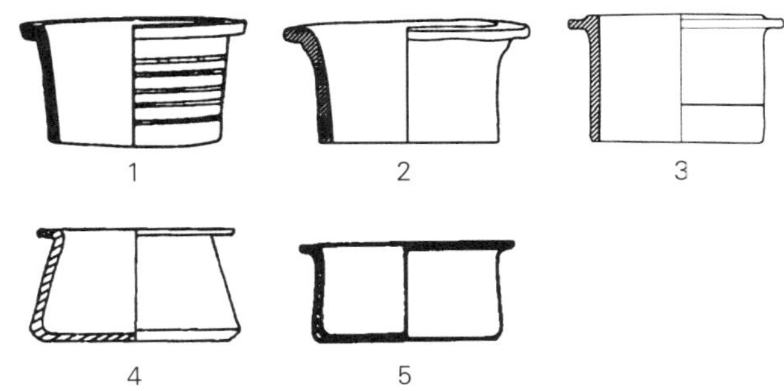

图1　河内郡汉代A型陶井
1.Aa Ⅰ式（路固BM69∶6）；2.Aa Ⅱ式（路固BM59∶2）；3.Aa Ⅲ式（路固AM4∶6）；4.Ab Ⅰ式（王门06M14∶8）；5.Ab Ⅱ式（赵庄M1∶27）

金灯寺05M9∶8。（图2：3）

Bb型　平突架，横梁两侧向外突出。根据腹部变化分为五式：

Ⅰ式　腹部较高，腹中部有折棱将腹部分为上下两半，上腹部较窄，下腹部较宽。如梯家口M46∶25。（图2：4）

Ⅱ式　上腹与下腹的宽窄对比更加明显。如梯家口M41∶10。（图2：5）

Ⅲ式　腹部变浅无折棱，上窄下宽。如梯家口M49∶2。（图2：6）

Ⅳ式　腹部进一步变浅，中间收束形成亚腰。如郭家湾M47∶20。（图2：7）

Ⅴ式　腹部低矮，中间收束更甚。如东同古M10∶13。（图2：8）

Bc型　横梁与井亭一体制作，两侧支架捏塑连接横梁与井沿。根据腹部的变化分为三式：

Ⅰ式　腹部较深，中间收束形成亚腰。如路固CM19∶3。（图2：9）

Ⅱ式　腹部变浅，中间收束部位较粗。如路固BM23∶20。（图2：10）

Ⅲ式　腹部进一步变浅，中间收束部分做出一周凸棱。如王门05M5∶15。（图2：11）

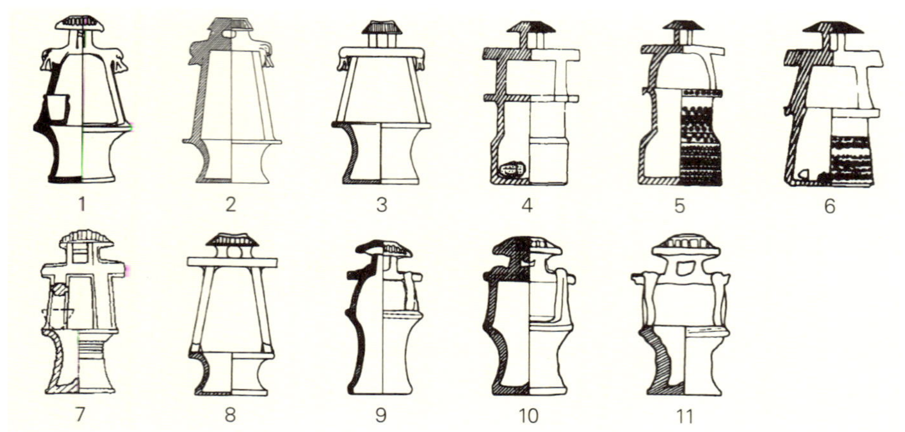

图 2　河内郡汉代 B 型陶井

1.Ba Ⅰ式（路固 AM71∶21）；2.Ba Ⅱ式（王门 06M3∶9）；3.Ba Ⅲ式（金灯寺 05M9∶8）；4.Bb Ⅰ式（梯家口 M46∶25）；5.Bb Ⅱ式（梯家口 M41∶10）；6.Bb Ⅲ式（梯家口 M49∶2）；7.Bb Ⅳ式（郭家湾 M47∶20）；8.Bb Ⅴ式（东同古 M10∶13）；9.Bc Ⅰ式（路固 CM19∶3）；10.Bc Ⅱ式（路固 BM23∶20）；11.Bc Ⅲ式（王门 05M5∶15）

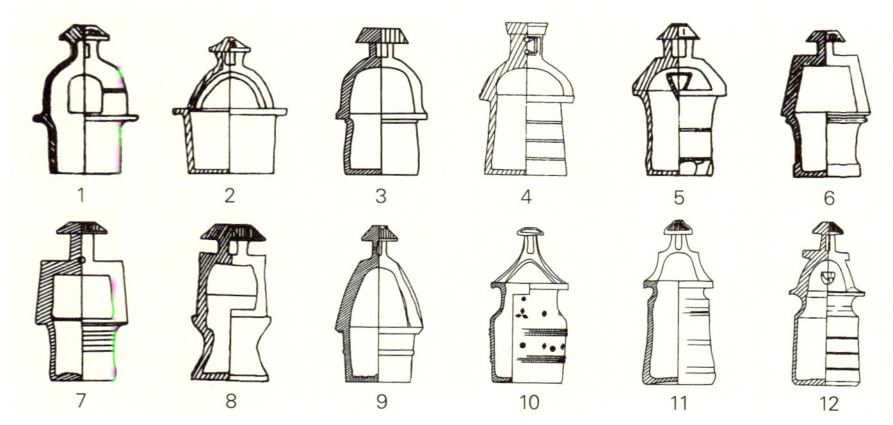

图 3　河内郡汉代 C 型陶井

1.Ca Ⅰ式（新乡火电厂 M25∶3）；2.Ca Ⅱ式（王门 06M28∶6）；3.Ca Ⅲ式（白庄 M51∶29）；4.Ca Ⅳ式（王门 06M49∶3）；5.Ca Ⅴ式（王门 06M55∶17）；6.Cb Ⅰ式（白庄 M41∶3）；7.Cb Ⅱ式（店后村 M1∶26）；8.Cb Ⅲ式（梯家口 M38∶1）；9.Cc Ⅰ式（东城花园 M106∶40）；10.Cc Ⅱ式（大马庄 M45∶5）；11.Cc Ⅲ式（大马庄 M44∶5）；12.Cc Ⅳ式（黄庄 M10∶3）

C 型　井架井亭一体制作，再粘接在井沿上，根据井架不同分为三亚型。

Ca 型　拱形架，根据腹部的变化分为五式：

Ⅰ式　筒形腹，腹部较浅。如新乡火电厂 M25∶3。（图 3：1）

Ⅱ式　腹部加宽上粗下窄。如王门 06M28∶6。（图 3：2）

Ⅲ式　腹上窄下粗，整体形态略弧。如白庄 M51∶29。（图 3：3）

Ⅳ式　腹部斜直加深。如王门 06M49∶3。（图 3：4）

Ⅴ式　腹部进一步加深，整体形态弧收。如王门 06M55∶17。（图 3：5）

Cb 型　方形架，根据井架的变化分为三式：

Ⅰ式　梯形架。如白庄 M41∶3。（图 3：6）

Ⅱ式　梯形架近方形。如店后村 M1∶26。（图 3：7）

Ⅲ式　方形架。如梯家口 M38∶1。（图 3：8）

Cc 型　拱形突棱架，在拱形架的基础上两侧各形成一处突棱。根据井架变化分为四式：

Ⅰ式　拱形架较高，突棱未形成。如东城花园 M106∶40。（图 3：9）

Ⅱ式　拱形架变低，突棱未形成。如大马庄 M45∶5。（图 3：10）

Ⅲ式　井架两侧出现突棱。如大马庄 M44∶5。（图 3：11）

Ⅳ式　井架突棱变成短横梁。如黄庄 M10∶3。

（图 3：12）

D 型　镂空井架，即在口沿上两侧各挖去一半形成井架。根据井亭有无分为三亚型。

Da 型　无井亭，宽平沿，薄方唇，根据腹部的变化分为三式：

Ⅰ式　盆形腹，腹部较浅，斜直内收，无底。如路固 AM75∶26。（图 4：1）

Ⅱ式　盆形腹，腹部弧收，沿下与底部各有一周折棱。如王门 06M62∶1。（图 4：2）

Ⅲ式　腹部加深，中有亚腰，沿变短。如路固 AM34∶9。（图 4：3）

Db 型　有井亭。根据井架的变化分为四式：

Ⅰ式　井架略高，敛口盆形腹，上腹部有一周折棱，有底。如赵雷 M61∶7。（图 4：4）

Ⅱ式　井架变矮，起拱处有折棱，井亭连接处变高，宽平沿，厚方唇。如路固 AM30∶10。（图 4：5）

Ⅲ式　拱形架，腹部上宽下窄，斜收明显。如王门 03M1∶11。（图 4：6）

Ⅳ式　拱形架，井亭连接处较高，腹部加深，口沿下有一周突棱。如金灯寺 M40∶4。（图 4：7）

Dc 型　有井亭，根据井架的变化分为五式：

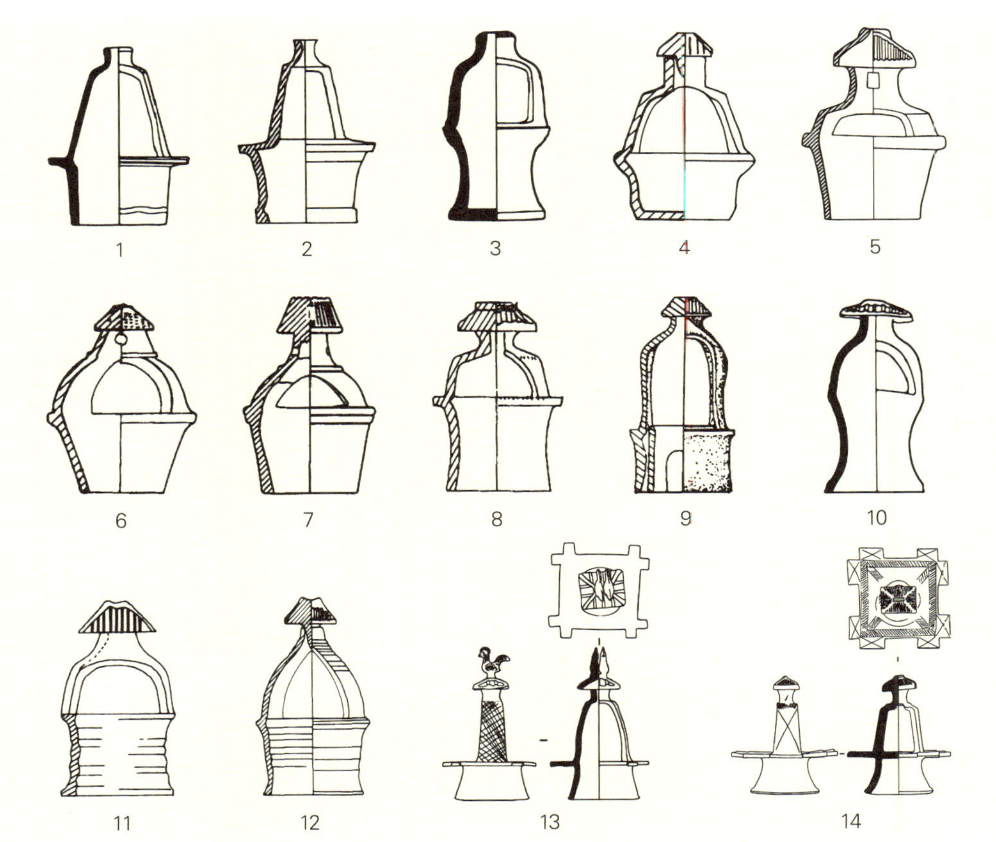

图 4　河内郡汉代 D 型、E 型陶井

1.Da Ⅰ式（路固 AM75∶26）；2.Da Ⅱ式（王门 06M62∶1）；3.Da Ⅲ式（路固 AM34∶9）；4.Db Ⅰ式（赵雷 M61∶7）；5.Db Ⅱ式（路固 AM30∶10）；6.Db Ⅲ式（王门 03M1∶11）；7.Db Ⅳ式（金灯寺 M40∶4）；8.Dc Ⅰ式（王门 06M21∶17）；9.Dc Ⅱ式（武陵村 M71∶3）；10.Dc Ⅲ式（路固 BM31∶13）；11.Dc Ⅳ式（东同古 05M3∶28）；12.Dc Ⅴ式（金灯寺 M36∶6）；13.E Ⅰ式（路固 AM60∶9）；14.E Ⅱ式（路固 AM28∶4）

表 1　河内郡陶井型式分期表

	主要铜镜类型	主要铜钱类型（烧沟汉墓）	A		B			C			D			E
			Aa	Ab	Ba	Bb	Bc	Ca	Cb	Cc	Da	Db	Dc	
西汉中晚期	昭明；日光；四乳禽鸟	以Ⅱ型为主，兼Ⅰ型	Ⅰ			Ⅰ		Ⅰ	Ⅰ	Ⅰ		Ⅰ	Ⅰ	
新莽时期	昭明；日光；四乳禽鸟；四乳四螭	以货泉、大泉五十为主，兼Ⅱ型		Ⅰ		Ⅱ		Ⅱ		Ⅱ			Ⅱ	Ⅰ
东汉早期	四神博局；四乳四螭；龙虎；君宜高官；长宜子孙	以Ⅲ型为主，兼Ⅱ型、货泉、大泉五十	Ⅱ		Ⅰ	Ⅲ	Ⅰ	Ⅲ	Ⅱ	Ⅲ	Ⅰ	Ⅱ	Ⅲ	Ⅱ
东汉中期	君宜高官；长宜子孙；四神博局；简式博局；龙虎	以Ⅳ型为主，兼Ⅲ型、Ⅱ型、货泉、大泉五十	Ⅲ	Ⅱ	Ⅱ	Ⅳ	Ⅱ	Ⅳ	Ⅲ	Ⅳ	Ⅱ	Ⅲ	Ⅳ	
东汉晚期	长宜子孙；简式博局；连弧；四乳禽鸟	以Ⅴ型为主，兼Ⅳ型、Ⅲ型			Ⅲ	Ⅴ	Ⅲ	Ⅴ			Ⅲ	Ⅳ	Ⅴ	

Ⅰ式　井架中部略有折棱。如王门 06M21∶17。（图 4：8）

Ⅱ式　井架增高，折棱变成弧突。如武陵村 M71∶3。（图 4：9）

Ⅲ式　拱形架变矮，中部收束形成亚腰。如路固 BM31∶13。（图 4：10）

Ⅳ式　拱形架跨度较高，腹部变浅。如东同古 05M3∶28。（图 4：11）

Ⅴ式　井架顶部呈尖状，腹部上粗下窄。如金灯寺 M36∶6。（图 4：12）

E 型　宽井字形井沿。根据井亭装饰分为两式：

Ⅰ式　井亭上有装饰两只公鸡。如路固 AM60∶9。（图 4：13）

Ⅱ式　井亭上无装饰。如路固 AM28∶4。（图 4：14）

河内郡汉代陶井的型式丰富，带有井架的 B、C、D、E 型陶井是其中的主要类型，不带井架的 A 型井数量较少。根据河内郡陶井的型式演变，并结合墓中铜钱、铜镜的断代结果，将河内郡汉代陶井的流行年代主要分为五期。（表 1）

西汉中晚期陶井随葬的现象在河内郡开始出现，至新莽时期墓葬中使用陶井已经在河内郡普及，成为模型明器固定组合之一。东汉早期、中期陶井种类丰富、形式多样，原有的类型继续产生变化的同时又新创生了多种类型。东汉晚期则略有衰落。

二、河内郡陶井随葬的源流

河内郡陶井自一出现类型就基本完备，并在较短的时间内流行开来。陶井随葬如此迅速，当不是在本地自我发展而产生，推测应该是受到外来文化的强烈影响。河内郡使用陶井随葬的风俗，其源流应当结合其周边地区进行探讨。

（一）巩洛地区

巩洛地区地处京畿，属河南郡。这里出土的汉代陶井数量众多，且具有独特性。巩洛地区汉墓的考古学序列建立得比较早，尤以洛阳烧沟汉墓[19]为例，将该地区汉墓分为六期。除洛阳烧沟外，洛阳吉利区[20]、陕县刘家渠[21]、偃师华润电厂[22]等地都发现了使用陶井随葬的汉代墓葬。（图 5）

巩洛地区的井是以带井栏的筒形无架井为主，无架井的种类要比河内郡丰富。除河内郡常见的盆形井外，方形、带井栏的高筒形井等都是巩洛地区无架井的典型代表。豫西地区陶井的井栏多有独特的装饰，这种偏重于井栏装饰的陶井极少见于河内郡。但总的来看，巩洛地区随葬的陶井与河内郡仍然是共性大于个性，双方陶井除了具体的装饰、造型等，在类型和构造上基本一致。根据相关断代结果，巩洛地区在西汉中期稍晚阶段开始出现陶井随葬，年代上巩洛地区要早于河内郡使用陶井随葬。

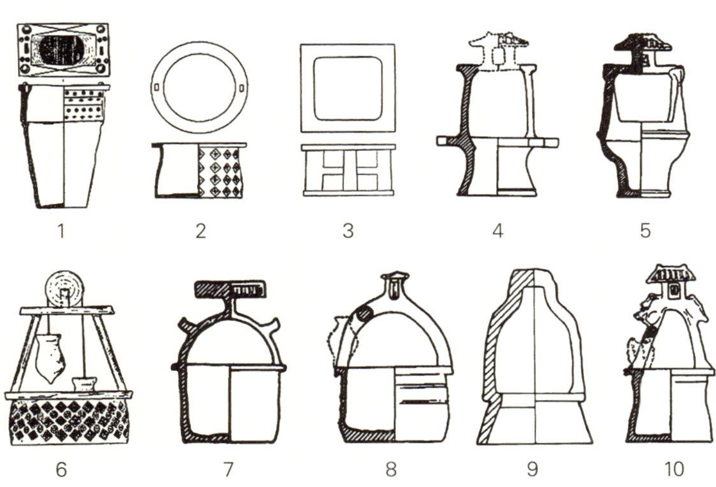

图 5　巩洛地区典型汉墓陶井

1. 烧沟 M58：30；2. 吉利区 C9M445：40；3. 烧沟 M82：37；4. 刘家渠 M8：7；5. 刘家渠 M87：38；6. 烧沟 M59A：42；7. 西郊 M7037：9；8. 刘家渠 M91：9；9. 华润电厂 M21：1；10. 刘家渠 M1037：6

（二）冀州地区

冀州是汉代重要的封国赋税区，在汉代经济、政治上有着很高的地位。从地理上看，冀州与河内郡同属一个地理单元，两者在风俗、文化上关系密切。冀州同样发现数量较多的陶井明器，墓葬主要有燕下都[23]、定州南关[24]、景县大代庄[25]、石家庄城角庄[26]、肖家营[27]等。

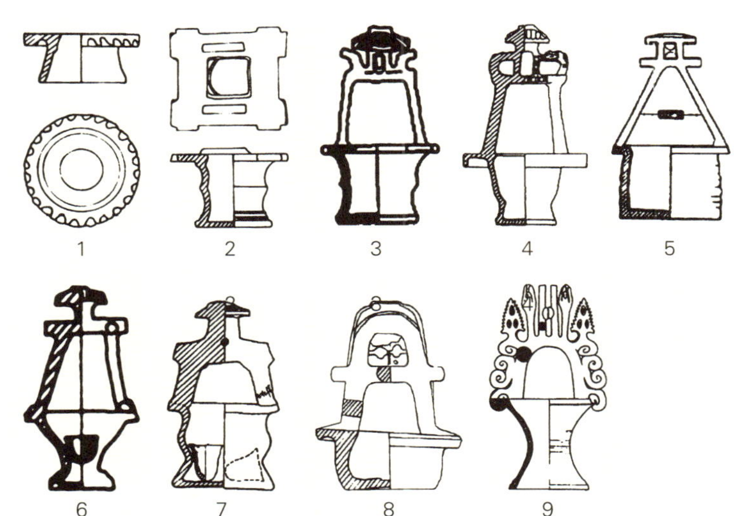

图 6　冀州地区典型汉墓陶井

1. 燕下都 W21T75 ① M4：8；2. 燕下都 W21T75 ① M4：1；3. 南关 M15：1；4. 南关 M20：1；5. 大代庄 86M1：14；6. 城角庄 M1：15；7. 肖家营 M3：18；8. 燕下都 W21T86 ① M6：1；9. 大代庄 86M1：15

冀州汉墓陶井也可以分为无架和有架两类，以有架井为主。无架井主要集中在燕下都地区出土，其中井字形井沿的无架井极少见于河内地区。（图 6：2）冀州的有架井以两侧突出的横梁式井架为主，整体形态类似于河内地区 Bb 型井。冀州流行一种带有华丽装饰的拱形架陶井，这种陶井的装饰纹样有着强烈的玄学色彩（如图 6：9），是冀州较为独特的陶井类型而不见于河内地区。同时冀州陶井与河内地区最大的不同在于井腹，有的在近底部收束，有的在亚腰部形成一周突棱（图 6：6、图 6：7），这两种形制皆不见河内地区。

总的来看，冀州地区与河内郡在随葬的陶井上，同样共性大于个性。两者在类型、结构等方面有着较强的一致性。根据相关研究，冀州随葬陶井的现象开始于西汉晚至东汉初期 [28]，略晚于河内郡。

（三）郑颍地区

以郑州、禹州为中心的河南郡、颍川郡位于河内郡以南，与河内郡隔古黄河相望。郑颍地区汉墓发掘数量较大 [29]，但使用陶井随葬的现象比较稀少。目前河南郡内发现陶井的墓葬主要集中在郑州，包括郑州大上海 M2、M15、M43 [30]，紫光园 M35 [31]，鸿城广场 M3 [32]，郑州轻汽厂 M20 [33]，碧沙岗公园 M13 [34]。除此之外在巩义也有零星出土，包括万宝苑 M15[35]、赵冈 M1[36]。颍川郡内发现陶井有禹州新峰 M90、M234 [37]，宝丰廖旗营 BM35 [38]，登封袁村 M2 [39]，郏县董庄 M64 [40]，等等。（图 7）

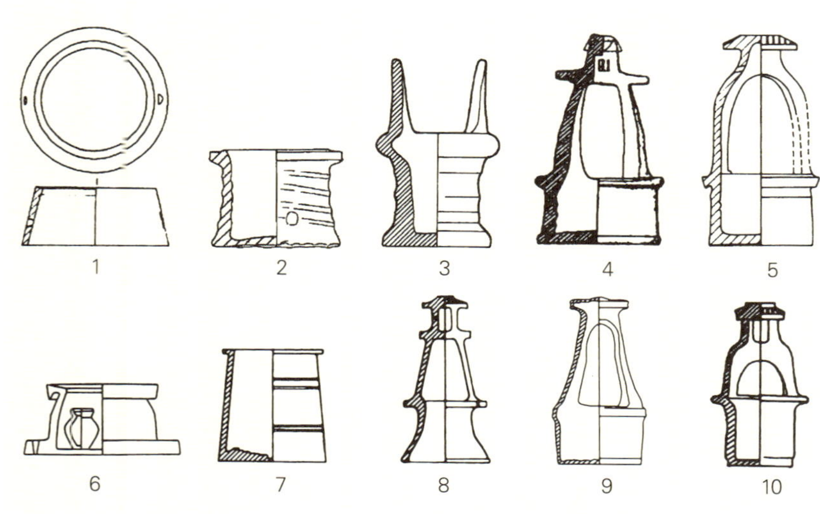

图 7　郑颍地区典型汉墓陶井

1. 鸿城广场 M3∶7；2. 大上海 05M43∶5；3. 赵冈 M1∶13；4. 碧沙岗 M13∶7；5. 大上海 04M15∶5；6. 董庄 M64∶7；7. 新峰 M90∶12；8. 新峰 M234∶19；9. 袁村 M2∶9；10. 廖旗营 BM35∶5

郑颍地区在西汉晚期开始使用陶井进行随葬，同样可分无架和有架两类。但对比河内郡，形式方面并未突破河内郡的陶井类型，甚至缺少大部分陶井类型。终汉两代，陶井随葬的风俗在郑颍地区并不普遍，可见陶井并未在黄河以南的河南郡和颍川郡流行开来。

（四）兖州地区

汉代兖州刺史部包括今豫东、鲁中南等地，整体位于河内郡东部。受黄河历史堆积影响，豫东地区汉墓材料发掘较少，目前尚未发现使用陶井随葬的汉墓。鲁中南地区汉墓目前发现数量较多 [41]，但使用陶井随葬的汉墓仅有济宁育普小学 M1 [42]，微山墓前村 M2、M3 [43]，独山 M4 [44]，微山岛 93M7、94M8、94M9[45]、03M20 [46]。（图 8）

兖州地区汉墓陶井数量稀少，目前所见皆以无架井为主，有架井仅在济宁发现一例，应该属于其他地区传入。无架井在山东地区出现较早，鲁东南枣庄地区在西汉中期便开始使用无架井随葬 [47]。相较于河内郡，兖州地区的陶井形制不发达，缺少大部分陶井类型，并且使用陶井随葬的现象也不普遍，仅是零星所见。

通过对周边地区出土陶井

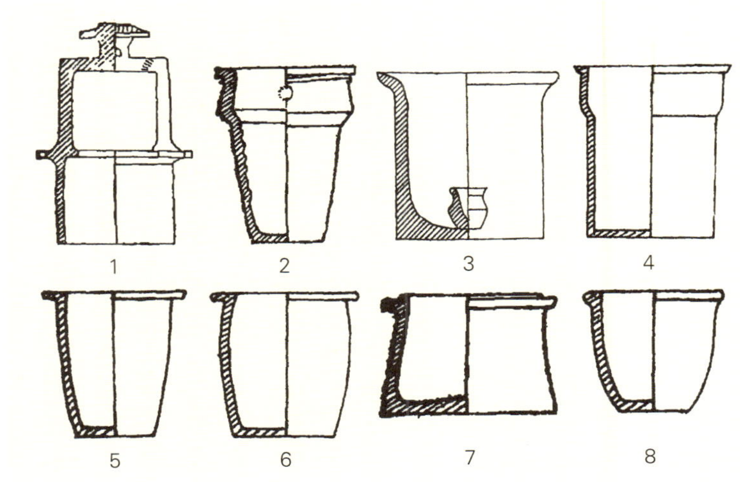

图 8　兖州地区典型汉墓陶井

1. 育普小学 M1：2；2. 墓前村 M3：6；3. 独山 M4：8；4. 微山岛 93M7：5；5. 微山岛 94M9：10；6. 微山岛 94M9：9；7. 墓前村 M2：9；8. 微山岛 94M8：5

的分析，郑颍与兖州地区使用陶井随葬的现象远不如河内郡发达。两地陶井从始至终并非必要陪葬器具，缺乏向外传播陶井随葬风俗的条件，只能是被动接受外来文化的影响。而在巩洛与冀州两地区，陶井的使用则更为普遍。对比河内郡，巩洛与冀州虽有各自地域特色的陶井类型存在，但三地陶井仍然是以共性为主。从陶井随葬的时间上看，巩洛地区相对要早一些，在西汉中期偏晚阶段出现，其次是河内郡，最后是冀州地区在西汉晚期出现陶井。表明陶井可能存在着巩洛—河内—冀州的传播路线。

三、陶井随葬的象征意义

前文以河内郡为例，细致分析河内郡汉代陶井的型式与发展。模型明器是现实生活在墓葬空间的具象反映，对于陶井象征意义的探讨，要充分考虑井的现实功能是否完整被明器陶井所吸收。井的出现是古代先民对于水资源利用的关键转折，增强了人类改造自然的能力。井的现实功用也从取水这一基本功能拓展出其他额外功能，这些功能反映在模型明器中便产生了多种象征意义。

（一）象征着生产生活所用的水资源

井作为水资源利用的一项工具，为人们的生产生活提供用水是井的第一功能。《周易·井》中有言："改邑不改井。"孔颖达疏："井者，物象之名也；古者穿地取水，以瓶引汲，谓之为井。"[48]汉代的经济结构是以农业为本，农作物的种植离不开对水资源的利用，对于地下水的开采和利用成为了农业生产的重要保证。可以说，拥有一口水井对于汉代家庭至关重要，直接决定居民生产生活是否稳定。

陶井作为模型明器的象征性之一便是水资源，包括生产和生活两种用水目的。体现了汉代农业为本的社会下，普通居民对水资源的依赖。这是陶井作为墓葬中模型明器的第一重象征意义，也是最基本的象征。

（二）象征着肉类果蔬等副食品的储存与取用

井除了作为开采和使用地下水资源的设施外，还具有短期储藏，保鲜食品的功能，特别是对于没有条件使用凌室与冰鉴保鲜食物的寻常百姓。井因为深挖地下、空间狭小、内部冷热循环不顺畅等特点，非常适合副食品的短时保鲜与储藏。使用一支吊篮，将食品吊于井内便可达到短期冷藏保鲜的作用。这是井功能的延伸，从这一角度来看，明器陶井便有可能象征副食品的储存与取用。

首先从文献及考古发现上来看，使用井进行食物储存是存在的。东晋国子助教陆翙，在《邺中记》中对曹魏邺城三台建筑有载：“铜爵台穿二井，于井中多置财宝饮食……冰井台，则凌室也，上有冰室，室内数井，井深十五丈，藏冰及石墨，又有窖粟及盐。”[49]《释名疏证补》中有言：“藏肉于奥内，稍出用之也。”清代毕沅引《礼记正义》：“奥，谓藏之深。”[50] 这里的含义是，将肉放到阴凉地深之处，使肉得以保存。虽然没有提到使用井，但我们可以推断满足阴凉地深之处的条件可能是井。

在考古发现中，《邺中记》所描写的建筑形式在战国时期郑韩故城也有发现。郑韩故城地下冷藏遗址为南北向长方形，南壁东端有一狭窄的十三级阶梯通向遗址底部，底部南北向呈一列分布有五口冷藏井，井壁使用陶井圈。[51]（图 9）这说明至少从战国时期及魏晋，人们有使用井进行食物储藏的行为。汉代三杨庄二号庭院[52] 在地表水资源相当丰富的条件下，仍然在院落附近开有一口水井以供使用（图 10），这样的布局规划使人有理由相信这口水井已经不单单用来取水，利用井的延伸功能达到食品保鲜也应该是其中考量。

其次，从模型明器组合所反映的汉代生活场景的角度来看，陶井也应该具有副食品的储存与取用的象征意义。关于汉代饮食结构的研究成果汗牛充栋，证明了秦汉时期饮食结构的丰富性。除了主食之外，副食肉类、蔬菜水果、调味酱料等非常庞杂。《汉书》中记载：“还庐树桑，菜茹有畦，瓜瓠果蓏，殖于疆易，鸡豚狗彘毋失其时。”颜师古注曰：“茹，所食之菜也。”[53] 这表明农桑饲养正合其时、饮食丰富衣食无忧，便是汉代人心中殷实富足的生活，也是小农社会的背景下汉代人对于美好生活的精神追求。

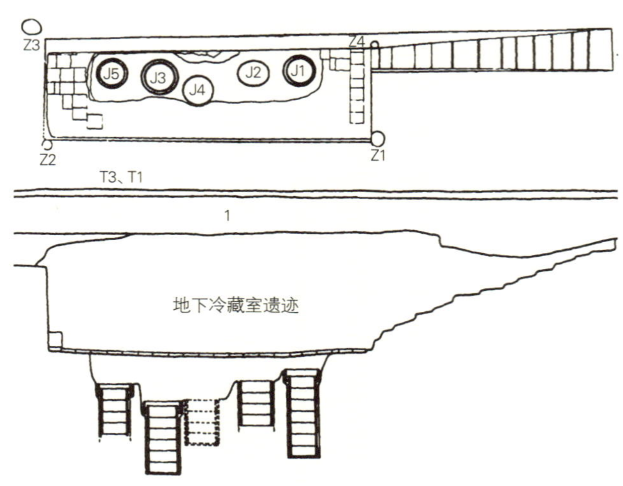

图 9　郑韩故城地下冷藏室遗迹

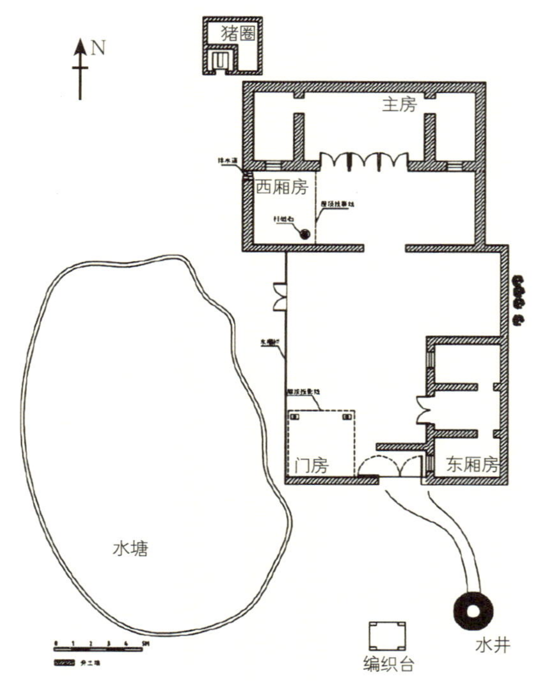

图 10　三杨庄二号院落复原图（采自白庆韬《河南内黄三杨庄汉代民居建筑复原研究》）

“事死如事生”的观念贯穿墓葬营建的方方面面，逝者希望自己死后仍然可以享受全面富足的生活。如果将陶井仅仅看作水资源的象征，那么在模型明器组合便没有明确以肉类果蔬为主的副食品的储存与取用象征器具。如果将陶井视作副食品的储存与取用，则在墓葬空间中“死后之居”的场景才可以完整地重建。

四、结语

河内郡汉代陶井在西汉中晚期开始出现，历经新莽及东汉时期，演化出多种多样的型式，特别是东汉早期达到陶井使用的高潮。结合周边陶井使用情况来看，西汉晚期应该存在一条由巩洛经河内至冀州的双向陶井流通路线，这条路线并不单单使陶井类型进行流通，更重要的是传播了使用陶井随葬的风俗。同时，陶井作为模型明器参与到墓葬环境当中应当具有来自两方面的象征，这与现实生活中的井的功用是密不可分的。陶井的首要象征意义便是生产生活用水，水资源能否有效利用从根本上与汉代居民生活是否稳定富足相关。另一重象征意义是肉类果蔬等副食品的储存与取用，这一层象征来源于井的延伸功能，利用了井自身的特点达到保鲜冷藏的作用。两重含义共同反映在一种随葬品之中，也表达小农经济下人们对于“死后之居”的完整追求。

---

[1] 余静，王涛. 两汉墓葬出土陶井的考古类型学研究［J］. 东南文化，2013（4）.

[2] 中国科学院考古研究所. 辉县发掘报告［M］. 北京：科学出版社，1956.

[3] 河南省文物局. 百泉、郭柳与山彪［M］. 北京：科学出版社，2011.

[4] 安阳市文物工作队. 安阳梯家口村汉墓的发掘［J］. 华夏考古，1993（1）.

[5] 中国社会科学院考古研究所安阳工作队. 河南安阳市郭家湾汉墓［G］// 王仲殊. 考古学集刊（11）. 北京：中国大百科全书出版社，1997.

[6] 马全，路百胜. 焦作白庄41号汉墓发掘简报［J］. 华夏考古，1989（2）；焦作市文物工作队. 河南焦作白庄汉墓M121、M122发掘简报［J］. 中原文物，2010（6）；焦作市文物工作队. 河南焦作白庄M51汉墓发掘简报［J］. 中国国家博物馆馆刊，2012（7）；焦作市文物工作队. 河南焦作白庄三座汉墓［J］. 中国国家博物馆馆刊，2013（8）.

[7] 赵争鸣. 河南新乡武陵村战国两汉墓［J］. 考古学报，1990（1）.

[8] 新乡市文物管理委员会. 1995年新乡火电厂汉墓发掘简报［J］. 华夏考古，1997（4）.

[9] 河南省文物局. 新乡老道井墓地［M］. 北京：科学出版社，2011；河南省文物局. 新乡王门墓地［M］. 北京：科学出版社，2013；河南省文物局. 新乡金灯寺墓地［M］. 北京：科学出版社，2015.

[10] 河南省文物局. 淇县大马庄墓地［M］. 北京：科学出版社，2013.

[11] 河南省文物局. 淇县西杨庄墓地、黄庄墓地Ⅰ区发掘报告［M］. 北京：科学出版社，2015；河南省文物局. 淇县黄庄墓地Ⅱ区发掘报告［M］. 北京：科学出版社，2015.

[12] 中国社会科学院考古研究所. 辉县路固［M］. 北京：科学出版社，2017.

[13] 河南省文物局. 辉县汉墓（一）［M］. 北京：科学出版社，2014.

[14] 张新斌，卫平复. 河南济源县承留汉墓的发掘［J］. 考古，1991（12）.

[15] 焦作市文物工作队. 河南博爱县一号汉墓［J］. 中国国家博物馆馆刊，2012（11）.

[16] 陈彦堂，李嵩峰. 河南济源市赵庄汉墓发掘简报［J］. 华夏考古，1996（2）.

[17] 河南省文物考古研究院，焦作市文物考古研究所. 河南焦作店后村汉墓发掘简报［J］. 华夏考古，2014（2）.

[18] 焦作市文物考古研究所，焦作市文物勘探队. 河南焦作东城花园汉墓M106发掘简报［J］. 中国国家博物馆馆刊，

2019（9）.

[19] 中国科学院考古研究所. 洛阳烧沟汉墓［M］. 北京：科学出版社，1959.

[20] 洛阳市文物工作队. 洛阳吉利区东汉墓发掘简报［J］. 文物，2001（10）.

[21] 叶小燕. 河南陕县刘家渠汉墓［J］. 考古学报，1963.

[22] 洛阳市文物考古研究院. 偃师华润电厂考古报告［M］. 郑州：中州古籍出版社，2012.

[23] 石永士，石磊. 燕下都遗址内的两汉墓葬［G］// 河北省文物研究所. 河北省考古文集（二）. 北京：北京燕山出版社，2001.

[24] 敖承隆. 河北定县北庄汉墓发掘报告［J］. 考古学报，1964（2）.

[25] 沈明杰，郭瑞海. 河北景县大代庄东汉壁画墓［J］. 文物春秋，1995（1）.

[26] 夏素颖，张献中，兰保东. 石家庄市城角庄汉墓［J］. 文物春秋，2007（6）.

[27] 张春长，樊书海，石磊，兰保东. 河北石家庄肖家营汉墓发掘报告［G］// 河北省文物研究所. 河北省考古文集（三）. 北京：科学出版社，2007.

[28] 武玮. 黄河中下游地区汉至西晋模型明器研究［M］. 郑州：大象出版社，2014.

[29] 关于河南郡颍川郡汉墓发掘情况，可参考朱津. 三河地区汉墓研究［D］. 郑州：郑州大学，2015；郭建汝. 颍川郡汉代墓葬研究［D］. 郑州：郑州大学，2023.

[30]［33］河南省文物考古研究院. 郑州汉墓［M］. 郑州：大象出版社，2015.

[31] 信应君，胡亚毅. 郑州四方汇泽清华·紫光园小区汉墓发掘简报［G］// 顾万发. 郑州文物考古与研究（三）. 北京：科学出版社，2016.

[32] 信应君，张文霞. 河南郑州鸿城服饰广场 3 号东汉墓简报［M］// 郑州市文物考古研究院. 郑州文物考古与研究（二）. 北京：科学出版社，2010.

[34] 陈立信. 河南郑州市碧沙岗公园东汉墓［J］. 考古，1966（5）.

[35] 汪旭，赵海星，王振杰. 巩义万宝苑昱盈阁公寓汉墓群发掘报告［G］// 郑州市文物考古研究院. 郑州文物考古与研究（二）. 北京：科学出版社，2010.

[36] 王彦民，汪旭，刘洪淼，李靖宇. 巩义汉“赵冈”墓发掘简报［G］// 张松林. 郑州文物考古与研究（一）. 北京：科学出版社，2003.

[37] 河南省文物局. 禹州新峰墓地［M］. 北京：科学出版社，2015.

[38] 河南省文物局. 宝丰廖旗营墓地［M］. 北京：科学出版社，2019.

[39] 郑州市文物考古研究院，登封市文物管理局. 郑州登封袁村东汉墓（2014ZDYM2）发掘简报［J］. 洛阳考古，2015（2）.

[40] 河南省文物考古研究院. 郏县董庄墓地［M］. 郑州：中州古籍出版社，2019.

[41] 关于鲁中南区汉墓发掘情况，可以参考刘剑. 山东地区汉代墓葬的考古学研究［D］. 济南：山东大学，2012.

[42] 济宁市博物馆. 山东济宁发现一座东汉墓［J］. 考古，1994（2）.

[43] 杨建东. 山东微山县墓前村西汉墓［J］. 考古，1995（11）.

[44] 杨建东. 山东微山县发现汉、宋墓葬［J］. 考古，1995（8）.

[45] 杨建东. 山东微山县汉画像石墓的清理［J］. 考古，1998（3）.

[46] 杨建东. 山东微山县微山岛汉代墓葬［J］. 考古，2009（10）.

[47] 中国社会科学院考古研究所. 中国考古学·秦汉卷［M］. 北京：中国社会科学出版社，2010.

[48] 黄寿祺，张善文. 周易译注［M］. 北京：中华书局，2016.

[49] 陆翙. 邺中记［G］// 清乾隆武英殿活字印聚珍版丛书本. 上海：商务印书馆，1937.

[50] 王先谦. 释名疏证补（卷 4）［M］. 北京：中华书局，2008.

[51] 安金槐，李德保. 郑韩故城内战国时期地下冷藏室遗迹发掘简报［J］. 华夏考古，1991（2）.

[52] 白庆韬. 河南内黄三杨庄汉代民居建筑复原研究——以第二处庭院遗址为例［D］. 郑州：郑州大学，2015.

[53] 班固. 汉书（卷 24）［M］. 北京：中华书局，2013.

三国两晋青瓷狮形器的发现与研究回顾

赵乙也
河南大学历史文化学院

摘要：青瓷狮形器一直以来都是学界关注的要点，但现今研究成果主要集中在狮形器的功能、制作工艺、文化内涵等方面，本文对狮形器研究现状进行回顾与梳理，未来可以以此为基础，开展更为深入、全面的研究。

关键词：三国两晋时期；狮形器；发现与研究

狮形器是三国两晋时期出现的一类造型特殊的青瓷器，器物外形呈昂首蹲伏狮状，背负中空圆管。圆管有短有长，也有的呈竹节状。在《中国出土瓷器全集》《中国陶瓷全集》等图书以及考古报告中，这类器物被定名为狮形插器、狮形烛台，或称为青瓷辟邪、辟邪水注等，但这类器物的使用功能学术界尚未达成共识，本文参照依据其造型定名的方式称之为狮形器。

三国两晋时期是我国制瓷业大发展的时期，狮形器作为这一时期的典型作品，在造型艺术和制作工艺上都有着重要的研究价值。狮形器的相关研究也是学界的热点问题，主要成果涉及文物学、艺术史、宗教史等多个领域，但现今狮形器的出土数量仍不算多，研究也不够深入，部分问题尚未解决。因此本文将对狮形器的相关研究成果进行梳理，以期能推动狮形器后续研究的开展。

一、狮形器的发现

狮形器最早出现于三国时期，盛行于西晋，延续到东晋。就目前所见的狮形器而言，可将其分为四类：

第一类，背部带有短管的狮形器。这是造型最为常见、发现数量也最多的一类，集中分布在浙江、江苏两省，此外在河南、河北、山东、湖北、湖南、安徽、江西、福建、广东等地均有出土。如1967年山东省新泰市果都镇出土的青釉狮形插器，通体施青釉，整体作伏狮状，张口怒目，颔下有长须，背披鬃毛，身后有蕉叶形尾，腹部两侧刻有飞翼，背部有一圆柱状短管与腹部相通[1]。（图1）1981年浙江省义乌市东晋义熙十年墓出土的青釉狮形插器，灰白胎，施青褐色釉，整体造型似狮而带翼，作昂首睁目、龇牙咧嘴状，两耳竖立，颈部饰卷曲鬃毛，背置一圆筒形插管。器身刻划斜线条和卷曲的线条表现鬃毛[2]。（图2）2006年江苏省南京市江宁区谷里镇六朝时期墓葬中出土了四件辟邪形烛台，均为灰白胎，青绿色釉，呈蹲踞状，躯干雄健，昂首瞪目，张口龇牙，装饰手法以刻画为主，颌下有须发，鬣毛从脊部披向两边，尾毛像蕉叶状弯曲分披两侧，背部有一高出的柱形圆孔[3]。（图3）

第二类，背部带有长管的狮形器。以山东省新泰市果都镇出土的一件青釉狮形插器[4]最为典型（图4），整体造型与同出的短筒青釉狮形插器相同，但其背筒呈细高的圆形管。此外，在浙江省上虞市（今绍兴市上虞区）禁山西晋越窑窑址中亦有背部带长管的狮形器出土[5]。

第三类，三联狮形器。由三只狮子组成，三只狮子前半身各朝一个方向，后半身连为一体，中间有一凸出竹节状的圆管。如1958年江苏省南京市汉中门龙蟠里出土一件残器[6]（图5），河南省洛阳市也有一件西晋越窑青瓷三联狮形器出土[7]，美国波士顿艺术博物馆藏有一件完整的长竹节筒三联狮形器。此外，中间的圆管也有短筒，益阳市博物馆、英国牛津大学阿什莫林艺术与考古博物馆各藏有一件。

第四类，胡人骑狮器。胡人浓眉大眼，高鼻大耳，络腮胡须，头戴高筒帽，短衣长裤，骑于狮身上。高筒帽空心，亦为插管。在山东省临沂市洗砚池西晋墓[8]（图6）、湖北省武汉市钵盂山各出土一件[9]，江苏省句容市西晋元康四年墓[10]、安徽省舒城市各出土残器一件[11]，故宫博物院也藏有两件西晋胡人骑狮器。

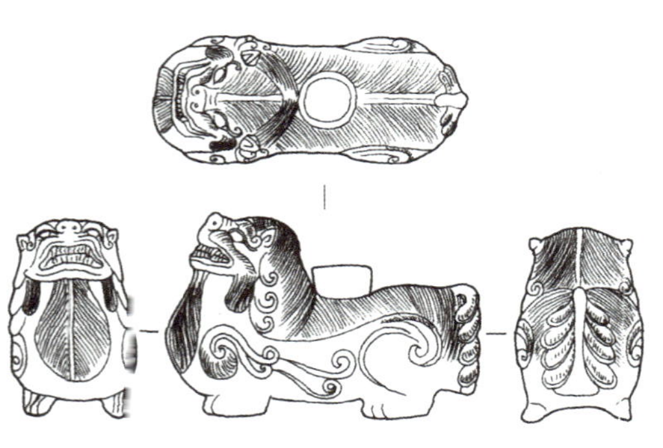

图1　山东省新泰市果都镇出土狮形器

图4　山东省新泰市果都镇出土狮形器

图2　浙工省义乌市东晋义熙十年墓出土狮形器

图3　江苏省南京市江宁区谷里镇出土狮形器

图5　江苏省南京市汉中门龙蟠里出土狮形器

图6　山东省临沂市洗砚池西晋墓出土狮形器

二、狮形器的研究

狮形器造型特殊，其用途引起了众多学者的思考，关于狮形器功用的研究成果最多。其次，也有学者关注到狮形器带翼的纹饰特征，从纹饰入手，研究狮形器的文化内涵。另外，还有学者尝试梳理狮形器的分布范围，研究狮形器的传播路径。

（一）狮形器功能的研究

1. 酒器说

关于狮形器的功能，最初学者认为这是一种动物形尊。河南省陕县（今三门峡市陕州区）刘家渠东汉墓曾出土两件绿釉伏羊陶器和一件伏鹿陶器 [12]，伏羊器在河南省荥阳河王水库东汉墓中亦出土六件 [13]，这些器物躯体都很肥硕，腹腔中空，背部开口，装筒形圆颈。孙机认为这是东汉后期出现的一类伏兽形陶尊，是三国两晋南北朝时期肖形器的直接来源。这类尊的用途主要用于盛酒 [14]，和壶、钟等器物的用途差不多 [15]。

2. 水注说

也有学者认为背部带短管的狮形器以及胡人骑狮器都是水注，水注又称为砚滴、水滴，是一种专供研墨用的滴水器皿。陈杰、石荣传统计了有狮形器出土的 23 座出土情况明确的墓葬，其中 20 处伴出砚台、砚板、水盂等文房用品，认为狮形器与文房用具关系十分密切。并且在元人陶宗仪的《南村辍耕录》中有蛮人狮子为水滴的记载，作者认为文献中的蛮人狮子就是胡人骑狮器，也说明胡人骑狮器确为砚滴。由此推论狮形器是用来盛水的水注，狮形器的流行与两晋书风之盛密切相关 [16]。广东省肇庆市坪石岗东晋墓的考古报告也对狮形器的来源和功能进行了探讨，认为晋代的青瓷狮形器与汉代的陶羊仓有传承发展的关系，只是形象从羊变成了狮，且体形上大大地缩小了，因而改变了原来的用途。并且肇庆市坪石岗东晋墓所出青瓷狮形器的背上圆管有锥形插栓，所以将其命名为“狮形水注”[17]。李仲元也认为狮形器是案头的盛水器，因晋人重视书翰，所以与文房四宝一同入葬，并且因为要求稳定、有一定容量以及制作方便，所以狮形水注造型上多呈现躯体浑圆、四肢细小紧贴胸腹的特点 [18]。

3. 烛台说

部分博物馆将馆藏的狮形器直接定名为烛台，认为这是用于插圆柱状蜡烛的照明工具。王煜认为，胡人骑狮器的性质是烛台，其造型来源可追溯到陕西省华阴县（今华阴市）东汉晚期司徒刘崎墓中出土的一件青铜器座，以及湖北省鄂州市刘家堰墓地出土的一件铜灯座，并且作者认为陕西华阴县的青铜器座并非器座，也应该是一件烛台。两晋时期流行的青瓷胡人骑狮器直接承接于东汉晚期和东吴时期的传统，是南方越窑的工匠用瓷土仿造原来的青铜器造型创造而成 [19]。杨绪昌也认为背负圆管式青瓷辟邪为烛台，论据有二：一是南京市江宁区上湖村出土的一件同类器背上圆管内存有半截白蜡；二是扬州市仪征胥浦工地出土的同类器，出土时置于砚台之上，认为在无电力供应的古代，这是用于挑灯夜读照明的烛台，等死后用以陪葬。作者还对搭配狮形器所使用的蜡烛进行了探讨，认为其形制应类似于云南省昭通市出土的一盏东汉烛台上残存的烛心，是由纤维缠绕竹芯、浸透油脂后制成，这样便无需插在钉状的烛钎上，只需插在管状的筒里即可 [20]。

《中国陶瓷史》一书则从制作工艺角度判定狮形器为烛台。首先否定了水注的观点，认为狮形器的成型方法与当时盛行的蛙形水盂、敛口扁圆腹水盂完全不同，后者采用拉坯成型，器壁薄且光滑用以贮水，而狮形烛台用模印法成型，器体厚重，内壁凹凸不平，有管状口而无流，不便盛水，也与笔、砚等文具不相匹配。从实用、形态和体重来说，认为都以插烛照明合适。并且绍兴县上游公社长红大队黄公山出土的一件南朝狮形烛台，其下部与狮形器相类似，烛插部分与福建地区常见的多管烛台相似，进一步证明这类器物不是水注，而是插烛照明的烛台[21]。

葛彦也根据江宁区上湖村出土的带白蜡的狮形器，判断狮形器可作烛台使用。而针对狮形器与梳妆用品、文具等伴出的情况（如广州西北郊桂花岗晋墓M4，狮形器与石黛砚、墨块同出。江苏省扬州市胥浦六朝墓M90狮形器被置于砚台之上），认为这是东汉魏晋时期流行的一种随葬品组合——灯具与梳妆用品及文具组合放置。而广东省肇庆市东晋墓出土的一例带锥形栓塞的狮形器，作者认为此例可定为油灯，栓塞为防止器内灯油挥发之用，动物形灯具发展至东晋十六国时期产生了新的变化——原本仅用作烛台的灯具亦可作油灯使用[22]。

4. 灯具说

也有学者认为这是一种特殊的灯具。田恺从南京市板桥镇石闸湖晋墓材料入手，认为狮形器在随葬时被放置在前室祭台上，必然与丧礼有关，结合文献资料进一步推断狮形器应是丧礼上使用的长明灯，并且在丧礼结束后随着灵柩入葬，成为镇墓的辟邪[23]。朱浒与邵娜英也持类似的观点，在《魏晋南北朝青瓷狮形器功能再探》中，依据南京市江宁区上湖孙吴西晋墓中出土的一件青瓷狮形器中有白蜡的情况，认定狮形器是用以存放液体油脂或液体蜡的，并且其上应该还搭配栓塞，用来熄灭灯芯，整体原理与现代的酒精灯类似。而其主要功能是祭祀或丧礼上使用的长明灯，它受到当时宗教含义与社会习俗的影响，在汉代铜质、陶制羊形器的基础上应运而生，承载着祭祀习俗与宗教信仰的双重含义[24]。

5. 插器说

还有部分学者持插器一说。在《中国出土瓷器全集》中统一将其命名为插器。在清代《鹤庐岁朝清供》中，与狮形器相同造型的羊形器被当作插花器使用。肖强、张丽莉将洗砚池晋墓出土的青瓷胡人骑狮定为插器[25]。牟宝蕾也赞同插器一说，认为带有高管的狮形器可称为插器，三联狮形器可称为插座，但高矮不同的管子究竟插何物还需要进一步研究[26]。

（二）狮形器的形制与装饰研究

李宜霖整理了湖南地区出土的狮形器，发现湖南地区狮形器主要分布在南洞庭湖及西洞庭湖一带，根据形态的不同，可分为两式：带短背管狮形器和三联狮形器。并且发现湖南地区狮形器多作为随葬品使用，多在西晋时期的墓葬中出土[27]。谢雨桐将北方地区出土的狮形器与虎形器归为一型，再将其分为四式。Ⅰ式：卧虎型，背带短管，口衔一耳杯；Ⅱ式：狮型，蹲卧状，背插圆短管；Ⅲ式：狮型，蹲卧状，上骑一胡人，胡人帽筒为插管；Ⅳ式：狮型，俯卧状，背插圆筒状长管[28]。宋文佳则将曹魏西晋狮形器分为蹲卧状短管、站立状长管以及胡人骑狮三式[29]。

王勇主要研究狮形器的装饰技法，发现狮形器在装饰技法上以圆雕为主，搭配浮雕和线刻装饰。并将狮形器分为单独狮形器和人物狮形器两型，单独狮形器又根据装饰的繁简，分为简洁和繁复两式。而狮形器的装饰从西晋发展到东晋，也呈现出由朴实敦厚、繁丽复杂向幽雅高瘦、光素清秀发展的趋势[30]。祝佳整理了9件带翼狮形器，时代从三国到西晋，根据其体型和纹饰进行排序，其中5件狮形器饰有漩涡纹，翅膀也用漩涡纹表示，具有西方风情，应与佛教传播有关。狮形器的狮身也表现出由粗壮变窈窕，纹饰由朴素变华丽的规律，这种变化与陵墓前翼兽石刻从东汉到南朝由简朴豪迈发展为窈窕华丽的过程相一致[31]。

李翎发现狮形器的羽翼纹，以一条外线为翼形，内部前面纵向三排凹点为翅根，其后七八条横线为翼毛，在点与横线之间再加两道竖线。这种形式的双翼与波斯萨珊王朝丝织品上有羽兽的双翼十分相似，狮形器的装饰艺术很可能受到外来文化的影响[32]。而杜伟却不赞成狮形器有羽翼的说法，认为不止狮形器，越窑绝大多数器物上的羽翼纹都不是真正的羽翼纹，而是兽类的毛纹，点状代表密集的短毛，斜线代表长毛[33]。

（三）狮形器制作工艺的研究

针对狮形器制作工艺的研究相对较少，更多的是站在时代角度或者以代表性窑址来研究六朝时期青瓷工艺的演变情况，但也有学者进行了相关研究。

《中国陶瓷史》中，根据上虞县皂湖公社宋家山晋代瓷窑遗址发现的陶模判断，狮形烛台是用坯泥在陶模中分别压印成器身的左右两半，然后再粘合成器。因而内壁会有高低不平的按捺痕迹和接缝[34]。而杜伟在研究越窑的成型技法时，发现上虞市博物馆藏的一件狮形器残件，其残存的腹部内壁有细密的圆圈纹，证明其为拉坯成型，而其头部为模印而成。从而判断越窑狮形器的成型技法有两种：模印、拉坯和模印相结合[35]。李博扬在杜伟研究的基础上，将45件狮形器从工艺角度分为范制狮形器与拉坯制作狮形器两类，发现拉坯成型的狮形器最早出现，但在西晋时期有所减少，相应的此时范制成型者相对较多，至西晋末东晋初，拉坯技法制作的狮形器又重新流行起来。而范制狮形器根据目前考古发现最早出现在孙吴中晚期的墓葬中，主要流行于西晋时期。作者对狮形器制作工艺的钟摆现象的原因进行了思考，认为窑工在选择成型工艺时会考虑产品装饰的繁缛程度、工时与工序的多寡、产品的烧成率三点因素。早期以拉坯成型，其装饰一般较简略，随着狮形器逐渐有繁缛装饰的需求，窑工开发出模具进行制作，而模具有易开裂的缺点，故而采用拉坯与模印相结合的方式。同时随着时代器物装饰上逐渐趋于简朴的风尚，狮形器的制作便又以拉坯技法为主[36]。

对于狮形器背后的孔洞，杜伟从制瓷工艺角度考虑，认为这很可能是排气孔，为了入窑焙烧时排气防止瓷器炸裂[37]。

（四）狮形器的文化内涵研究

关于狮形器的文化内涵，学者大都肯定狮形器体现了佛教文化因素。狮子与佛教关系密切，在佛教经典中，有诸多如“人中师子”“人雄狮子”“大师子王”等将释迦牟尼佛比喻作狮子的说法，佛的座席也被称为师子（狮子）座[38]。白化文认为“在诸多的大型动物中，佛教对狮子最为偏爱，它似乎成为佛教在某些方面的一种象征，或说是象征物”[39]。佛教传入中国以后，狮子的形象依旧与佛教艺术联系在一起，三国两晋青瓷器上佛像的莲座常带有狮子装饰，如江苏省金坛县（今金坛市）唐王乡东吴墓、江苏省南京市江宁区岔口路乡、浙江省武义县陶器厂等地出土的青瓷佛像魂瓶，其佛像身下的莲花座两侧都饰有狮头[40]，狮子造像常用来象征佛教[41]。由此一众学者认为狮形器在西晋时期的大量出现与佛教的传入以及在汉地的流行密切相关[42]，狮形器应是当时的礼佛之器或佛教陈设器[43]；同时，研究认为，青瓷三联狮形器的造型源于印度瓦拉那西以北的鹿野苑的石柱，该石柱柱头上雕有四只背对背蹲踞的雄狮，而三联狮形器的造型又结合了佛教所谓的三世观念[44]，由此成型；胡人骑狮器的造型采用胡人与狮子相结合的形式，张秋华等人认为，胡人既是佛教的载体，也是佛教的直接传播者。佛教在中原地区尚未流行时，便已因胡人的大量迁入而在东南沿海地区广泛流行，两种形象都反映出与佛教的密切关系[45]。

一部分学者关注到狮形器与辟邪的关系问题，从辟邪解读狮形器的文化内涵。周至先秦的出土文物中，很多形似龙、虎，身披双翼，学界将其称为辟邪、天禄等。东汉时，狮子传入中国，狮子的形象开始融入辟邪的造型[46]。至三国时期，狮子的造型已经进入中国化的神似层面。魏晋南北朝时期，神似层面的狮子的具体表现形式就是辟邪，其造型融入瓷器制作，成为这一时期的翼兽代表[47]。刘宁认为，六朝青瓷器上多见羽翼纹，这与六朝时期世家大族、地主豪强兼并，社会动荡，玄学兴起，人们趋利避害、祈求安宁和平的愿望有关[48]。而将辟邪造型运用于瓷器烧造中，把驱邪除恶、迎来祥瑞的美好愿景借以最生动活泼的方式传递给世人，蕴含了对美好生活的憧憬[49]。

此外，还有学者提到以狮形器为代表的动物造型青瓷器体现了当时人们对自然的崇拜。从考古资料来看，“多种或单种动物形象作为器皿的整体或局部造型，是魏晋南北朝时期越窑青瓷造型的主要特征，这种与人们社会生活息息相关的题材或做法可以直接反映出当时人们的社会宗教信仰和审美取向”。“当时儒学、玄学汇流，佛教道教互补，各种思想之间进行对抗、交流终而繁盛。在这样的背景下，人们开始追求自然天性，更重视人的价值，强调生命本体的个性。而追求人与自然和谐共生的动物造型恰恰让人的价值完美体现了出来，也从侧面反映了人们对于战乱迁徙的厌恶和对自然山水田园美好生活的向往”[50]。

三、结论与思考

检视狮形器的研究历程，有些问题在后续研究中需要注意：

狮形器的功能是研究的热点问题，但现有研究大多是对一两件、少数几件狮形器研究后得出的，其结论缺乏普遍意义，关于狮形器的功能问题的研究需要更多考古材料的出土，以及与科技考古的结合，将会得到更为准确的关于其功能的判断。

狮形器的类型学研究成果较少，前文中关于狮形器的分型分式研究多限定于一定地域范围，受地区出土材料影响较大，并且尚未看到关于狮形器的分期研究，狮形器的发展序列、演变规律等问题也未有成果，随着考古材料的日益丰富，这些问题亟须解决。

现今关于狮形器窑址判定的研究较少，部分狮形器的窑址尚未确定，而狮型器窑址的判断是其研究的基础，在此基础上才能开展关于狮形器贸易、传播的相关研究，并且对于研究三国两晋时期各窑系之间交流、互动、相互影响也有重要意义。

---

[1][4][8] 张柏. 中国出土瓷器全集 6（山东卷）[M]. 北京：科学出版社，2008.

[2] 张柏. 中国出土瓷器全集 9（浙江卷）[M]. 北京：科学出版社，2008.

[3] 阮国林，陈大海，岳涌，龚巨平，周维林，许长生，熊其亮，马涛，王志华，董补顺，王泉，李永忠. 南京江宁谷里晋墓发掘简报 [J]. 文物，2008（03）.

[5] [26] [42] [44] 牟宝蕾. 关于西晋青瓷狮形器的思考 [J]. 东方博物，2018（04）.

[6] 张柏. 中国出土瓷器全集 7（江苏上海卷）[M]. 北京：科学出版社，2008.

[7] 洛阳博物馆. 河洛文明 [M]. 郑州：中州古籍出版社，2012.

[9] 张柏. 中国出土瓷器全集 13（湖南湖北卷）[M]. 北京：科学出版社，2008.

[10] 南波. 江苏句容西晋元康四年墓 [J]. 考古，1976（06）.

[11] 安徽博物馆. 安徽省博物馆藏瓷 [M]. 北京：文物出版社，2002.

[12] 叶小燕. 河南陕县刘家渠汉墓 [J]. 考古学报，1965(01).

[13] 贾峨. 河南荥阳河王水库汉墓 [J]. 文物，1960（05）.

[14] [32] 李翎. 六朝佛教对传统青瓷艺术的影响 [J]. 佛学研究，1998（01）.

[15] 孙机. 汉代物质文化资料图说 [M]. 上海：上海古籍出版社，2008.

[16] 陈杰，石荣传. 两晋带背筒狮形器的用途及定名问题 [J]. 四川文物，2008（03）.

[17] 广东省文物局. 广东文物考古三十年 [M]. 广州：暨南大学出版社，2009.

[18] 李仲元. 中国狮子造型源流初探 [J]. 社会科学辑刊，1980（01）.

[19] 王煜. 晋青瓷胡人骑神兽烛台及相关问题 [J]. 东南文化，2015（06）.

[20] 杨绪昌. 六朝青瓷辟邪拾遗 [J]. 文物天地，2020（04）.

[21] [34] 中国硅酸盐学会. 中国陶瓷史 [M]. 北京：文物出版社，1982.

[22] 葛彦. 出土东汉魏晋时期口衔耳杯器考察 [J]. 中国国家博物馆馆刊，2019，190（05）.

[23] 田恺. 西晋狮形带孔青瓷器的功用 [J]. 装饰，2003（05）.

[24] 朱浒，邵娜英. 魏晋南北朝青瓷狮形器功能再探 [J]. 中国美术研究，2019（04）.

[25] 肖强，张丽莉. 洗砚池晋墓出土的青瓷胡人骑狮考释 [J]. 文博，2015，184（01）.

[27] 李宜霖. 湖南地区汉唐时期瓷灯具研究 [D]. 长沙：湖南师范大学，2021.

[28] 谢雨桐. 中国北方早期青瓷研究 [D]. 北京：中国社会科学院研究生院，2015.

[29] 宋文佳. 魏晋十六国北朝陶瓷初步研究 [D]. 长春：吉林大学，2008.

[30] 王勇. 魏晋南北朝瓷器装饰研究 [D]. 济南：山东大学，2010.

[31] [47] 祝佳. 春秋至南北朝（公元前 7 世纪—公元 6 世纪）中国有翼神兽类型及演变研究 [D]. 杭州：浙江大学，2013.

[33] 杜伟. 羽翼纹考辨——越窑制瓷工艺研究之四 [J]. 东方博物，2016（01）.

[35] 杜伟. 论越窑的装饰技法——越窑制瓷工艺研究之一 [J]. 东方博物，2012（04）.

[36] 李博扬. 论汉六朝青瓷工艺演变的动因之一——以狮形器为例 [J]. 东方博物，2014（01）.

[37] 杜伟. 论越瓷的成型技法——越窑制瓷工艺研究之二 [J]. 东方博物，2013（02）.

[38] [39] 白化文. 狮子与狮子吼——纪念佛教传入中国两千年 [J]. 文史知识，1998（12）.

[40] 何志国. 长江下游地区出土的汉晋佛像 [J]. 中国美术研究，2013（04）.

[41] 李刚. 佛教海路传入中国论 [J]. 东南文化，1992（05）.

[43] 胡雄健. 瓯窑"东晋虎形灯座"身世探讨 [J]. 东方收藏，2020（11）；吴鸣. 西晋时期青瓷烛台的审美特征研究 [J]. 陶瓷，2022，435（01）.

[45] 张秋华. 儒释道思想的融合体胡人骑羊青瓷插座 [J]. 大众考古，2015，030（12）.

[46] 管玉春. 试论南京六朝陵墓石刻艺术 [J]. 文物，1981(08).

[48] 刘宁. 六朝青瓷羽翼纹小考 [J]. 文物世界，2001（06）.

[49] [50] 陈姣燕. 越窑青瓷辟邪的文化内涵探析——以杭州博物馆馆藏西晋越窑青瓷狮形辟邪为例 [J]. 文物鉴定与鉴赏，2021（13）.

贵州平坝马场万人坟M37出土南朝金片的情境分析

湛婷婷
贵州民族大学民族学与历史学学院

摘要：1965 年底至 1966 年初，贵州省博物馆考古组发掘清理了平坝县马场附近的 34 座古墓，发掘出土一批东晋南朝时期的金饰，包括发钗、发簪及部分金片。文章以平坝马场万人坟 M37 出土的南朝金片基本资料为基础，借助情境考古学分析方法，并结合相关文献对这批金片进行整理和分析，力图阐述其在物质、空间、社会三个维度中的叙事意义，以及其中所体现的文化现象和文化交融。

关键词：贵州考古；平坝马场 M37；东晋南朝金片；情境考古学

金器是以黄金为原材料进行加工的传统手工艺制品，主要由饰物和器物组成。黄金因其拥有极佳的延展性、化学稳定性以及华丽的光泽，且容易加工制作，成为人们制作器皿尤其是首饰的最佳选择。分析考古发掘资料发现，贵州境内出土的最早的金器为赫章可乐战国墓葬中出土的金钏，贵州地区的黄金使用历史大抵可以追溯至此。1965 年底至 1966 年初，贵州省博物馆考古组发掘清理了平坝县马场附近的 34 座古墓，其中有东晋墓两座（M35、M38），南朝墓 15 座（M34、M36、M37、M41、M42—M50、M54、M55）。[1] 此次考古发掘，出土一批东晋南朝时期的金饰，包括发钗、发簪及部分金片，M37 中出土的金片制作精美，是东晋南朝时期的常见器型。一直以来，学界对贵州出土金银器的研究较少，相关研究主要集中在对金银器的装饰艺术、制作工艺以及来源几个方面，利用情境考古学相关理论对贵州出土金银器的相关研究较少。

在情境考古学理论中，器物的语言意义不在于器物本身，而在于它所置身的场景。如果把器物与其周围的事物联系起来视为一个整体进行讨论时，器物就被赋予了意义。从考古学角度观察，一件器物的埋藏环境包括墓葬、屋舍、壕沟或其他与之共存的器物或遗迹，它们共同构成了这一器物的情境。徐坚认为，情境考古学应该关注三个情境，即物质情境、空间情境和学术史情境。[2] 作为一个阐释者，我们必须在部分和整体之间来回测试，指导发现整体中的最有细节之间的和谐。

这样，“部分”包含过去行为者的计划和意图，而“整体”则包括了行为者的祝愿性赖以建立的历史（社会、经济、文化、技术等）意义的更大情境。[3]利用情境考古学相关理论对M37出土金片进行分析，将在物质情境、空间情景之外，结合“整体”和“部分”的观点，对其社会情境进行讨论，以此探索M37出土金片在物质、空间与社会三个维度中的意义指向，分析金片在制作、使用及埋藏过程中被赋予的意义和内涵。

一、金片的发现及基本信息

马场地处贵阳市西南，1965年贵州省博物馆考古组在马场进行考古发掘，发掘地点包括万人坟、熊家坡以及大松山。M37位于万人坟发掘点，为凸字形券顶墓，随葬品既有青瓷器、铜器等实用器，也有数量颇多的金、银、铜、玛瑙、琥珀和琉璃等材质的装饰品。随葬装饰品中，包括金片25件，因在贵州省博物馆考古组撰写的《贵州平坝马场东晋南朝墓发掘简报》中，将其归属于头饰一类，故而猜测这类金片出土位置为墓主头部。这批金片以锤揲工艺制作而成，又以戳刺工艺在金片表面戳刺出同心圆形装饰图案，在金片中央及靠近外沿处有镂空的小孔，依其外形可分为四型：

Ⅰ型金片：13片，外观呈圆形，其中直径较大者约3厘米，直径小者约2.5厘米。金片采用戳刺工艺制作装饰纹样，依其纹饰可分为两式：

Ⅰ式：12件，金片内装饰两到三圈同心圆纹。

Ⅱ式：1件，金片中央装饰蛙（蟾蜍）形纹饰。

Ⅱ型金片：5片，外观呈叶形，长约1.8厘米。金片叶形顶点处钻有小孔，金片表面有采用戳刺工艺制作而成的装饰纹样，依其纹饰可分为三式：

Ⅰ式：2件，叶片顶点处有镂空小孔，沿金片外缘戳刺一圈弦纹。

Ⅱ式：2件，叶片顶点处有镂空小孔，沿金片外缘戳刺一圈弦纹，叶片中央有纵向戳刺线条。

Ⅲ式：1件，叶片顶点处有镂空小孔，沿金片外缘戳刺一圈弦纹，弦纹内部戳刺叶脉状纹样。

Ⅲ型金片：5片，外观呈半圆形，半圆径约2.5厘米左右。采用戳刺工艺制作装饰纹样，依其纹饰可分为三式：

Ⅰ式：2件，金片四周为两圈规律排布的戳刺弦纹。

Ⅱ式：1件，金片中央装饰有戳刺蛙（蟾蜍）形纹。

Ⅲ式：2件，金片戳刺有“钺上”二字。

Ⅳ型金片：2片，外观近似正方形。四边及中间均有穿孔，采用戳刺工艺制作装饰纹样，依其纹饰可分为两式：

Ⅰ式：1件，金片内饰戳刺四瓣花纹。

Ⅱ式：1件，金片内饰戳刺八瓣花纹。

二、M37出土金片的物质情境

金银器为物质遗存，是某一特定历史时期文化、制度、思想观念等抽象概念的具象实物容器，对金银器物质情境的分析，是通过对其种类、数量、装饰技法、用途等各方面的具体现象进行挖掘，探讨其在宏观层面上所体现的历史情境。在对M37出土金片的物质情境分析和探索中，着重分析其存在形式的完整性、和其他器物之间的组合关系以及其装饰纹样。

（一）物质关联性

魏晋南北朝时期，我国南北方所见金银器均以小型器物为主，包括耳环、戒指、簪钗等装饰用具，也有一些为漆木器装饰所用的金银泡、金银环、金钉等装饰配件。南北朝时期的金银首饰的样式，仍是以金钿、装饰简单的折股钗、圆环式指环、腕钏等为主。[4] M37出土遗物中，除金发钗、银发钗、金发簪、铜发簪、银条脱、银戒指、铜戒指、银手镯、铜手镯、银顶针、银泡钉、银耳钩等当时常见的小型金银器之外，还有珠饰、漆器、交股剪、铜釜、铜镜、陶罐、瓷罐、云母片等器物。将M37与马场同期发掘的M42、M38、M34几座墓葬进行比较，这些墓葬出土遗物的组合与构成和M37所出器物差别不大。因此，可以推断，这类以装饰品和实用器具为组合的随葬品应为这一时期所使用的固定组合，仅在随葬品数量上有所区别。

M37中随葬品的类型既包含小型装饰品，也有其他使用器具。这一组合关系背后反映出的是这一时期人们对灵魂的认知和在求仙思想影响下对待生死的态度。我国的灵魂观起自旧石器时代中期，发展于先秦，成熟于两汉，至六朝时期由于思想的多元化，灵魂观念相较于两汉呈衰微之势，但仍是影响六朝丧葬礼制的重要因素。[5] 灵魂永存观念认为，人死后肉身与灵魂分离，肉身虽败但灵魂不灭，由此引发了“事死如事生”的丧葬礼俗，并且生动地体现在了随葬器物的组合中，尤以“生器”和“明器”的使用最为突出。生器，是指墓主生前使用的器物，《荀子·礼论》有云：“具生器以适墓，象徙道也。”[6] 以墓主生前所用之物藏于墓中，是将墓主生前所有转移至其灵魂安息之地，在地下空间中延续器物功能并继续为墓主服务。M37中的簪钗、金片等器物多发现于墓主头部，该区考古简报图示中也对簪钗出土时的排列情况进行了绘制，从图示分析，墓中这类遗物的排列基本还原了实际使用中的插戴情景。这类金银器在墓中的排列与组合反映了墓主生前的装扮和穿戴习惯，是生器在墓葬中的真实体现。《盐铁论·散不足》中说：“厚资多藏，器用如生人。”[7] 明器也是在灵魂不灭观念影响下产生的，目的是让墓主在身死后继续享用其生前所有，因此，古代明器则是根据当时的社会风俗采用艺术化的手法将其寄托于具体的载体，明器通常专为陪葬所制，基本不具备实用功能，如陶质的院落、厕、仓、井等世俗之物的模型。魏晋南北朝时期，受社会、政治等诸多方面的影响，一改前朝厚葬之风，盛行薄葬，墓室中不设祭台，不用明器。M37中不见随葬明器，或与此时盛行的薄葬之风存在一定的因果关系。从整个魏晋南北朝时期的丧葬发展脉络看，南朝时期又是薄葬之风由强转弱，厚葬之风在此兴起的转折时期，M37中随葬品不见陶俑、陶质模型等随葬明器，但出现了实用器具和金银器的组合。这一组合关系既是“事死如事生”的丧葬习俗的体现，也是在薄葬与厚葬之风转折期墓主财力或身份地位的表达。

（二）装饰纹样

装饰纹样是反映金片制作的技术水平和社会思潮的物质参考。M37出土金片均以黄金制成薄片，而后戳刺小孔形成装饰图案，金片中央或靠近边缘处有镂空小孔。此类装饰技法在平坝地区的魏晋南北朝墓葬所出金片中较为普遍。M37中与此类金片同时出土的，还有1件金发簪。发簪簪身银质，断面呈圆形；簪首一侧为金质“V”立体花叶，共四片，相连两片为一组，对称呈“V”形穿插于簪首，花片有残损；沿花叶边缘及花片内呈叶脉状排列且有较规则的细密小孔。[8] 平坝尹关六朝墓中，同样出土了大小不一的金片 20 片，大金片中央有小孔，小金片上有小孔组成的弦纹；[9] 除贵州省境内同时期墓葬出土金片外，省外其他地区的魏晋南北朝墓葬出土金片也采用了同样的戳刺工艺进行装饰。如河北定县出土的北魏石函中发现金片 5 枚，其中 1 枚残缺的饰片中央有一小孔，两侧亦装饰细钉孔，两端有三角形镂孔；[10] 湖南长沙连山东晋墓出土的两枚花形金片平面呈六瓣花形，花瓣边沿内侧随形打小孔，中心有一不规则形穿孔，穿孔外打小孔呈四瓣花形。[11] 从同时期我国境内不同地区出土金片所采用的装饰手法分析，可以得知，平坝 M37 出土金片所采用的戳刺工艺并非贵州独有，而是这一时期金片装饰采用的常用技法，且已较为普及。

M37 出土的两片半圆形金片采用了“钺上”作为装饰图案，另有一片圆形金片正中以戳刺工艺装饰蟾蜍形纹饰。(图 1) 钺源于斧，但器型略大，同时又继承了斧的功能，最初是一种兵器，有时也兼作刑具使用。后因体型笨重，灵活不足，商代以后就作为仪仗用具，是持有者权力的象征。到魏晋南北朝时期，以兵器为象制作首饰曾盛极一时，从收集的不完全资料分析，江苏南京仙鹤观东晋墓曾出土一件以斧为象做簪首装饰的金簪。[12] 南京象山东晋墓中也出土了一件以钺为象做簪首的金簪。[13] M37 出土“钺上”金片为半圆形金片，在一些新石器时代的考古发现中，也有与“钺上”金片外形十分相似的玉质或石质钺。张家港东山村新石器时代遗址 M92 [14] 和北阴阳营墓地 M173、M180 [15] 出土的石钺钺壁呈弧形，平坝马场 M37 中出土的“钺上”金片有可能以此类弧壁钺为象制作。(图 2、图 3、图 4) 同时，《宋书》中提到：“惠帝元康中，妇人之饰有五兵佩，又以金、银、瑇瑁之属，为斧钺戈戟，当以笄。干宝曰：‘男女之别，国之大节，故服物异等，贽币不同。今妇人而以兵器为饰，又妖之大也。遂有贾后之事，终以兵亡天下。’”[16] 可见以兵器入饰之风从晋朝就已盛行，但这一风潮被干宝等人认为是妖异之象。M37 出土的“钺上”金片有可能是对晋朝妇人好兵饰的延续，也是对“妖之大也”一说的转圜。

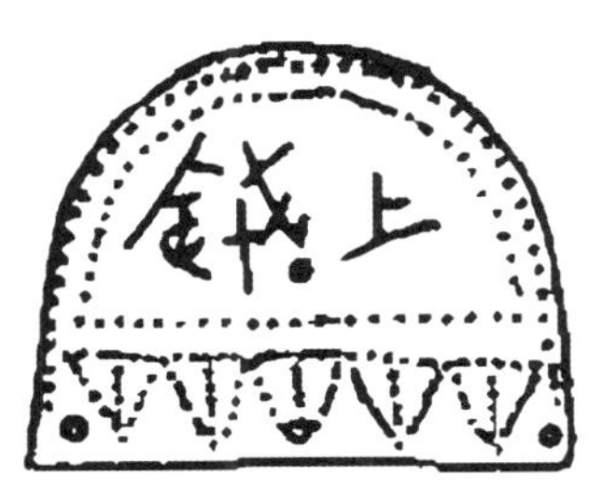

图 1　M37 出土“钺上”金片

在该墓出土的两件用蟾蜍做装饰的金片同样值得分析。蟾蜍是中国古代常见的装饰纹样，魏晋南北朝时期的金银器中也常见其身影。M37 中出土的蟾蜍纹金片所饰蟾蜍构图概括简单，蟾蜍四肢分别向上和向下弯曲，呈跳跃状（图 5），此类跳跃

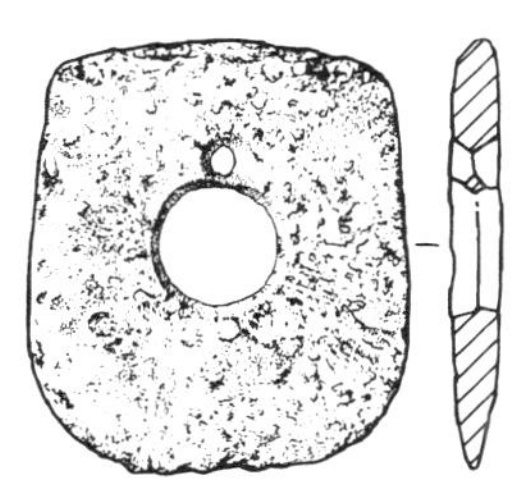
图 2　东山村新石器时代遗址 M92 出土石钺

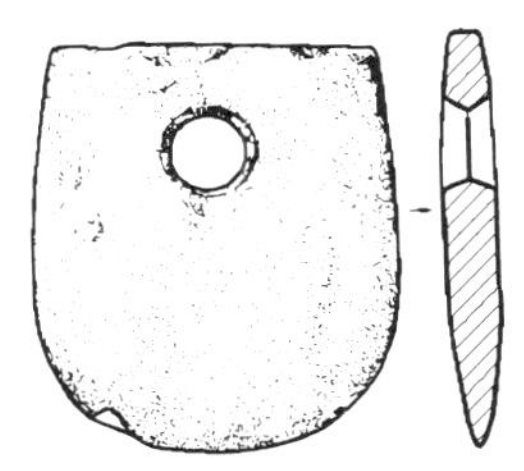
图 3　北阴阳营墓地 M173 出土石钺

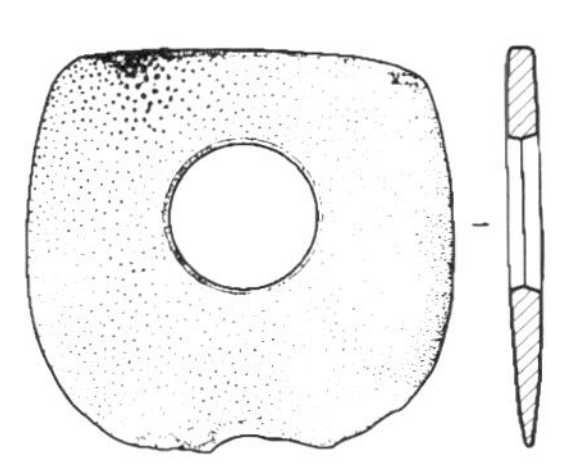
图 4　北阴阳营墓地 M180 出土石钺

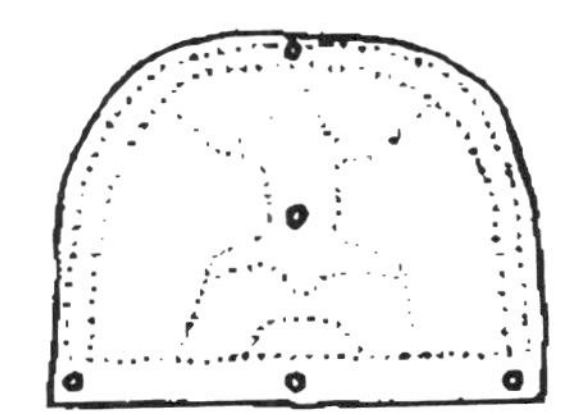
图 5　M37 出土蟾蜍纹金片

图 6 广州市博物馆藏南朝对鸟蟾蜍透雕金饰片（2 件）

状蟾蜍纹在同时期考古发现的金片中也有所见，藏于广州市博物馆的三件金片同样采用了蟾蜍为装饰纹样，一件为晋代对鸟蟾蜍透雕金片，饰片中的金蟾四肢做弯曲状，前肢托凤鸟足部，呈跳跃状；另两件分别为南朝对鸟蟾蜍透雕金片和南朝蟾蜍纹金片（图 6），金片中所饰的蟾蜍同样四肢弯曲，呈跳跃状。[17] 以蛙或蟾蜍为装饰，不仅在金银器中常见，同时期的铜器、瓷器中也十分常见。蛙形铜鼓兴起于西汉时期，东汉至魏晋南北朝是其发展的鼎盛阶段，主要包括北流型铜鼓、灵山型铜鼓以及冷水冲型铜鼓，其上所饰之蛙造型立体逼真，整体大小与实物无异，通常为蹲坐式，身体比例协调美观。M36 墓中出土了一件蛙形水注，水注器身上部为一伏蛙，嘴向前伸，两眼突起，作蹲伏状。[18] 通过对以上案例的分析，可见蛙形已为当时使用十分广泛的纹饰之一。

三、M37出土金片的空间情境

墓葬是出土文物存在的物质空间，其构成与模式反映了随葬品所处历史时期的行为模式，同时也是社会观念和象征系统的高度制度化的行为。在一定程度上，空间分析就是行为分析，考古学遗物的空间模式反映了过去的行为模式。[19]

M37 为凸字形券顶墓，墓室与墓道一般用大石块隔开，作封门用，墓道亦作券顶，比墓室稍小稍低。[20] 该墓墓道长 1.38 米，宽 0.96 米，距离表面封土深在 1.30 ～ 1.75 米之间；墓室口长 3.56 米，底长 3.75 米，墓室口宽在 1.4 ～ 1.6 米之间，底宽 1.62 ～ 2 米之间，墓室深 1.85 米，属于大中型石室墓。墓室中没有壁龛和祭台，随葬品中常用器具通常陈放于墓室后部，装饰品则置于棺内，出土于墓主的头、手、胸几个部位。凸字形券顶墓因平面呈凸字形而得名，是南朝砖室墓中流行的一种墓葬形制。南朝前期祭祀空间内的随葬品组合基本延续前代，但也出现了过渡形式，而到了南朝晚期，祭祀空间的表达不再以祭台为载体，而出现了近仪仗组合的表达形式。[21] 这种仪仗化表达具体到 M37 中，就表现在随葬品的空间分布上。从随葬品的出土位置来看，后室中所出为罐、鸡首壶、釜、鐎斗、镜、交股剪、漆盒、漆盘等具有实际使用功能的器具，其种类和结构贯及日常生活中所涉及的诸多方面，而金片与其他装饰品则出于墓主棺内，并对应恰当的部位出现。可将这一空间分布和随葬品的出土位置相联系，推测在该墓的结构中，以棺代替前堂，墓主以生前所用的装饰品随葬，形成一个类似于厅堂的空间，而墓室后部则代表后室，以鸡首壶、盘、镜等常用器具组成具有生活属性的空间形式。

前堂后室是我国古代最具代表性的建筑空间布局，《说文解字注》中说："古者前堂后室，释名曰：室，实也。……凡所居者皆为室。"[22] 这一布局在室墓出现之前，主要依靠椁箱中随葬品的组合和陈列规则来表达，室墓的出现进一步扩大了这一空间概念，椁箱也随之演变成了形式更加丰富的墓室。此时的墓葬也被想象为亡者灵魂死后的居所，在墓葬的修建和设计过程中加入了宗庙或当时的家居元素。M37 后室的鐎斗、釜、镜、罐、剪等实用器具暗含了饮、食、妆、穿等起居生活，墓后室也自然就形成了一个具备居住功能的空间形式。这一墓葬结构也正是这一时期人们灵魂认知的具象体现。

四、M37出土金片的社会情境

古代墓葬中随葬的金银器、铜铁器、陶瓷器等各种器物都是物质文化的产物，其造型、纹饰、用途等又都反映了当时人们的生产、生活状态和思想意识形态。对 M37 中出土金片的分布、造型、纹饰用途等方面进行分析，可以管窥当时的思想意识以及生产生活状态。

（一）长寿求仙的秦汉余音

神仙信仰自秦汉时期就已十分盛行，这一风气流传至魏晋南北朝，并对当时的社会思潮产生了重要影响，具体到物质文化中就表现在造物过程中对装饰纹样、器物形制的选择和表达上。M37 的随葬品组合关系以及空间布局已经对这一时期灵魂永生观念进行了一定的表达，从随葬品制作工艺和装饰纹样中分析，也可窥见时人对长寿与求仙思想的追捧和信仰。从 M37 中出土两枚戳刺蟾蜍纹的金片，分析蛙在中国古代的象征意义，除蛙具有很强的繁殖能力，被视为人类生殖崇拜的象征外，还带有浓烈的长寿和永生色彩。《抱朴子内篇・对俗》和《抱朴子内篇・仙药》中记载："蟾蜍，寿三千岁"，[23]"肉芝者，谓万岁蟾蜍"。以蛙纹做器物装饰，应是时人对长寿与求仙的热衷。

此外，墓中随葬装饰品的材质的选择也可视为这一时期时人追求长寿的体现，《抱朴子内篇・仙药》中载："仙药之上者丹砂，次则黄金，次则白银，次则诸芝，次则五玉，次则云母，次则明珠……"[24] 结合 M37 中出土装饰品的材质来看，不乏能和《抱朴子》中对仙药的描述相对应者，墓中的金银器可以说是身份等级或财富的象征，也可看成在当时求仙思想影响下，人们对长寿和永生的追求在随葬品材质选择上的具体体现。而金片中蟾蜍纹的应用，更进一步加深了人们对这一美好愿望的热衷。

（二）金银工艺流向民间

M37 中出土的金片在形制与制作工艺上与同时期国内其他地区出土的金片存在较强的相似性。除前文所述河北定县石函、湖南长沙连山东晋墓出土的金片外，还有长沙烂泥冲晋墓出土的梅花形金片[25]，甘肃酒泉嘉峪关晋墓出土的桃叶形、梳形、马蹄形金片[26]，南京大学北园东晋墓出土的桃形金片、花瓣形金片[27]，等等。与 M37 出土金片相同，这些金片均出土于墓主人头部且在花片中央或四周穿凿小孔，可推断其作用应当为簪首装饰。从其形制上分析，M37 中出土的圆形、方形以及半圆形金片可能为六朝时期颇为流行的金钿。钿读音有二,一为田音，一为甸音，前者为名词，指金花。《说文解字》中将钿解释为"金华也，从金，田声。"[28]"华"通"花"，故钿即为金片。金钿形制，是在金花中装有钗股，花芯部分或花瓣上留有数个小孔，使用时以簪钗之类的饰物将其固定在髻上。[29] 在贵州马场出土的部分尺寸较大的金片中央有银质或木质插针贯穿其中，也可从旁印证这一观点。而叶形金片的穿孔则多在叶片尖角处，应为簪首所悬挂的摇叶饰片。魏晋南北朝时期，是步摇发展的黄金期，较常见的主要是分布于中原及南方地区的步摇簪，以及辽西地区的步摇冠，步摇簪属女性佩戴之物，而步摇冠的使用则不限男女，均可佩戴。魏晋时期步摇不再仅仅是帝王家所独有的饰品，这一点到了南朝时变得更为普遍，逐渐开始进入普通百姓的日常生活中。[30] 从金片以及步摇簪的出土和使用情况来看，魏晋南北朝时期金银器的使用范围较前代更为普遍，导致这一现象的原因之一在于东汉至南北朝时期战乱频发，汉代官方对包括金银器在内的手工业的管理大不如前，官方手工业生产机构中的工匠流落民间，使得民间金银器的制作水平得到提高。

（三）战乱中的交融互鉴

贵州省地处中国西南部，为古夜郎国之所在。自春秋战国时期起，在中原地区诸侯割据、交伐纷争不断的时代背景推动下，大量华夏移民移居贵州，开始了贵州各世居民族与华夏民族的交往与交流。随之带来了金、银等贵金属加工工艺，普安铜鼓山考古遗址出土的青铜器中，已清楚地呈现出明显的中原特征。六朝时期，虽然南北方经历了三百多年的动荡和分裂，政治、军事上的敌视和冲突似乎占据当时南北关系的主导地位，但人口的迁徙和流动从来就没有停止过，文化交流不绝如缕，贵族文人和政府使节的频繁来往更推动了这一进程，从而逐渐消弭地域间的隔阂和对立情绪。[31] 从 M37 中出土金片的情况来看，这一时期，贵州地区的金银饰品的使用和其他地区差异不大。金、银、玉石、玛瑙等装饰品的数量和种类较东汉时期异常繁多，与江浙地区魏晋南朝时期的大中型墓的出土情况一致，表明本地汉移民与内地持续不断地交流，在文化情趣、思想观念和丧葬习俗等方面始终与当时的政治文化中心保持一致。[32] 该墓葬出土金片所使用的装饰纹样，不但反映出当时求仙思想对贵州地区的影响，也是道教文化的物质呈现，说明魏晋南北朝时期大量的人口流动，不仅为贵州的手工业发展注入了新的元素和技术，同时也对贵州的民间习俗和思想意识带来了影响。此外，从平坝 M37 出土金片的形制来看，其外观以几何形为主，与笔者掌握的不完全考古资料记录的金片又存在明显区别，似为贵州当地所特有，这一现象又使金片在和南方或中原地区保持相同文化元素的同时，显示出了一定的地域特征。有学者认为，从平坝地区魏晋南北朝墓葬中随葬品的类型来看，这类石室墓似为当地少数民族上层阶级的墓葬。[33] 这一观点如若成立，则更加确定了 M37 出土金片文化因素的多元性。

五、结语

综合以上分析，M37 出土金片无论是器型、纹饰还是意义上，都反映了魏晋南北朝时期贵州地区与中原及南方地区之间的文化交流。

从物质情境看，M37 出土金片与其他随葬品的组合关系，转述了魏晋南北朝时期的灵魂永生观。“钺上”纹饰将斧钺等兵器融入女性发饰的装饰设计中，使刚劲与柔美有机结合，反映了这一时期人们不拘礼俗、挑战传统的行为风尚；蟾蜍纹则反映了时人对长寿和升仙夙愿的向往和表达。作为重要的历史文化遗存，M37 出土金片是分析魏晋南北朝时期贵州地区人们审美意趣和思想观念的重要物质载体和情境道具。从空间情境看，M37 中的格局分布以及金片出土位置，是魏晋南北朝时期居住空间的一个缩影，也是由椁箱到墓室这一演变过程中，墓葬空间逐渐多元化的具体体现，能够在一定程度上回响魏晋南北朝时期贵州地区在墓葬修建以及丧葬文化与中原和南方地区墓葬形制的关联性，同时也是灵魂永存观念在墓葬结构中的体现。从社会情境看，M37出土金片所反映的是魏晋南北朝时期，随着社会的动荡与频发的战乱，金银器制作工艺由官方向民间流落的结果。战乱频发导致的人口大迁移将更为先进的金银器制作技术以及外来文化因素带入贵州，出现了带有明显中原及南方地区文化因素的墓葬形制和物质文化遗存，这些文化元素经过长期的发展，与贵州世居民族文化相融合，在保留原有文化因素的同时，又兼容了贵州本土文化因素，呈现出了地区间思想和审美相互交融的文化态势。

通过对M37出土金片在物质、空间、社会三种情境中的分析，不但整理出了其中所蕴含的时代思潮，也反映出了当时社会背景下中原及南方文化因素和贵州本土文化因素交融互鉴的文化现象。同时，也表明了情境分析在器物研究中的重要性，它能够在界定器物考古学文化的基础上，更加生动地勾勒出多个维度中的文化多样性和复合性。

---

［1］［18］［20］贵州省博物馆考古组. 贵州平坝马场东晋南朝墓发掘简报［J］. 考古，1973（06）.

［2］徐坚. 滇池地区青铜文化漆器管窥——以羊甫头为中心［J］. 考古与文物，2012，193（05）.

［3］（英）伊恩·霍德，（美）司格特·哈特森；徐坚译. 阅读过去［M］. 长沙：岳麓书社，2005.

［4］扬之水. 中国传统古代首饰概要［C］// 北京画院. 大匠之门. 南宁：广西美术出版社，2016.

［5］徐亮. 六朝墓葬造物艺术研究［D］. 南京：东南大学，2021.

［6］荀子. 中华文化讲堂注译荀子［M］. 北京：团结出版社，2017.

［7］桓宽. 盐铁论［M］. 北京：中华书局，2015.

［8］贵州省文物考古研究所，贵州省博物馆：贵州考古出土文物精粹［M］. 北京：科学出版社，2021.

［9］陈默溪. 贵州平坝县尹关六朝墓［C］// 贵州省博物馆考古研究所. 贵州田野考古四十年 1953—1993. 贵阳：贵州民族出版社，1993.

［10］刘来成. 河北定县出土北魏石函［J］. 考古，1966（05）.

［11］孙明，雷永利，李强. 湖南长沙连山东晋墓发掘简报［J］. 文物，2021（05）.

［12］王志高，张金喜，贾维勇. 江苏南京仙鹤观东晋墓［J］. 文物，2001（03）.

［13］姜林海，张九文. 南京象山8号、9号、10号墓发掘简报［J］. 文物，2000（07）.

［14］胡颖芳，周润垦，钱春峰等. 张家港东山村新石器时代遗址发掘报告［J］. 考古学报，2015，196（01）.

［15］南京博物院. 北阴阳营——新石器时代及商周时期遗址发掘报告［M］. 北京：文物出版社，1993.

［16］沈约. 宋书［M］. 长沙：岳麓书社，1998.

［17］李晋. 浅析魏晋南北朝时期动物纹金饰片［J］. 收藏，2022（01）.

［19］Michael Schiffer，Archaeological Context and Systemic Context［J］. *American Antiquity*. 37（2）.

［21］李婷. 墓内祭祀的继承与流变［D］. 昆明：云南民族大学，2015.

［22］段玉裁. 说文解字注［M］. 北京：中华书局，2013.

［23］［24］葛洪. 抱朴子［M］. 上海：上海古籍出版社，1990.

［25］高至喜. 长沙南郊烂泥冲晋墓清理简报［J］. 文物参考资料，1955（11）.

［26］吴礽骧. 酒泉、嘉峪关晋墓的发掘［J］. 文物，1979（6）.

［27］南江大学历史系考古组. 南京大学北园东晋墓［J］. 文物，1973（04）.

［28］许慎撰，徐弦等校. 说文解字［M］. 上海：上海古籍出版社，2007.

［29］卢秀文. 敦煌壁画中的妇女首饰簪花——妆饰文化研究之六［J］. 敦煌研究，2007（06）.

［30］董淑君. 步摇首饰研究［D］. 北京：中国地质大学，2017.

［31］罗宗真，王志高. 六朝文物［M］. 南京：南京出版社，2004.

［32］叶成勇. 黔中地区魏晋南朝考古遗存探究［J］. 中国国家博物馆馆刊，2015（08）.

［33］冯普仁. 南朝墓葬的类型与分期［J］. 考古，1985（03）.

镜映千秋景

——河南博物院藏唐代铜镜精品赏析

闫 睿
河南博物院

摘要：本文以河南博物院藏唐代铜镜为研究对象，梳理了唐代铜镜的发展特点，并选取院藏不同纹饰的唐代铜镜精品进行赏析，阐述了唐代海兽葡萄镜、鸾鸟瑞兽镜、月宫镜、花鸟镜、对鸟镜、骑马狩猎纹镜等铜镜纹饰的发展演变及其所蕴含的文化内涵等，使读者领略唐代蓬勃向上的社会精神风貌和兼容并包、海纳百川的博大气度。

关键词：铜镜；唐代

铜镜是古人照容修面、正衣冠的工具，是与人们生活最为密切，且使用时间最长、范围最广的青铜器。中国古代铜镜最早出现于距今4000年前的齐家文化遗址中，其后历经了漫长的岁月，直至清代中期被玻璃镜取代，而逐渐退出历史舞台。铜镜不仅是实用的生活器具，更是精美的艺术品，其形制仪态万千、纹饰神奇瑰丽、铭文辞藻丰富、工艺炉火纯青，是不同历史时期社会思想观念与审美情趣的映照。

一、唐代铜镜的发展特点

唐代是我国封建社会经济与社会文明发展的鼎盛时期，在文化艺术、生产技术、社会风气等方面都取得了前所未有的辉煌成就。这一时期，铜镜在使用和铸造方面打破了原有拘谨、呆板的形式，是继汉代铜镜繁荣兴盛后的又一高度发展时期，此后中国古代铜镜逐渐衰落。唐代铜镜，在继承战国、汉晋铜镜的基础上，有了极大的创新，在不同时期呈现出不同的面貌。尤其是唐高宗至唐德宗的百余年时间里，铜镜制作达到了顶峰，无论是工艺、形制，还是纹饰都呈现出诸多新特点。

徐殿魁以纪年墓中出土的铜镜为研究对象，将唐代铜镜的发展演变概括地分成四个阶段[1]：一、初唐期，七世纪初至七世纪晚期，即唐高祖李渊至高宗李治在位时期。此时主要以圆形镜为主，镜背纹饰包括四神、十二生肖、瑞兽葡萄和铭文带，较多使用规矩纹，镜面布局规整，仍是前代铜镜的继承和延续。二、盛唐期，七世纪晚期至八世纪中期，即武则天光宅元年（684）至玄宗李隆基开元末年（741）。这是铜镜的大发展时期，在造型上，除了传统圆形镜，菱形、葵形、方形、亚字形等镜型开始流行。从镜背主题纹饰上看，前半期瑞兽葡萄镜最流行，鸾鸟瑞兽镜、雀绕花枝镜也颇受人们喜爱；后半期鸾鸟荷花镜、盘龙镜、飞仙镜、弦纹素面镜以及银壳金花镜等都陆续流行。镜背纹饰华丽繁缛，富丽堂皇。三、中唐期，八世纪中叶至九世纪，即玄宗天宝元年（742）至德宗李适贞元末年（805）。此期最流行的镜形为葵形镜，流行的镜类主要是对鸟镜，以及雀绕花枝镜、散点式团花镜、盘龙镜、飞仙镜、高士镜、月宫镜、真子飞霜镜、四夔纹镜、特种工艺制作的金银平脱镜和螺钿镜等，构图上突出了随意性和写实性。四、晚唐期，九世纪初至十世纪初，即宪宗李纯元和元年（806）至末代哀帝天祐四年止（907）。此期圆形和亚字形镜最为流行。铜镜的主题纹饰简单粗放，含有宗教意义的纹饰盛行，在前期铜镜纹饰的基础上，开始流行八卦镜、花蝶镜、龙凤镜、花叶纹镜、波纹镜和万字镜等。铸造工艺较差，胎质薄，多数铜镜镜范模糊。这个时期不仅仅标志着唐镜的败落，也是中国铜镜发展史的一个转折时期。此后，铜镜艺术在纹饰、技法、造型上都日趋衰落，不复前代的兴盛。

二、河南博物院藏唐代铜镜精品赏析

河南博物院收藏了约160面唐代铜镜，大多是考古发掘出土的，还有部分铜镜则是通过征集、购买、捐赠等渠道得来。从镜形上看，包括有圆形、菱花形、葵花形、方形等多种形状的铜镜；从镜背的主题纹饰来分，有云龙镜、海兽葡萄镜、葡萄蔓枝镜、瑞兽镜、鸾鸟瑞兽镜、花鸟镜（雀绕花枝纹镜）、花蝶镜、对鸟镜、花卉镜、宝相花镜、八卦镜、骑马狩猎镜、人物故事镜、铭文镜、重轮镜、素面镜等，几乎涵盖了唐代所流行的各类铜镜纹饰；从工艺看，河南博物院所收藏的唐代铜镜铸造精良，多数铜镜呈银白色，亮度极高。这是由于自隋唐开始铜镜含锡铅的比例大增，使镜的亮度提高了。但特种工艺镜较少，仅有一面银平脱铜镜和一面银背镜，且保存品相一般。本文以主题纹饰为分类，甄选其中具有代表性的唐代铜镜精品进行赏析，以飨读者。

海兽葡萄镜，是河南博物院所藏唐代铜镜中数量较多的一种，有圆形、菱花形、方形三种形状，镜钮有圆钮和兽钮之分。镜背面纹样布局丰富，有的内外分区界限明显，葡萄纹饰或多或少，兽为4或6只；有的内外区分界的脊棱变矮，葡萄藤内外攀缠，形成“过梁”，葡萄枝蔓间禽鸟、瑞兽相互嬉戏，有的镜背外区还带有铭文。其中一面海兽葡萄镜（图1），1954年河南省郑州市出土，圆形，直径19.9厘米，镜体厚重，工艺精美，

图1　海兽葡萄镜

是院藏海兽葡萄镜中的精品。镜背采取了满花式构图，分为内外两区，运用高浮雕手法，以瑞兽、鹊鸟、蜜蜂、蜻蜓和葡萄枝蔓组成纹饰主题。中央的瑞兽钮呈匍匐状，内区有瑞兽6只环绕周围，奔跑跳跃；外区瑞兽与鹊鸟、花卉、葡萄相间，有瑞兽7只，鹊鸟6只。瑞兽奋力攀爬，形象饱满，富有动态，鹊鸟振翅欲飞，蜻蜓、蜜蜂姿态轻盈，而葡萄枝条柔长、花叶舒展、果实丰硕，共同组成了一幅生机盎然的画面，呈现出瑞兽腾跃、鸟雀欢歌的意境。镜缘装饰有一圈如意云纹。整个镜背纹饰虽有分区，但葡萄藤蔓打破了圆形框架的束缚，从内区越过界梁伸展到外区，同外区的葡萄蔓枝交缠在一起，并与外区装饰的鹊鸟连成一片，由中央向外围放射和缠绕，使得整个画面呈现出空间的无限延伸感。

海兽葡萄镜，又被称为"瑞兽葡萄镜"，是唐镜中数量最多的一种[2]。"海兽葡萄镜"一名的由来，北宋王黼在《宣和博古图》"镜鉴"类中，最早提出了"汉海马蒲萄鉴""唐海兽葡萄鉴"等说法；清乾隆四十年梁诗正等纂修的《西清古鉴》中记载28面此类铜镜，并称之为"汉海兽葡萄镜"。而后，在中外多位学者的研究下，逐渐将此类铜镜定名为"海兽葡萄镜"和"瑞兽葡萄镜"，并为现代学者广泛接受。

关于"海兽"，有学者认为"海"为"海外"之意，中国古代常自称"海内"，因此将从本国以外输入的东西冠以"海"字，以强调其外来性。从镜背图像来看，海兽应是以狮子为原型，经过艺术再创作，夸张变形而来。狮子本非中原所产，由异域进贡而来，随着佛教艺术的流行，狮子逐渐被神化，与中国本土传统文化相结合，而成为一种符合中国传统审美的瑞兽。葡萄则是西汉时期由张骞从西域引入中原，唐代葡萄种植业兴旺发达。葡萄作为装饰图案，在西亚、中亚流行较早，西汉以后在新疆地区开始流行，并逐渐传到中原地区。唐代，葡萄图案因其所蕴含的"多子多福"之义，被十分广泛地应用在丝织品、金银器、瓷器和铜镜上。考古资料表明，葡萄与瑞兽的结合，至迟在东汉时就已出现，但到唐代才出现在铜镜上。一面小小的铜镜，将来自西域的葡萄纹与中国化的瑞兽纹进行结合，并赋予了新的内涵，异域文化与中国文化在交流碰撞中逐渐融合，海兽葡萄镜又被日本学者称为"凝结欧亚大陆文明之镜"。[3]

从以往的研究来看，海兽葡萄纹饰的铜镜盛行于初唐和盛唐时期，是最受唐人喜爱的一个镜类，之后五代、宋、元、明时期均有仿制。据统计，现已发现的纪年墓中出土的海兽葡萄镜共22面，这些铜镜中，年代最早的是唐高宗麟德二年（665），最晚则是唐宣宗大中元年（847），其中高宗时期共2面，而武则天时期则有12面之多。[4] 徐殿魁先生在比较了纪年墓中出土的19面瑞兽葡萄镜后，认为"孔祥星先生关于瑞兽葡萄镜开始流行的时代应在高宗时，以武则天时期最为盛行"的推论是非常正确的。[5] 海兽葡萄镜的形制和纹饰经历了多次变化，有着较清晰的演变规律，依据纪年墓的资料，可大致分为三期。高宗时期（649—683）为萌芽期，从瑞兽的形态来看，同初唐的圆形瑞兽镜之间有直接的传承关系。其钮多为圆形，内外区之间用宽线凸棱分割，各种装饰图形严格地分布于所在区域。瑞兽多在内区，无葡萄纹或极少葡萄纹装饰。葡萄纹分布在外区，较少夹杂瑞兽或鸾鸟，有些外区还有铭文。武则天执政时期（684—705），为发展鼎盛期，此期镜体增大，出现方形和菱花形，镜钮由圆钮变为兽钮。纹饰由拘谨呆板发展到自由写实，内区的瑞兽种类增多，瑞兽的姿态逐渐变为攀附葡萄藤蔓的造型，增加了鹊鸟、蜂蝶、孔雀等多种禽鸟昆虫的组合，葡萄枝叶纹饰逐渐突破内外区的限制，形成“过梁”，整个画面给人以活泼欢腾之感，是海兽葡萄镜的典型之作。武则天后期到宣宗时期（705—859），海兽葡萄镜进入了第三个发展阶段，“过梁葡萄纹”铜镜虽增多，但瑞兽题材逐渐退居次要位置，海兽葡萄镜在纹饰造型上再无新的突破，花鸟、人物故事等纹饰开始流行。9 世纪中叶，海兽葡萄镜逐渐退出历史舞台。

武则天执政时，大多数时间是在洛阳居住办公，这也是海兽葡萄镜高度发展的时期，结合器型及纹饰，可大致判断，河南博物院所藏的这件海兽葡萄镜应是其发展鼎盛期即武则天执政时期的产物。

鸾鸟瑞兽镜是盛唐期流行的另一种镜类。从纪年镜资料可知，大约成镜于武则天长寿年间，比瑞兽葡萄镜略晚；它的主题纹饰，与瑞兽葡萄镜关系密切。[6] 河南博物院藏双鸾双瑞兽铜镜是比较典型的鸾鸟瑞兽镜。（图 2）该铜镜 1954 年出土于河南省南阳市镇平县石佛寺镇，圆形，直径 18 厘米。圆钮，圆形钮座。以高起的凸棱分为内外两区。内区纹饰呈四方布局，双鸾双兽环绕镜钮相间排列，鸟兽间装饰有花枝图案。双鸾口衔花枝，面对镜钮做振翅状，尾羽部分向内侧卷起上翘，鸾鸟刻画细致入微，颇具动感。两只瑞兽对称分布，皆做飞奔状，形体硕壮，动作矫健有力，一瑞兽为狻猊（狮子），另一瑞兽形如狮子，但有角、短羽，似为独角兽。外区飞禽、花枝相间环绕，飞禽有的展翅翱翔，有的静卧回望，姿态各异，生动有趣。镜缘凸起，饰流云纹。整个镜面纹饰布置疏朗美观，动静结合，制作精湛，是盛唐铜镜佳品。

图 2　双鸾双瑞兽铜镜

双鸾衔绶镜，又被称为对鸟镜、双凤镜、双鸾镜、鸟衔绶带镜等，其主要布局是一对鸟，在镜钮两侧对称分布，钮上下配置各种花纹，纹饰组合变化多样。从目前考古资料，可看出鸟的种类为鸾凤、鸳鸯、孔雀、鸿雁、鸭、鹊、麻雀等禽鸟种类[7]。镜形上以葵式和圆形镜为多。“绶”与“寿”同音，“鸾鸟衔绶”图案的流行，始于开元年间，与唐玄宗开元时盛行用花祝寿之风有密切关系。河南博物院藏双鸾仙鹤衔绶纹铜镜，1995 年河南省南阳市方城县清河乡姚庄村出土，八瓣葵形镜，直径 19 厘米。镜背圆钮，镜钮左右两侧相对而立两鸾鸟，口衔绶带，展翅翘尾，脚踏祥云。鸾鸟身躯矫健，姿态高贵典雅，其尾部羽毛用线、躯体主干用面表示，这种线与面相结合的手法，使鸾凤形象更加生动。钮上方为一口衔花枝展翅高飞的仙鹤，钮下耸立一仙山，两团云气从山腰飘出。外区沿八弧处间隔装饰有蜜蜂和花草。（图 3）

唐代花鸟画的兴起，改变了人们的审美取向，也促进了这一题材的发展，并被铜镜工匠运用在铜镜图案上，花鸟图案成为唐代铜镜上的主要纹样。花鸟镜的纹饰分几类，上述对鸟镜是其中一种，常见禽鸟纹饰以镜钮为中心左、右对称；而镜钮上、下对称的部分则会点缀花枝纹饰，这类铜镜布局相对严谨，讲求对称。还有一种是雀绕花枝纹饰即二至四只禽鸟以镜钮为中心，首尾相接，绕钮一周，植物类花枝纹饰夹杂其间，禽鸟和花朵组合的种类多样。有些铜镜还有内外分区，内外区均为雀绕花枝的纹饰。这类铜镜在风格布局上突破了对称和图案化的严谨布局，将花朵、花枝与禽鸟和谐地搭配在一起，构成了一幅生趣盎然的花鸟画。雀绕花枝镜的出现标志着唐镜装饰纹饰从以瑞兽奔驰为主题过渡到以花鸟搭配为主题的新阶段。[8]

河南博物院藏鸳鸯卧莲纹铜镜是一面图案比较特殊的花鸟纹镜。该镜为河南省信阳市光山县出土，直径31厘米，葵形镜，背面中部为圆钮，钮座为莲花形，镜背纹饰分为内、外两区。（图4）内区围绕钮座为一周相连的莲瓣，其外有八组莲纹，其中四组为盛开的荷花，莲蓬上各卧鸳鸯一对，与另四组含苞欲放的莲蕾相间而饰，其间以莲瓣纹补白。镜缘亦饰莲纹。外区饰八组莲花、莲蕾等距相间排列。整个纹饰图案采用浅浮雕、线雕等装饰技法。两只鸳鸯形象写实生动，侧面同方向相对而卧，前后相错，靠后的鸳鸯翅膀向后扬，与在前的鸳鸯互望，呈前后呼应状态，表现出成双鸳鸯恩爱相视的动态瞬间。鸳鸯的形象寄寓了唐人对美好爱情和生活的歌颂赞美。而莲花是佛教纹饰的运用，则体现了佛教文化因素在唐代社会中的影响力。二者相互交织，构成了一幅鸳鸯在莲池中嬉戏的风景画，具有世俗与宗教的双重寓意。

盛唐时期常见的还有盘龙纹镜。河南博物院所藏的这件盘龙纹铜镜，为河南省许昌市禹州市出土，直径17厘米。（图5）葵形镜，内切圆形，圆钮，分为内外两区。内区饰一张牙舞爪的盘龙，身躯向上绕钮盘屈，龙头向右侧，双角后翘，张口欲衔镜钮，二前肢伸张，后肢一屈伸，一直伸，尾与直伸的后肢相缠绕，四肢露出三尖爪。龙身周围点缀有四朵流云，似龙吐宝珠在云中穿行。外区四枝花和四只蝴蝶相间排列。这件铜镜，铸工精良，其表面呈水银沁光泽；纹饰饱满、生动，内外区风格迥然有别，整体布局动静咸宜。唐人张汇的《千秋镜赋》中有“匠人有作，或铸或熔，是磨是削，刻以为龙，镂以成鹊”[9]的描述，可以知道“千秋镜”上一般刻有龙纹，而唐代有些盘龙纹镜上还铸有“千秋”二字铭文，这种盘龙

图3　双鸾衔绶镜

图4　鸳鸯卧莲纹铜镜

图5　盘龙纹镜

镜或许就是文中所称的千秋镜。《唐会要》中记载："开元十七年八月五日，左丞相源乾曜、右丞相张说等，上表请以是日为千秋节，著之甲令，布于天下，咸令休假，群臣当以是日进万寿酒，王公戚里，进金镜绶带。"[10] 唐玄宗的《千秋节赐群臣镜》诗云："铸得千秋镜，光生百炼金，分将赐群臣，遇象见清心。"从上述文献可以看出，在皇帝生日时，群臣既要向皇帝进献铜镜，皇帝又会将千秋镜赏赐给大臣。

人物形象在战国时就已出现在铜镜中，多是表现人物狩猎的场景。汉代因神仙方术思想的流行，大量神仙人物如东王公、西王母和羽人等出现在铜镜中，伯牙、子期和伍子胥等历史人物也逐渐引入纹饰中。但人物故事作为铜镜的主题纹饰，则是唐代铜镜的新发展。[11] 唐代的人物故事镜选材内容十分广泛，神话传说和历史故事、社会生活等皆有反映。

神话传说和历史故事类的纹饰中比较流行的有月宫镜、飞仙镜、仙骑镜、吹笙引凤镜、真子飞霜镜、三乐镜、高士镜等，其中月宫镜比较常见。月宫镜有多种表现形式：一种是作为铜镜的辅助纹饰出现，一般在铜镜上方，以单线圆圈为界，象征月亮，圆内由中央桂树与两侧的玉兔和蟾蜍组成了月宫系统。一种是以月宫图像为主题纹饰，月宫内的图案纹饰更加丰富，不仅有桂树、玉兔、蟾蜍，还增加了嫦娥、吴刚等形象。河南博物院藏的一件月宫镜，为河南省郑州市出土，直径 18.9 厘米，菱形镜，分内外两区。内区以龟钮为中心，钮右上方饰一株桂树，左上方饰飞舞的嫦娥，一手托盘，一手持"大吉"牌。（图 6）钮下方有一池水，池左为玉兔捣药，池右为蟾蜍，两侧皆有祥云点缀，池上方有"水"字，这种绕钮配置嫦娥、桂树、蟾蜍及玉兔的布局，仍有四分法配置纹饰的痕迹。[12]。外区蝴蝶、花朵、蝶戏花及云纹图案相间排列。画面中嫦娥身材窈窕、披帛飘扬，突出了其飞升的轻盈与飘逸之感。唐代月宫镜的流行与道教的盛行有极大关系，道教追求成仙不死，而月宫镜中包含的诸多元素都被赋予了"不死"的含义：桂树是不死神树、玉兔能捣不死药、蟾蜍食之可以不老、嫦娥窃不死药，月亮本身是亘古不变的，永恒的象征，这些元素被神话故事联系在一起，共同表达了道教长生不死的追求。[13]

图 6　月宫镜

唐代狩猎风尚盛行，尤其是皇室贵族更为崇尚，其墓葬中经常出土狩猎纹题材的墓室壁画或狩猎陶俑。唐诗中对狩猎的激烈场面也多有描绘，唐代诗人李白《行行游且猎篇》诗中有"胡马秋肥宜白草，骑来蹑影何矜骄。金鞭扶雪挥鸣鞘，半酣呼鹰出远郊。弓弯满月不需发，双鹤迸落连飞髓"，形象地再现了唐代边城军人纵马驰骋、弓不虚发、恣意游猎的英姿。骑马狩猎纹镜的出现，表明在唐代王室狩猎之风的影响之下，社会普遍喜爱狩猎运动的社会风气。[14]。河南博物院藏一面骑马狩猎纹镜，为 1963 年河南省周口市扶沟县出土，直径 28.5 厘米，菱形镜，一圈八角菱形凸棱将镜背分为两区。（图 7）内区以圆钮为中心，四座山峰与四棵大树相间环绕。山树

图 7　骑马狩猎纹镜

周围四个骑士同向环绕，两人张弓欲射，另两人手持绳索长矛，追逐着奔跑的虎、兔、猪和鹿，其间点缀有花草、蝴蝶、飞鸟、蜻蜓等图案，整个画面动感十足。外区饰有两种花蝶图案，一种为两株二叶二花的折枝花，一种为两蜂蝶绕花嬉戏。画面上奔马腾空飞驰，骑士张弓射箭，箭在弦上，动物四散奔跑作逃窜之状，营造出狩猎到关键时刻的紧张氛围，正是李白诗中所描绘场景的再现。而花鸟蜂蝶的纹饰细致精美，生动活泼，又打破了这种紧张之感，达成了一种微妙的动静平衡。此件铜镜上的四个骑士皆身着大翻领胡服、高鼻深目，是典型的胡人形象特征，也使狩猎纹铜镜带有了西域文化色彩。可以说，唐代的狩猎图案是在中国传统狩猎图案基础上受外来文化影响而进行的风格创新。“唐代的铜镜纹样不仅继承了汉魏以来的华夏正统文化传统，而且吸收了大量异域民族文化中的优秀部分，兼收并蓄，融汇一体。”[5] 经过对狩猎纹题材的文物资料的对比研究发现，骑马狩猎纹镜主要流行于盛唐至中唐时期，应是唐代高等级贵族或官员使用的，[16] 而对于此件铜镜，根据其纹饰布局及造型特征，有学者推测其时代为唐玄宗时期。[17]

三、结语

唐代高超的工艺水平，使得铜镜的制作进入了一个极盛时期，铜镜镜形不断突破求新，新的纹样层出不穷，装饰手法更加多样，构图更加活泼。铸镜装饰上出现的新工艺，如金银平脱、螺钿镶嵌、金银包背、彩漆绘、嵌琉璃、镂空等，使得铜镜的装饰风格更为华丽。一面小小的唐代铜镜，集纳万物于方寸之间，在有限的空间内通过纹饰的变化，记载了历史的变迁、时代的风貌以及古人的审美意趣。我们通过对唐代铜镜的铸造工艺、镜形、镜背纹饰等方面的赏析，可一窥大唐盛世蓬勃向上的社会精神风貌和兼容并包、海纳百川的博大气度。

---

[1][2][5][6][7][8] 徐殿魁. 唐镜分期的考古学探讨［J］. 考古学报，1994（3）.

[3] 孔祥星，刘一曼. 中国古代铜镜［M］. 北京：文物出版社，1988.

[4] 杨昔慷：海兽葡萄镜的初步研究［D］. 西安：西北大学，2007.

[9] 董诰. 全唐文［M］. 北京：中华书局，1983.

[10] 王溥. 唐会要·节日（卷二十九）［M］. 北京：中华书局，1955.

[11] 沈从文. 铜镜史话，［M］. 沈阳：辽宁画报出版社，2005.

[12] 孔祥星. 略论中国古代人物镜［J］. 文物，1998（3）.

[13] 王晓宏. 唐代故事镜研究［D］. 长沙：湖南大学，2017.

[14] 陈朝鲜. 唐代前期王室狩猎之风管窥［J］. 农业考古，2012（4）.

[15] 刘华年. 唐代铜镜纹样的胡化成分探析［J］. 苏州工艺美术职业技术学院学报，2008（3）.

[16] 李婷婷. 唐代狩猎纹铜镜研究［D］. 西安：陕西师范大学，2013.

[17] 齐东方. 唐代金银器研究［M］. 北京：中国社会科学出版社，1999.

唐代郑仲淹墓志及相关问题探析

王志霞
河南博物院

摘要：郑仲淹墓志书体波磔肥厚，隶意分明，是一件难得的书法佳作。志文记载了郑仲淹的生平仕历，在一定程度上反映了唐初征伐高丽、武则天夺权诛杀高宗子嗣的事实，尤其志文提到的龙朔元年征辽，可印证《资治通鉴》之误，补《旧唐书》程名振龙朔征辽之缺。郑仲淹与泽王李上金的姻娅关系，也为研究泽王的社会关系提供了些微证据。

关键词：郑仲淹；墓志铭；程名振；李上金

2017年郑州市文物考古研究院在配合郑州市基本建设过程中发掘了一座唐代夫妇合葬墓，出土墓志一盒[1]。郑仲淹墓志铭书体波磔肥厚，隶意分明，书写轻重顿挫生动丰满，给人错落参差、和谐灵动、顾盼生辉之感，不失为一件书法佳作。志文主述了墓主郑仲淹的生平仕历，并极尽赞誉，重点述及了郑仲淹追随程名振参与唐高宗龙朔年间征战高丽，及郑仲淹因与唐泽王上金有姻娅关系而受株连之事，在一定程度上反映了唐初征伐高丽和武则天夺权过程的部分史实，同时也是一份研究唐代荥阳郑氏家族世系的资料。(图1、图2)

一、墓志铭释读断句并几点再认识

《简报》对郑仲淹墓志已作释读录文，在此对志文进一步断句并对《简报》释读做2处修改。录文如下：

大唐故滁州司马上柱国郑府君墓志铭并序

君讳仁洽，字仲淹，荥阳开封人也。曾祖孝道，北齐殿中将军、章武郡守。祖／德

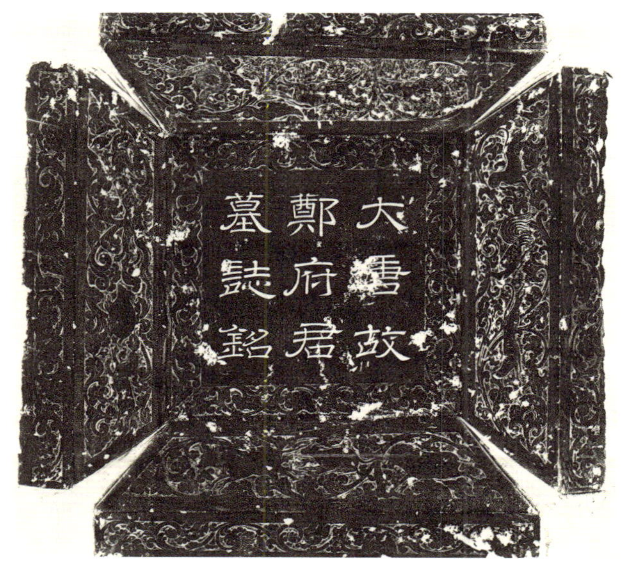

图1　郑仲淹墓志盖

图2 郑仲淹墓志铭拓片

兵机尤／切，君职务惟理，备预有方，故得人吏获安，风尘不起。秩满，授台州始丰令。／蝗避于境，人咸赖之。尝于县南高山，特起佛塔，遂有飞泉一所，涌出其傍，／是为清净之池。谅云：功德之水，形胜攸属，感应逾彰，盖境伟之，迄今号为／郑公塔。转潭州长沙令，惠政清节，复如居始丰之时。文明年，加朝散大夫，／依旧任铜章之重、朱绂之荣。茂是风猷，增其光宠。俄以与泽王尚金亲则／姻娅，王诛缘坐，夺五品。久之，除滁州司马。江淮之间，剽悍成俗。爰

术，隋扬州江都令。考弘震，隋开府仪同、皇朝会州录事参军。芝／兰继馥，印绶相辉，或位卑而道尊，咸身没而言在。君禀灵胎教，袭训门风，／丹穴呈姿，黄中韫粹。风气爽爽，宁唯王谢之家；孝性蒸蒸，更是荀何之室。／七年高秀，童孺可知，万里宏图，从横自负。龙朔中，蒲州刺史程名振，拜大／将而分阃，摠佳兵而度辽，以君筹划为多。召居戎幕，动妙算，运奇谋，敌无／隐情，我无遗策。自丸都而穷碣石，清秽貊而扫朝鲜。预有力焉，允膺其赏。／军还，授上护军仍参侍卫，选授丰州都督府兵曹参军。边郡所虞，

清爰静，／善政以敦风；优哉游哉，弃官而卒岁。良田广宅，始符仲长之言；坏木颓山，／遽轸段人之梦。春秋八十，以神龙元年岁次乙巳正月午朔四月乙酉，／终于洛州伊阙县伊川里之别舍。呜呼，哀哉！夫人范阳卢氏，怀州修武令普德之女。生于鼎族，仪范夙成，归我良人，好合斯在，始愿偕老，俄先大夜。／春秋六十七，长安四年岁次甲辰二月丁未朔卅日景（丙）子，终于洛阳县殖业里之私第。呜呼，哀哉！粤以神龙二年岁次景（丙）午五月癸卯朔十八日庚／申，合葬于故荥阳城西北广武原，礼也。哀子前鹤禁卫兵曹叔钧，

孝达神／明，哀缠屺岵，阡有檀柏，坟成负土，翠石壹沉，芳风万古。其铭曰：／于皇府君，桂馥兰芬。韦丝靡佩，仁义成文。雄心倜傥，妙略纷纭。幕中既画，／辽阳有勋。乃预六曹，边兵称理。来抚二邑，视人犹子。淮阳之郊，半刺为美。伊洛之汭，爰居爰止。丘园得性，濛汜催年。盛德何在，余风凛然。荥阳旧国，／京兆新阡。哀哀嗣子，泣对寒泉！

在反复阅读和断句过程中，发现《简报》的墓志铭录文有2处不妥，需依整体释读做如下修订：

1．“拜大将而分阃，揔佳兵而度辽”一句中的“揔”，《简报》录文“总佳兵而度辽”。虽然《说文》解释“揔”古同“总”，但综观《简报》录文总体保持了忠于原文的原则，前文“从横自负”的“从”并未录为“纵”，所以此处的“揔”也不宜录为“总”。

2．《简报》录文中“军还，授上护军仍参侍卫，选授豊州都督府兵曹参军”，“台州始丰令”墓志铭书写为“始豐”。“豊”同“豐”，《玉篇·豐部》：“豐，大也。俗作豊。”这里应将“豊”和“豐”同释为“丰”。

二、郑仲淹生平及职官

志主郑仲淹，荥阳开封人，出身仕宦，神龙元年（705）卒于“洛州伊阙县伊川里之别舍”，享年八十岁，神龙二年，与其夫人范阳卢氏合葬于“故荥阳城西北广武原”。虽志文未记其生年，但依其卒年卒岁可推生于唐高祖武德八年（625）。墓志记述郑仲淹一生虽未有青史留名之迹，但为吏清廉，政治清明，也曾造福一方百姓。

郑仲淹少有宏图之志，才华纵横。曾入唐朝名将程名振戎幕，又于龙朔年间随其征辽，因功授禄，“授上护军仍参侍卫，选授丰州都督府兵曹参军”。由是郑仲淹的首授官职有二：其一为上护军。上护军是一种勋官，唐贞观十一年（637），改上大将军为上护军[2]，置为十转勋官，比正三品[3]。这一点在墓志铭后也有提及：“幕中既画，辽阳有勋。”其二是“丰州都督府兵曹参军”，是为实职。兵曹是唐代为府、州设立的“六曹”（或“六司”）之一，“在府为曹，在州为司”[4]，兵曹参军“掌军防、烽驿传送马、门禁、田猎、仪仗之事”[5]。都督府的设置也同州、县一样有上、中、下等级之分，各职品阶也由此而定。“（武德七年）管十州已上，为上都督府。不满十州只为都督府。至开元元年（713）著令，户满二万已上为中都督府，不满二万，为下都督府。”[6] 丰州都督府设于贞观四年（630），不领县，为下都督府。[7]“下都督府：都督一人，从三品……兵曹参军事一人，从七品下……”[8] 另《旧唐书·职官志一》：“从第七品下阶……下都督府诸曹参军……”[9] 由是，“丰州都督府兵曹参军”的品阶为从七品，虽品阶不高，但唐代丰州隶属关内道凤翔府，位于今内蒙古自治区的西部，是军事战略要地，重要性显而易见。

此后，郑仲淹历任台州始丰令、潭州长沙令、朝散大夫、滁州司马等职，其中朝散大夫和滁州司马均无实权。朝散大夫系文散官，第十三阶，从五品下。[10] 散官亦类勋官，仅有名号而无实职。司马原为诸州治中，系“州之佐吏”，“居中治事，主众曹文书”[11]，当为实职。唐贞观二十三年（649）改曰“司马”[12]，其品级也因州的大小而不同，上州司马从五品下，中州司马正六品下，下州司马从六品上。[13] 品阶不算低，但无实权，多处贬官。上、中、下州的划分则主要依据人口多少而定[14]，滁州在天宝年间才户至“二万六千四百八十六”达到中州标准[15]，所以郑仲淹滁州司马的品阶当为从六品上。

由此而知，志文中郑仲淹因泽王“缘坐，夺五品”，也应是削夺其朝散大夫之职，时间也应是泽王李上金被诬反叛获诛的载初元年（690）。

此外，墓志铭题首的“上柱国”则是志主的最高勋官，也是唐朝勋官中的最高品级，正二品。“凡勋，十有二转为上柱国，比正二品。十一转为柱国，比从二品。……二转为云骑尉，比正七品。一转为武骑尉，比从七品。”[16] 志文并未提及志主授勋时间，但从其任职履历和任滁州司马时在剽悍成俗的江淮之间做到“善政以敦风”，推测其最可能的时间是郑仲淹任滁州司马期间。

三、显庆五年征辽或龙朔元年征辽

志载“龙朔中，蒲州刺史程名振，拜大将而分阃，摠佳兵而度辽，以君筹划为多。召居戎幕，动妙算，运奇谋，敌无隐情，我无遗策。自丸都而穷碣石，清秽貊而扫朝鲜”，即是此次征辽之战，36 岁的郑仲淹随程名振出征，并为之谋士，由此开始踏入仕途，最终官至五品，勋至二品。

据两《唐书 · 程务挺列传》和《资治通鉴》记载，程名振系唐朝名将程务挺之父，颇有能名，唐太宗曾向其征问征辽方略，并称其为“奇士”，“拜右骁卫将军，授平壤道行军总管”，后历任营州都督兼东夷都护、晋州刺史、蒲州刺史、镂方道行军总管。唐高宗“龙朔二年（662）卒，赠右卫大将军，谥曰烈。”

两《唐书》和《资治通鉴》明确记载，程名振一生曾 4 次参与唐朝征辽之战，分别是：唐太宗贞观十八年、唐高宗永徽六年（655）、唐高宗显庆三年（658）、显庆五年或龙朔元年。

“显庆五年”征辽，两《唐书》均无记载，仅见于《资治通鉴》：“（显庆五年十二月）壬午，以左骁卫大将军契苾何力为浿江道行军大总管……蒲州刺史程名振为镂方道总管，将兵分道击高丽。”[17]

“龙朔元年”征辽在两《唐书》均可查。《新唐书·高宗本纪》记“（龙朔元年）四月庚辰”[18]，《旧唐书·高宗本纪上》记“（龙朔元年）夏五月”[19]，《两唐书》关于高宗龙朔征辽，虽有月份之差，但都明确了龙朔元年之实，二者最大的不同是《旧唐书》所记龙朔征辽并无程名振的记录，而郑仲淹墓志却明确记载程名振参加了唐高宗龙朔元年出兵高丽之事。由此也恰恰印证了《资治通鉴》“显庆五年”之误，及程名振龙朔元年征辽之实。

四、郑仲淹与泽王李上金

郑仲淹墓志提到与志主关系较为密切的两人，其一是上述的唐初名将程名振，另一个是泽王李上金。

“俄以与泽王尚金亲则姻娅，王诛缘坐，夺五品。”古汉语“尚”与“上”通假，“泽王尚金”即唐泽王李上金。两《唐书 · 泽王上金列传》记载，李上金为唐高宗第三子，封杞王。因为武则天所恶，屡受打击。“载初元年，武承嗣使酷吏周兴诬告上金、素节谋反，召至都，系于御史台。舒州刺史、许王素节见杀于都城南驿，因害其支党。上金恐惧，自缢死。”[20] 两《唐书·则天皇后本纪》和《资治通鉴》均详细记载了泽王上金死于唐武则天载初元年七月丁亥[21]。郑仲淹墓志记载，郑仲淹因与泽王上金有姻亲关系，因此受到株连，“夺五品”。

泽王上金死葬乾陵，依现有资料不能得知志主郑仲淹与泽王李上金“姻娅”关系的详细，但是该墓志的明确记载二者之间的“姻娅”关系却不见于正史，深入研究唐代史料和补充泽王李上金的社会关系亦可以由此而发轫。

致谢：本文图片资料由郑州市文物考古研究院魏青利女士提供，在此深表感谢！

[1] 郑州市文物考古研究院，上海城建职业学院. 河南郑州唐郑仲淹夫妇合葬墓发掘简报［J］. 文物，2021（8）.

[2]《旧唐书·职官志一》：“贞观十一年，改上大将军为上护军，大将军为护军，自外不改，行之至今。”中华书局，1975 年。

[3][5]《旧唐书·职官志二》：“凡勋，十有二转为上柱国，比正二品。十一转为柱国，比从二品。十转为上护军，比正三品。九转为护军，比从三品……”中华书局，1975 年。

[4][11] 杜佑. 通典［M］. 北京：中华书局，1984.

[6] 唐会要（卷六八）［M］. 台北：台湾商务印书馆，景印文渊阁四库全书.

[7]《旧唐书·地理志一》“丰州，下，隋文帝置，后废。贞观四年，以突厥降附，置丰州都督府，不领县，唯领蕃户。十一年废，地入灵州。二十三年，又改丰州。天宝元年，改为九原郡……”中华书局，1975 年。

[8] 唐六典（卷三十）［M］. 台北：台湾商务印书馆，景印文渊阁四库全书.

[9] 旧唐书（卷四二）［M］. 北京：中华书局，1975.

[10]《新唐书·百官一》：“凡文散阶二十九：从一品曰开府仪同三司，正二品曰特进，从二品曰光禄大夫……从五品上曰朝请大夫，从五品下曰朝散大夫……从九品上曰文林郎，从九品下曰将仕郎。”中华书局，1975 年。

[12]《旧唐书·职官志一》：“贞观二十三年六月，改民部尚书为户部尚书。七月，改治书侍御史为御史中丞，改诸州治中为司马，别驾为长史，治礼郎为奉礼郎。”中华书局，1975 年。

[13]《旧唐书·职官志一》。《新唐书·百官四下》：“下州刺史一人，正四品下；别驾一人，从五品上；司马一人，从六品上。”中华书局，1975 年。

[14]《唐会要》卷七十：“武德令，三万户已上为上州。永徽令，二万户已上为上州。至显庆元年（656 年）九月十二日敕，户满三万已上为上州，二万已上为中州。先已定为上州中州者，仍旧……”；《旧唐书·职官志二》：“凡天下之州府，三百一十有五，而羁縻之州，迨八百焉四万户已上为上州，二万户以上为中州，不满为下州。”中华书局，1975 年。

[15]《旧唐书·地理志三》：“滁州，下，隋江都之清流县。武德三年，杜伏威归国，置滁州，又以扬州之全椒来属。天宝元年，改为永阳郡。乾元元年，复为滁州。旧领县二，户四千六百八十九，口二万一千五百三十五。天宝领县三，户二万六千四百八十六，口十五万二千三百七十四。在京师东南二千五百六十四里，至东都一千七百四十六里。”中华书局，1975 年。

[16][19][20] 刘昫. 旧唐书［M］. 北京：中华书局，1975.

[17] 司马光. 资治通鉴（卷二百）［M］. 北京：中华书局，2009.

[18] 欧阳修，宋祁. 新唐书（卷三）［M］. 北京：中华书局，1975.

[21]《旧唐书·则天皇后本纪》：“（载初元年）秋七月丁亥，杀随州刺史泽王上金、舒州刺史许王素节并其子数十人。”中华书局，1975 年；《新唐书·则天顺圣武皇后本纪》：“（载初元年）七月丁亥，杀泽王上金、许王素节。”中华书局，1975 年；《资治通鉴》卷二百零四：“（载初元年）武承嗣使周兴罗告隋州刺史泽王上金、舒州刺史许王素节谋反，征诣行在。素节发舒州，闻遭丧哭者，叹曰：‘病死何可得，乃更哭邪！’丁亥，至龙门，缢杀之。上金自杀。悉诛其诸子及支党。”台湾商务印书馆，景印文渊阁四库全书。

宋代定窑瓷器艺术风格研究

任彦霖
贵州民族大学

摘要：宋代在中国陶瓷发展史上是一个极其繁荣的时期，生产规模以及生产技术都达到了较高的水平。在宋代五大名窑中，定窑继承并弘扬了在唐代盛极一时的北方邢窑白瓷，并以其釉色透明温润、胎质细腻轻薄、纹饰精美繁多而独树一帜，在工艺方面取得了令后世瞩目的成就。宋代定窑瓷器艺术风格形成的原因与其烧成工艺、当时社会各阶层的审美追求、宋代社会文化大背景等因素息息相关。

关键词：宋代；定窑瓷器；艺术风格

宋代的定窑遗址大致上位于今河北省曲阳县境内[1]，“定窑”这个称谓源于北宋，因窑址所在地在宋朝时归定州所管辖，因此得名，它的出现意味着我国陶瓷史上的精细白瓷已经从发展期走向完全成熟[2]。从目前考古发现的各类瓷器以及国内外定窑瓷器的收藏来看，其所生产的瓷器涵盖了人们生活中需要的大部分日常用具，从餐具到储存容器，甚至是文具和玩具，既有诸如瓷枕、捏塑等立体瓷塑类产品，又有杯盏、瓶罐等体现装饰设计的艺术性和日常使用的实用性的陈设产品。

纵观整个定窑的发展历程，唐末五代是萌芽阶段，宋代达到顶峰，最后于元代逐渐消失殆尽，共约750年的发展历程[3]。其间，定窑形成了极具时代特色的精白瓷艺术，其主要特点是胎质洁白细腻，釉色晶莹剔透，纹饰精细繁复，因此对其艺术风格探析溯源是很有必要的。

一、定窑瓷器的种类及工艺

（一）定窑及其瓷器的品种

定窑瓷器的分类可以有不同角度的界定。

依据其不同的发展阶段进行分类，定窑品种在学界有着“北定”和“南定”之说。原本的定窑位于北方，1127年的“靖康之变”，导致宋王朝南迁，在此之后，全国的经济和政治中心以及主流文化中心都转移到了长江以南，部分定窑匠人也来到了南方，在现今的景德镇和吉安留下了定瓷制作工艺。定瓷文化和景德镇本地文化发生碰撞，诞生出了仿定窑的“南定”瓷器。两者的区别在于“北定”胎色白中带黄，稍厚重，多为牙白色；“南定”的胎白，较为轻薄，釉色白中闪青、胎质洁白细腻，有着“粉定”美称。

从釉色上进行分类，宋代定窑除了烧制白釉瓷之外，同时还进行了黑釉、绿釉和酱釉的烧制，大致可以将其分为“黑定”“绿定”“紫定”等。根据考古发掘和数量分析可以得出，定窑主要烧制白瓷，兼烧绿釉、黑釉等彩色釉，酱釉的传世作品很少[4]。

（二）定窑瓷器的烧造技术

烧造技巧和工艺会对瓷器成品的釉色、造型产生影响，具体言之，釉中的铁元素含量影响呈色，烧制材料影响瓷器表面的光洁度，装烧方法影响瓷器的造型，等等。

在烧制材料上，考古发掘证明，北宋早期窑炉多用枯柴，晚期窑炉则多用煤炭。煤炭的应用首先会导致炉温的升高，炉温升高则可以使得瓷器瓷化程度更高，从视觉上，瓷器就会更加晶莹剔透；其次，煤炭在燃烧过程中几乎不会对瓷器本身产生污染，柴则不同，考古现场发现的草木灰证明柴火在燃烧的过程中会产生黑烟或灰烬，这些杂质会对未完成的瓷器产生影响，烧制出的瓷器在视觉上也就不再通体洁白。很显然，定窑瓷器在烧造工艺上克服了这些不利因素。

在装烧方法上，定瓷大多使用匣钵，匣钵底部垫上细砂防止器物之间相互粘连。窑炉使用砖块砌成，整体可以更好地将热量锁在炉内。窑炉的火膛口部较小、内部大且深，两个方形烟囱和火膛后部相连接。五代时期中国北方窑炉大多是“馒头窑”，到了宋代，窑炉逐渐演进，新型窑炉的结构有助于提高烧制温度，可以满足精白瓷1300℃以上的条件。由此，定窑的装烧方法在当时已经领先，这也使得定窑器物弧线更加流畅，展现出定瓷优雅秀丽的艺术风格。

（三）定窑瓷器的工艺

为了增强审美效果，纹饰应运而生。定窑瓷器的纹饰汲取了书画艺术、雕塑艺术和缂丝艺术的某些理念，其题材涉猎广泛，手法灵动巧妙，有着极高的艺术审美价值。

定窑白瓷装饰纹样主要是胎装饰，即在胎上运用印花、刻花、划花等手法划上花纹再进行施釉，除此之外还有着描花和白釉剔花的瓷器品种，刀痕细腻流畅，纹饰柔和精美，完成度和设计感很高，体现了极高的制作工艺和艺术审美趣味。

北宋中晚期则逐渐以模具印花来代替手工的刻花、划花。印花有着很强的搭配感，印纹太密或太稀疏都会导致瓷器花纹的不均衡。印花工艺形成于北宋中期，成熟于北宋后期，其纹饰疏密有度、布局严谨，多出现于白瓷碗、白瓷盘、白瓷碟一类器物的内部，有着很好的设计感，使得瓷器整体上更有视觉冲击。

总之，定瓷是宋代五大名窑中唯一以纹饰见长的瓷器，其纹饰繁复多样，其技法则主要有划花、刻花与印花。丰富多彩的纹饰使得定窑瓷器于素净的纯白色泽之外显得尤为典雅精致。

二、宋代定窑瓷器的艺术风格

（一）“定窑花瓷瓯，颜色天下白”

元代刘祁在《归潜志》中曾言“定窑花瓷瓯，颜色天下白”，此句所描述的是定瓷的典型艺术风格，即：以白色为主色调，配以精美的胎装饰花纹形成的具有优美造型的器物，此句彰显了定窑独特的艺术品位与精湛的技艺。一种艺术作品风格的形成是复杂的，它是在历史、政治、物理条件等多个因素的共同作用下形成的，反之，通过对艺术品的风格探析，也可以对当朝文化、历史、审美做出一定的还原。

1. 独具匠心的装饰花纹

定窑瓷器的装饰技法以白釉印花、白釉刻花和白釉划花为主[5]，流釉为辅。

北宋早期的定窑刻花，构图、纹样都比较简单，以重莲瓣纹居多；北宋中晚期，定窑的刻花装饰出现了种类的递增，具体的纹样包括但不限于动物纹中的凤纹、龙纹、鱼纹、蟠螭纹、狮纹、龟鹤纹等，植物纹中的牡丹纹、莲花纹、菊花纹、萱草纹等[6]。

所谓的“流釉”指的是瓷器表面呈条状，宛如一道道泪痕一样的釉痕。这是在挂釉时釉内气泡大而多，釉层在烧结过程中随器垂挂流淌而形成的。唐代定瓷薄，胎釉之间结合得十分紧密，因而未出现流釉的现象，而在北宋时期挂釉更加厚重，再加之烧造方法的演进，即由初期的正烧法演变为后期的覆烧法，所产生的流釉也有着些许差异。

2. 多姿多彩的造型艺术

宋代定瓷种类齐全，造型五花八门，除了碗、盘、碟等日用品之外，还出现了外形精美的各种雕塑，如故宫博物院珍藏的定窑白瓷孩儿枕，其整体呈椭圆形，形状像一个俯卧在床上的小男孩儿，身体和衣服褶皱都惟妙惟肖。孩儿枕采用仿生的表现手法，刻画了一个栩栩如生的孩童，线条流畅柔和，气韵生动，有着强烈的动感和浓厚的生活气息。在用途上，孩儿枕巧妙地保留了其本身作为枕头的实用性，孩子的脊背和人体颈部相贴合，贴合弧度也符合人体工程学，是一件兼顾了实用性和艺术性的佳作[7]。

3. 细密如竹丝的划痕

定瓷外壁细密如竹丝的划痕同样是其独特工艺的体现，属于定窑瓷器与众不同的艺术风格。

定窑器物在成型的过程中会在器物口沿处留下划痕，划痕的产生是轮制法和旋削共同作用而产生的，其密如雨线，细如竹丝，被称为竹丝刷纹。明清之际就有关于定窑竹丝刷纹的记载，明朝的田艺衡曾在《留青札记》云：“定窑，定州，今真定府。似象窑，色有丝竹刷纹者曰北定窑，南定窑有花者出南渡后”。竹丝刷纹多见于胎质较粗、施釉较薄的瓷器上，具体来看，竹丝刷纹在口沿、近低足处分布较多，尤其是碗盘类的定瓷。竹丝刷纹的存在也为鉴定定窑瓷器提供了一项极为重要的判断依据[8]。

4. 敢于创新的覆烧法

从北宋中期开始，定窑烧制方法改为覆烧法，即将施釉后的瓷器倒放，反扣于垫圈上，并依此向上叠加，最终一起进入窑口烧制。覆烧法所需装置是一种组合式匣钵，上面放有垫圈，在河北省曲阳县的北镇定窑遗址已有出土。覆烧法的出现是中国陶瓷史上的一次革新，在降低成本的同时还提高了生产效率，甚至在一定程度上影响了北宋的社会生产力。无论是之后出现的“南定”，还是明清的制瓷业，覆烧法的出现都是一次飞跃，对中国陶瓷史有着深远影响[9]。

（二）宋代定窑瓷器的艺术风格成因分析

诚如前文所述，宋代定窑瓷器的艺术风格是

多元的，丰富多彩的，其所形成的原因亦和制作工艺、当时的时代风尚、民族和地域的风格不无关系。具体来说可以从以下几个方面考虑：

1. 唐“南青北白”的影响

从考古发掘和历史地理的角度来看，唐邢窑白瓷与宋定窑白瓷有着千丝万缕的联系。

唐代形成“南青北白”的制瓷业布局和定窑白瓷有着承接关系。在艺术特征上，邢窑白瓷大多是素面，仅仅以造型和釉的结合来体现其思想内涵；唐末及五代中前期才出现胎装饰，即在胎面上刻划花纹，以此和外部的釉产生交互，但从整体来看，这一时期定瓷的制造还很粗糙，属于从粗瓷到精瓷的过渡阶段；在五代中后期，定瓷的烧制不再施化妆土，这才出现了无论是胎还是釉都极其洁白细腻的瓷器，有些瓷器在白度上甚至超越了邢窑。技艺的不断进步以及需求的逐渐提高是导致定窑走向大众视野的重要原因。

由此可以看出，唐代“南青北白”的布局关系对宋定窑有着承上启下的过渡作用。北宋中后期，定窑技艺越发成熟，所烧瓷器造型优美、线条流畅、色泽淡雅，深受皇家的喜爱，被北宋统治者选为宫廷用瓷，风光一时，代表了北宋白瓷生产的最高水准。

2. 宋朝社会文化背景原因

宋朝处于中国历史上一个在治国和强化中央集权统治方面都相对薄弱的时期。在政治上宋王朝实施“平内弱外”和“重文”的政策，在外交上也采取较为温和的对外政策。这一历史背景影响了宋代哲学、文学和美学思想的发展。在文学领域，它反对华丽的辞藻堆砌，更偏向于古朴的书写风格；在工艺美术领域，它追求艺术的简约，定瓷用并不复杂的装饰图案来反映造型美和釉面本身的美。因此，宋代形成了一种完全不同的艺术形式。在这样的历史背景下，定窑瓷器工匠的创作理念也深受影响。

定瓷的烧制大多基于简单的造型，陶瓷工匠的设计理念仅仅是基于精湛的制作工艺，在装饰技巧上并没有用鲜艳的色彩和大胆的造型，形成了定窑特有的古朴典雅的艺术风格。造型典雅、釉面纯净的定瓷是宋人性格的完美体现，表现出宋人对于真善美的不懈追求。宋朝将其对“朴素”的追求融入整个时代的风格中，诗词歌赋、妙笔丹青，无不彰显着只属于这个时代的审美品格。

三、宋代定窑瓷器的文化精神

（一）定窑瓷器的审美追求

作为中国精白瓷的艺术珍品，宋代定窑瓷器以其釉色温润如玉、胎质坚实紧密、壁薄如纸、击之若磬的优良品质在当时就已受到广泛关注，尤其是文人雅士的追捧。

定瓷技术代表了当时全国乃至全世界的最高水准，因而其一经问世便以清秀典雅而深受当时的广泛关注，它一反隋唐厚重大气的风格，备受文人骚客的追捧，因而能够迅速占领市场。例如当时极负盛名的玉壶春瓶、梅瓶等典型器物，即使同一时期举国有多个窑口同时烧制，但定窑却仍能以其灵动温和、晶莹透亮脱颖而出。无论是文人雅士还是王公贵族，抑或是社会各阶层，都不惜千金将定窑瓷器作为珍藏品。定窑所代表的简约而不平庸，朴素但不粗糙的审美价值已经是深入人心了。

（二）定窑瓷器与宋代追求的精神内涵相契合

定窑瓷器所彰显的艺术风格与宋代文人所追求的文化精神内涵相契合。

瓷器作为一种艺术品留存至今，除了其本身作为实用器物的价值，还有它所代表的时代审美和折射出的文化心理。当定瓷的文化内涵上升到精神层面，它所诠释的历史背景、审美取向、时代背景等都蕴含着中国独有的文化血脉。与其他朝代的审美相比，宋朝时期的审美更偏向于追求精神化和自由化，具有浓郁的生命力。

汉魏以后，社会文化心理变化，思辨风气高涨，改变了两汉时期文人急功近利的心理预期，知识分子依然会“达则兼济天下”，但是当遇到天下的愿望不能顺利实现的时候，开始追求独立人格和超脱凡世的“桃花源”。这种情况在文人待遇相对优渥的北宋时期更甚，在“重文轻武”的大环境下，人们的审美追求由富丽堂皇转向精致典雅，开始追求静态美，这与“出世”“我适物自闲”等心境更为契合。定瓷作为一种带着文人特质的器物，其在这一时期备受追捧也印证了社会审美取向的转变，它折射出的文化追求符合这个时期社会生活的审美特质，两者相互契合、相互促进，融汇着这一时代的人们对国家富强、社会祥和、人民幸福的美好憧憬。

（三）定窑瓷器艺术风格对后世的影响

在定窑近八百年的历史长河中，形成了具有丰富文化内涵的定瓷文化，它不仅包括超凡脱俗的艺术境界、造型纹饰的审美文化和精美绝伦的烧制工艺等，同时还包括通过定瓷反映出来的文人甚至百姓的思想追求和价值观。诸多文人骚客曾在诗句、小说中提及辉煌一时的宋代定窑，如南宋太平老人所著的《袖中锦》中所给予定瓷的极高的评价，认为定瓷与端砚、洛阳花、建州茶、蜀锦等皆为“天下第一”的名品。定窑代表着当时陶瓷工艺的最高水准，这也引来了各地瓷窑的学习与模仿。由于模仿的角度各不相同，各地诞生了“新定”“土定”“粉定”等仿造品，这些仿造品的质量与价值甚至毫不逊色于河北曲阳，因此，这种“仿制”本身也是定窑的传播和进步。

时至南宋，高超的制作工艺跟随政权南迁。景德镇的兴起恰恰是在定窑逐渐衰落之后，这也从侧面印证了定窑制瓷工艺对景德镇起着承上启下的巨大贡献。定窑经历了工艺水平由稚嫩到成熟、管理方法由公私并存到官府垄断、经营方式由地方经营到全国经营的发展阶段，它们都为以后景德镇成为名震天下的“瓷都”奠定了基础，甚至于在明清时期的精白瓷上都能看到定瓷的影子，影响可谓深远。

---

[1]黄信.河北曲阳县定窑窑址调查报告[J].华夏考古,2018(4).

[2]李鑫，秦大树，安雨桐.定窑考古发现与研究成果综述[J].文物春秋，2022(1).

[3]秦大树，吴闻达，李鑫.早期定窑研究[J].文物,2021(1).

[4]喻珊.定窑研究概述[J].文物春秋，2017(3).

[5]宋洋.宋代定窑陶瓷刻划花植物装饰纹样研究[D].唐山：华北理工大学，2020.

[6]贺夏.浅谈宋代定窑白瓷的装饰审美特征[M]//首都博物馆论丛.北京：北京燕山出版社，2022.

[7]李绍斌.绝妙的宋代定窑孩儿枕[J].东方收藏，2016(6).

[8]张建锁.浅说定窑瓷器上的竹丝刷纹[J].陶瓷科学与艺术，2019，53(8).

[9]于陆洋，游家皓.两宋时期支圈覆烧法的考古学观察[J].中国国家博物馆馆刊，2022(11).

焦作出土元代铜买地券研究

王 璐[1] 王景荃[1] 朱 佩[2]
1.河南博物院；2.龙门石窟研究院

摘要：买地券是古代人们为安葬故去的先人，祈求其亡灵及冥宅不受邪魔侵扰而制作的一种明器。焦作老万庄元墓出土的铜质买地券因其质地特殊，字迹清晰，保存完好，且有确切纪年，是自汉代以来出土买地券中较为罕见者。该买地券对研究元代焦作地区行政设置、书写格式、丧葬文化及古代人们的契约精神提供了宝贵的实物资料。

关键词：焦作；铜买地券；怀孟州；冯汝楫；书写格式；契约精神

20世纪70年代，焦作市文物考古部门在焦作市区北郊老万庄村发掘了3座元代彩绘壁画墓，而在编号为第3号墓内出土了一件十分罕见的重要文物——铜买地券，刘建洲、皇甫其堂发表《焦作金代壁画墓发掘简报》，对该铜买地券作了简单介绍，将其认定为金代墓葬遗物[1]，2005年出版的《焦作文物志》将其时代修正为元代[2]。该买地券出土后入藏焦作市博物馆，张保民先生曾于2018年发表《焦作老万庄壁画墓铜质买地券考》一文[3]，对该买地券中涉及的地点、人物及年代进行了考证。作者近日有幸目睹了该买地券，认为它是汉代以来买地券中保存最完好，文字最清晰，文体最标准的一件珍贵实物，不仅证明了该买地券立契人的身份，也是研究元代豫北地区丧葬习俗的传承、地名演变及民间信仰的实物资料。（图1、图2）本文在前人研究的基础上，根据有关资料，拟对其文中记载的内容、买地券的用途及书写格式、丧葬文化的传承等进行研究，以飨读者。

一、买地券镌刻的内容

该买地券为怀孟州长官冯汝楫为其曾祖冯三翁迁葬新茔购置阴宅的契券，青铜铸造，长32厘米，宽23厘米，厚1.5厘米，保存完好。正面镌刻文字16行，满行20字，共290字，楷书，字迹工整清晰，书写流畅，用笔遒劲有力。录文于后：

正面：维南赡部州怀孟州／长官冯汝楫，伏为殁故曾祖冯三翁，奄逝在于浅土，／未卜茔坟，自心忧思，不遑所厝，遂于本州河内县旧／居冯封村正北偏西旧祖茔坟西南方，龟筮协从，择／此高原，相地袭吉，堪

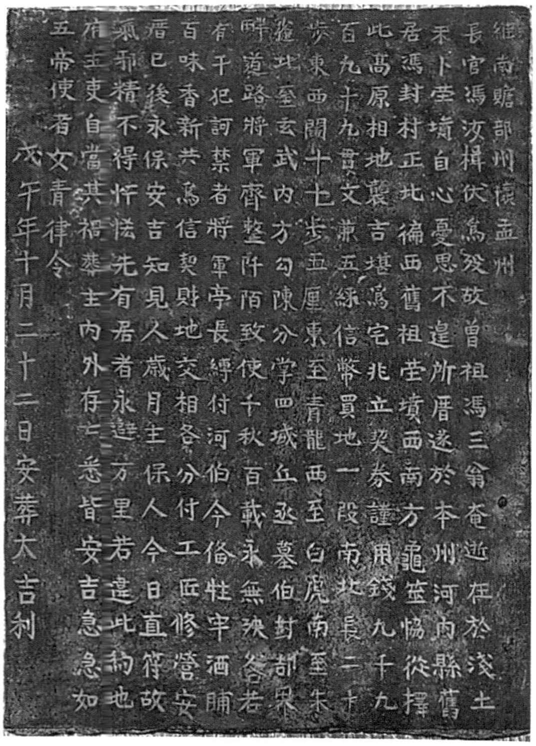

图1 买地寺正面

图2 买地券背面

为宅兆 立契券谨用钱九千九／百九十九贯文，兼五彩信币，买地一段，南北长二十／步，东西阔十七步五厘，东至青龙，西至白虎，南至朱雀，北至玄武。内方勾陈，分掌四域，丘丞墓伯，封部界／畔，道路将军，齐整阡陌 致使千秋百载永无殃咎。若／有干犯诃禁者，将军、亭长缚付河伯，今备牲牢酒脯、／百味香新，共为信契。财地交相，各分付工匠 修营安／厝，已后永保安吉。知见人：岁月；主保人：今日。直符：故／气邪精，不得忤恡，先有居者，永避万里，若违此约，地／府主吏，自当其祸。葬主内外存亡悉皆安吉，急急如五帝使者女青律令。／

戊午年十月二十二日安葬大吉利。

背面左边缘刻有“合同契卷”四字的右半边。

文中的“南赡部州”，为佛教传说中的四大部洲（另包括东胜神洲、西牛贺洲和北俱芦洲）之一，又译“南赡部洲”“琰浮洲”“南阎浮提”“南阎浮洲”等，位于须弥山之南方咸海中，由四大天王之一的增长天王守卫。所谓“南赡部洲”，在佛教中用以代指人类所生存的这个世界。买地券中用“南赡部州”表示地域范围，表明墓主人的宗教信仰。这在其他买地券上也有同样的称谓，如1983年新乡县古固寨乡古固寨村南元代墓葬中出土的砖质买地券上首行有“维南瞻部州大元国皇庆元年”的记载，可以说是元代买地券固定的起始语。

券文中记载的“怀孟州”，张保民先生已对其进行了考证，是元代的焦作地区行政区划，宋金时期，焦作地区分属怀州和孟州管辖，《金史·

地理志》载："怀州，上，宋河内郡防御，天会六年以与临潢府怀州同，加'南'字，仍旧置沁南军节度使，天德三年去'南'字。"由此可知，怀州在金代因与北部的临潢府怀州同名，官方为了区别临潢府怀州，曾称此"怀州"为"南怀州"。蒙古元太宗四年（1232）南下灭金时，把"怀州"和"孟州"并在一起"行怀孟州事"，自此始有"怀孟州"之称，至元宪宗七年（1257）改为怀孟路总管府，"怀孟州"之名仅使用25年。

冯汝楫，根据买地券记载，当为怀孟州河内县冯封村人，是该买地券的立契人，该人时为怀孟州地方长官，但在《元史》中却无载，只在当地的碑刻中留有其名，如原存济源市济渎庙内的《创建开平府祭告济渎记》中有"宣授怀孟长官冯汝戢立石"的题名，原碑已佚，《北京图书馆藏历代石刻拓本汇编》收录有该碑拓片[4]，据碑文记载，忽必烈开创开平府后，派人到五岳四渎祭祀宣告，到济渎庙祭祀的祭祀官是由忽必烈王府僚属王博文为使者，长春宫道士曾志滨陪祭，冯汝戢作为时任怀孟州长官，参与了此次祭告，并为此事刻碑立石。另在《道家金石略》收录的《天坛尊师周仙灵异之碑》中有"宣授怀孟州次官冯汝楫，宣授怀孟州长官刘海"的记载，虽然"楫""戢"两字写法异同，但可以确证《创建开平府祭告济渎记》中的冯汝戢和《天坛尊师周仙灵异之碑》以及铜买地券中的冯汝楫确系一人无疑[5]。冯汝楫将其曾祖的坟墓迁移至本州河内县旧居冯封村正北偏西旧祖茔坟西南方，重新安葬，反映了其希望通过给祖先迁葬来改变祖先墓葬风水，从而改变自己和后人命运的强烈愿望。

券文中关于买地用钱和墓地大小及方位的记载："谨用钱九千九百九十九贯文，兼五彩信币，买地一段，南北长二十步，东西阔十七步五厘，东至青龙，西至白虎，南至朱雀，北至玄武。"这里所记的用钱皆为冥币，并非现实生活中的实用钱币，而所买墓地的大小用步来计算则是古代丈量土地的计算单位，单士元先生在《故宫史话》里说"元代一步为五尺，一尺合0.308米"[6]，那么就是说，元代一步合1.54米。所谓一步，指两脚向前各迈一次。《小尔雅》："跬，一举足也；倍跬，谓之步。"即迈出一条腿叫做"跬"，再迈一条腿才叫"步"。这种用步计算的方法直到现在还继续使用，如山西、内蒙古一带用脚丈量土地时仍然是这样计算。由此推算出该墓地的面积约830平方米，可谓十分壮观。文中记载的四至是元代买地券中常见的用四神表示法，即东方青龙，西方白虎，南方朱雀，北方玄武。以四神来表示墓地的四至，是元代买地券的固定内容，体现了当时人们传统的风水观念及宗教信仰。

券文中的"勾陈"，是指靠近北极星的六颗星的总称，位于紫微垣内。《古微书》卷九："勾陈六星在紫微宫，华盖之下。"买地券中借用"勾陈"表冥府神祇之一，常与"丘丞""墓伯""道路将军"对举，掌管着墓地的四面八方。"丘丞""墓伯"都是掌管亡人灵魂的地府官吏，其名始见于《东汉延光元年（122）镇墓文》，"生人之死易解，生自属长安，死人自属丘丞墓伯"，是最早的墓葬神煞。2001年4月在西安高新技术开发区的中华小区内一座东汉墓出土的陶壶上用朱砂书写有"阳嘉四年三月庚寅朔廿八日天地告丘丞墓伯地下二千石"[7]字样，由此可见"丘丞墓伯"当属地下管理墓地的二千石官职。"道路将军"应是主管地下道路交通的武将，他们都是亡者墓地的管理者和守护者[8]，能在地府封部界畔，齐整阡陌，致使千秋百载永无殃咎。为使地券能在地下产生“法律效力”，往往在券文之末写上“急急如五帝使者女青律令”之语，“女青”是道教最高神太上老君的使者，掌管着鬼律，能镇伏万鬼，具有强大的威力[9]。当墓主确立起对墓地的所有权后，便可不受鬼神的侵犯，“若有干犯诃禁者，将军、亭长缚付河伯”，使之受到惩罚。这正是用买地券随葬的功用所在。

二、买地券的用途及书写格式

买地券是东汉以来随葬的一种反映土地私有权及其观念的文书，也是墓主人对墓地私人占有权属观念的一种陪葬明器，墓主后人通过向地府神灵支付一定数量的冥币，购买墓地及周边一定范围内的土地，为了得到地府神灵的保佑，其后人制作买地券作为墓主在冥界地府所拥有的土地买卖契约凭证。

买地券源于西汉前期墓葬所出的告地策，早期买地券模仿真实的土地买卖文书，尽管刻字不多，但史料价值较高。其内容也与镇墓文多有相似之处，只不过是镇墓文多朱书在陶瓶或陶罐上，而买地券则多朱书或镌刻在砖、石上。宋以后的买地券多用木、砖、铅、石等材料，铜质买地券较为罕见。书写方式有墨书、朱书、镌刻，部分买地券在刻写字迹中填朱，而铜质买地券则为镌刻或铸造，使之保存更为长久。关于买地券的行文格式，早期买地券内容较为简单，只有时间、地点、姓名、买地钱款、祈求地府神灵的庇护等用语。其书写格式在魏晋南北朝时期开始定型后，历代沿用。而元代买地券的固定格式为：“维南瞻部州某某地某某人，于某年月日，具官封姓名，以某年月日殁故。龟筮叶从，相地袭吉，宜于某州某县某乡某原安厝宅兆。谨用钱九万九千九百九十九贯文兼五彩信币买地一段，东西若干步，南北若干步，东至青龙，西至白虎，南至朱雀，北至玄武。内方勾陈，分擘四域，丘丞墓伯，封部界畔，道路将军，齐整阡陌，千秋万岁，永无殃咎。若则干犯呵禁者，将军、亭长收付河伯。今以牲牢酒饭，百味香新，共为信契，财地交相，分付工匠修造安厝，已后永保休吉，知见人：岁月，主保人：今日。直符：故气邪精，不得忤恡，先有居者，永避万里。若违此约，地府主使，自当其祸，主人内外存亡，悉皆安吉。急急如五帝使者女青律令。”[10] 焦作元墓出土的这件铜买地券的内容及书写即沿用了此种行文格式，几无差别。1983年新乡县出土的皇庆元年砖质朱书买地券的书写格式也基本与此相同。但整个券文中只有时间、地点、死者及子女姓名、官职是真实情况描述外，其他均为虚构，内容更具象征意义。

三、买地券反映的古代契约精神

在该买地券的背面左侧刻有“合同契券”半边文字，说明该买地券就是一份冥界的“买卖合同”。古代的“合同”也称为“契券”或“契约”。《周礼·地官》中称之为“质剂之制”，它是以后对质的凭据。据《韩策》记载，有人对韩公仲说：“秦有右契，而为公债。”说明当时的契约是一式两份，一份“左契”，一份“右契”，相当于今天的甲乙双方各持有一份合同。从该买地券背面所刻的压缝文字“合同契券”可看出，此券也应为两件，虽然在墓葬中只发现了一半，另一半不知其终。根据南京明代太监杨庆买地券中记载的两块买地券的用途，“一块交付后土，一块置于墓中交付杨庆”[11]，但在墓葬中也只发现了一块。这里说的后土，是中国上古神话中的中央之神，东汉王逸注《楚辞》时称之为“幽都之王”，《宋史·礼志七》中记载，北宋政和六年宋徽宗封后土为“承天效法厚德光大后土皇地祇”，享受同玉皇大帝一样的仪礼规格。宋代以后，道教将其列为“四御”尊神之一，被称为“大地之母”。由此推断，焦作老万庄壁画墓铜质买地券应是交付冯汝楫曾祖父冯三翁的一块，而另一块则交于后土，应该埋在墓地或其周边的其他地方。这种买地券虽然只是一种民间信仰的宗教明器，却也体现了两千多年来人们的契约精神。

四、结语

焦作老万庄元代壁画墓出土的铜买地券，是时任怀孟州长官冯汝楫为其曾祖父迁葬新茔时所铸造，是一件有确切时间纪年的元代的随葬明器，券文中记载的地名、人物为研究焦作地区的历史沿革和元代的社会生活状况提供了重要的实物资料。券文中对墓地方位、尺寸的记录，以及鬼神庇护和盟誓取信的契约精神，对研究元代的丧葬习俗和民间信仰以及丧葬文化的传承，具有极其重要的参考价值。

---

[1] 刘建洲，皇甫其堂. 焦作金代壁画墓发掘简报［J］. 中原文物，1980（4）.

[2] 焦作市文物局. 焦作市文物志［M］. 郑州：中州古籍出版社，2005.

[3]［5］张保民. 焦作老万庄壁画墓铜质买地券考［J］. 焦作师范高等专科学校学报，2018（4）.

[4] 北京图书馆金石组. 北京图书馆藏中国历代石刻拓本汇编［M］. 郑州：中州古籍出版社，1989.

[6] 单士元. 故宫史话［M］. 北京：新世界出版社，2006.

[7] 西安市文物考古研究所. 西安中华小区东汉墓发掘简报［J］. 文物，2002（12）.

[8] 冯述一. 新乡县出土元代买地券考［J］. 文物鉴定与鉴赏，2018（4）.

[9] 张继禹. 中华道藏（第8册）［M］. 北京：华夏出版社，2004.

[10] 王洙，毕履道，张谦. 重校正地理新书（卷14）［M］//《续修四库全书》影印，北京大学图书馆藏元刻本.

[11] 邵磊. 明代宦官杨庆墓的考古发掘与初步认识［J］. 东南文化，2010（2）.

文旅融合视角下的博物馆实践与思考

——以开封博物馆为例

葛奇峰
开封博物馆

摘要：当下，我国的博物馆事业正处在一个快速且高质量发展的黄金时期。博物馆行业面临两大新的形势，一是文旅融合的深度发展，二是数字技术的广泛应用。同时，业界普遍面临着两大矛盾，一是人民日益增长的对美好生活的需求和文博场馆供应不足之间的矛盾；二是文旅快速融合与配套政策制度缓滞之间的矛盾。文旅融合直接促进了博物馆从公共文化场馆向文博景区的转变。随着定位的转变，博物馆的基本功能也在悄然增加。原来传统的保护、研究、传播、教育功能之外，亟须增加的就是服务功能。这就要求每个博物馆都要在新形势下，结合自己的实际，给出自己的思考和实践。

关键词：文旅融合；博物馆；矛盾；服务；实践

国家文物局发布的数据显示[1]，2018年全国备案博物馆5354家，2019年全国备案博物馆5535家，2020年全国备案博物馆5788家，2021年全国备案博物馆6183家，2022年全国备案博物馆6565家，新建博物馆的数量呈现逐年递增的趋势，且递增的速度也在逐步增加。在2022年的全国文物工作会议上，国家文物局李群局长提到，对博物馆事业的财政投入稳中有增，全国一般公共预算文物支出持续增长，中央财政投入文物保护资金十年累计1000多亿元。2022年度举办展览数量增长144%、接待观众数量增长119%[2]。这些数据都显示，当下，我国的博物馆事业正处在一个快速且高质量发展的黄金时期。

一、文旅融合新形势下的博物馆

当前，博物馆行业面临两大新的形势，一是文旅融合的快速、深度发展，二是数字技术的广泛应用。其中文旅融合作为大的社会发展趋势和政策因素，对博物馆行业发展的影响尤其深远。

在2024年“国际博物馆日”开幕式上，国家文物局发布2023年度我国博物馆事业发展最新数据，全年新增备案博物馆268家，全国备案博物馆达到6833家，举办陈列展览4万余个、教育活动38万余场，接待观众12.9亿人次。[3]

文旅融合是近年来涌现的新发展思路，也是一种新的业态形式。2009年，国际博物馆协会将当年的“国际博物馆日”主题定为“博物馆与旅游”，前瞻性的预见，博物馆是旅游活动的重要载体，由此拉开了博物馆与旅游双向奔赴的序幕。

2018年3月，国务院办公厅发布的《关于促进全域旅游发展的指导意见》(国办发〔2018〕15号)指出，要“科学利用传统村落、文物遗迹及博物馆、纪念馆、美术馆、艺术馆、世界文化遗产、非物质文化遗产展示馆等文化场所开展文化、文物旅游”，明确提出将博物馆纳入到旅游目的地的范畴。

2018年4月，文化部、国家旅游局进行职责整合，组建文化和旅游部，作为国务院组成部门，正式官宣了文旅深度融合的号角。

2021年5月，中央宣传部等九部委联合印发《关于推进博物馆改革发展的指导意见》(文物博发〔2021〕16号)，明确中国博物馆事业高质量发展的总体目标和发展方向，指出博物馆不仅要顺应时代要求，推进发展理念、技术、手段、业态创新，同时也应以开放姿态主动融入国家经济社会发展大局，鼓励社会参与，激发博物馆活力，实施“博物馆+”战略，促进博物馆与旅游等产业跨界融合。

2022年7月22日，在北京召开的全国文物工作会议提出了新时代文物工作方针，即“保护第一、加强管理、挖掘价值、有效利用、让文物活起来”。新时代二十二字文物工作方针，将博物馆被动融合转化为主动作为，将旅游业成熟的推广展示经验借鉴吸纳到博物馆工作中去，让文旅融合成为博物馆内生动力，成为让文物活起来的手段和方式。

文旅融合，简单地讲，就是文化中的旅游性与旅游中的文化性的统一。文化是旅游的灵魂，旅游是文化最好的表现方式。二者互为表里，就像两个相交的圆，既有各自的规律和特点，也有交互共生的领域。文旅融合，能容则容，就像一门交叉学科，产生了极强的共鸣，激发了极强的创新，催生了极大的新能量，吸引了极多的人群，对社会发展产生了显著的影响力。

博物馆是文化行业的一个重要组成部分，具备开展旅游服务的基本条件。特别是2023年，随着三年疫情的结束，文旅行业迅速复苏。随着国家的大力倡导，随着文化自信的增强，参观博物馆成为旅游的标配，于是全国各地都出现了“博物馆热”。

二、博物馆文旅融合下的新矛盾

博物馆与旅游既相互联系又有所区别。一方面，旅游促进了博物馆的传播，博物馆提升了旅游的品质；另一方面，二者在性质目的、方式方法、发展思路等方面又有很大的差异。

博物馆是一个为社会及其发展服务的公益性公共文化服务机构、是一个致力于文物保护和文物阐释的研究机构、是一个传承弘扬优秀传统历史文化的宣传教育机构；旅游的核心则是在服务人民美好生活基础上的一种经济生产行为。

随着文旅融合步伐的快速推进，目前博物馆界普遍面临着两大矛盾。一是人民日益增长的对美好生活的需求和文博场馆供应不足之间的矛盾；二是文旅快速融合与配套政策制度缓滞之间的矛盾。

截止到2023年，在国家文物局备案的博物馆已经达到6833家，但很多的博物馆依然是“一票难求”，并催生了“黄牛卖票”和社会讲解的新问题。更普遍的问题是，观众进馆后，出现讲解预约难的问题；想安静地观展，出现人多嘈杂、参观体验感不佳问题；想长时段观摩，出现场馆内无法进餐的问题；想休息发呆或社交，出现没有安静场地的问题等。这些问题的出现，说明能提供优质供给的博物馆的数量还远远不够，博物馆的场馆面积还无法满足社会需求，博物馆的服务效果距离公众要求还有很大的距离。

在政策制度方面，目前，很多地方的财务政策还不支持博物馆在经营方面的现实需求。比如，收费性服务没有经营许可、文创收入无法交入国库、上交后无法及时退还和二次投入、博物馆无法自主聘用合适的专家或优秀的创意和设计人员、博物馆无法自主选择优秀的合作经营企业等。这些政策上的难题，直接阻碍了文创、研学、影院、演出等多样化服务方面工作的开展。

那么，这些问题该怎样有效缓解或解决呢？单靠博物馆本身显然是无能为力的，单靠政府增加博物馆的绝对数量显然也是不现实的。这就需要全社会综合努力，需要在政府主导下，促进更多的博物馆提供更优质的服务，提升博物馆自身的服务能力。要做好这些，关键是要从顶层设计开始，做好与新形势、新要求相匹配的政策制度。比如，赋予博物馆更多的业务自主权；明确各种政策的边缘，比如场馆租赁相关费用、文创相关费用、经营相关费用等如何与财政上交名目衔接；清晰各种政策的流程，比如上交后的费用如何申请支付、合作伙伴如何遴选等。

三、博物馆的旅游服务

当博物馆热成为常态后，博物馆的性质也在慢慢复杂化，从单一的公益性公共文化场馆向文博景区转变。随之而来的便是，博物馆的基本功能也在悄然增加。原来传统的保护、研究、传播、教育功能之外，亟须增加的就是旅游服务功能。

博物馆的旅游服务比一般的景区更多样化，几乎是全方位的。从服务对象上讲，博物馆需要服务于全体到馆游客，服务于社区，服务于社会；从服务内容上讲，博物馆需要提供文物保护、文物研究、文物阐释、文物展示、研学社教和其他拓展外延的服务；从场馆内部设置上看，博物馆需要为游客提供参观、讲解、休憩、静思、社交和文创纪念品的服务。

服务工作在“博物馆热”的今天显得尤为迫切和重要。服务工作的提升需要从理念上开始转变，将观念逐渐由“藏品中心”向“观众中心”进行转变，反映在日常工作中，就是从以文物为中心到以人为中心，进行重心转移。

这种转变在开放、陈展、讲解、社教、研学、文创和多样化服务方面都有突出的表现。比如开放时间的设定、入馆游客数量的核定、陈展的目标群体、陈展的叙事方式、讲解的角度和不同群体的讲解版本、社教的内容和形式、研学目标的细分、文创的设计定位等；比如博物馆需要为满足群众休闲需求，配备长椅、电视、报纸、饮水机等基础配套设施；比如博物馆需要为长时段观展的游客提供简餐和休憩；比如博物馆需要为特殊需要的群体提供母婴室、无障碍通道；比如博物馆需要为游客提供多样的文创产品等服务。

这些服务职能的拓展，存在着经费、编制、体制、机制等方面的困难。如何更好地满足观众的切身要求？如何实现博物馆设定的场馆定位目标？如何实现博物馆可持续性发展？这些问题的解决，需要政府、业界、社会来共同创新、共同思考、共同推进方能有效实现。

四、文旅融合下的开封市博物馆实践

基于上述对博物馆行业所处历史时期、面临新形势、出现新矛盾、提出新功能的分析研判，开封市博物馆结合自己的实际情况，提出了自己的发展思路和工作措施。

总的说来从五个方面入手：一是夯实基础；二是陈展创新；三是品质服务；四是树立品牌；五是融合发展。

夯实基础主要是在文物保护和文物研究上下功夫。文物保护包括文物预防性保护和日常维护、文物修复、文物的数字信息采集等。文物研究包括各级各类社科课题研究的申报开展、馆藏文物研究、自办文博杂志出版发行、馆内研究人员学术专著和各类陈展图册的编写出版等。开封市博物馆还利用地利之便，与河南大学深度合作，共同建立文化遗产数字化实验室，引进德国进口的大型文物三维扫描仪器，开展馆藏文物的数字化采集和转化等工作。根据人才队伍现状和现有基础条件，提升运营一个纸质文物修复实验室和一个金属文物修复实验室。综合统筹，在库房修缮和搬迁之际，申请专项资金，同步推进馆藏文物预防性保护项目等。

陈展创新主要表现在陈展主题的选定、陈展形式的选择两个方面。开封市博物馆围绕着“宋文化看开封”的主题进行陈展选题，对基本陈列进行改造提升，创新策划实施特色主题临展。基本陈列方面，主要是引入科技手段，有计划有步骤地对场馆的现有场景进行数字化提升，吸引游客兴趣，增强游客观感，增加互动和沉浸体验等；临时展览方面，自 2018 年起，每年推出一项宋文化主题的原创临时展览，比如“两宋风华展”“风雅宋——宋代文物展”“正值人间好时节——泸州宋代石刻展”“世间遗迹犹龙腾——王羲之与十七帖特展”“汴河考古出土“花石纲”展”“天下首府——宋代开封府特展”“宋朝开学记——青少年教育体验展”“揭秘开封城下城系列展”等。另外，围绕宋文化的主题还与时俱进地推出数字展、体验展、非遗展、艺术展等形式多样的展览。

品质服务主要是指为游客提供高质量、多样化的服务，包括云端服务和现场服务两大板块。云端服务主要有线上展览、网站、微信、微博、视频号，以及与央视、大河报、汴梁晚报、省市广播电台、各大网络平台合作推出的各类推文及音视频等。现场服务主要是满足游客多样化需求而打造设置的一些特色项目。比如开放以播放宋文化为主要内容的 4D 影院，引入宋词乐舞的真人演艺、开设体验式文创空间、增设游客休憩休闲区域、创设以开封本土文化为主的城市书房等特色文化项目。在文创领域，既有为满足游客打卡的需求，开发设计出融展馆、文物、非遗、文创于一体的“来开博留护照　把博物馆带回家”的参观体验活动，也有为满足游客基本需要而设计定制的开博文创山泉水等，这些活动都取得了巨大的社会效益。

树立品牌是指根据各自博物馆的特色，集中优势资源和力量，突出做好某一个方面的工作，比如陈展品牌、教育品牌、研学品牌、志愿者品牌等。开封市博物馆根据自己的地利优势、文物优势、人才优势，以打造陈列展览品牌为突破口，以“宋文化看开封”为主题，做好做强宋文化的基本陈列和临时展览。基本陈列方面，目前有两个宋代历史展、一个宋代科技展、两个宋文化专题展、一个宋代刺绣展，下一步还要推出数字宋画展、宋文化体验展等。临时展览方面，多年来一直坚持每年不间断地推出一个宋文化的原创临展。开封市博物馆在教育品牌的打造上也做了大量的工作，比如持之以恒地开展“馆长讲解日”“专家鉴赏日”等。

融合发展主要是人员和业务的机动融合，分为内部融合和外部融合两个环节。内部融合主要是指打破身份界限、去除身份标签，让体制内工作人员，和体制外的志愿者、安全人员、物管人员等团结协作起来，设定好工作目标，以事业来统领分工，共同促进单位各项工作的落实。外部融合主要是指博物馆与政府、职能部门、社区等保持良好的沟通和协作机制，确保在平安建设、文明创建、卫生防疫、消防安防、社区帮扶、志愿服务、社科宣传、科技普及以及各类社会性工作中能无阻碍推进，为博物馆发展营造良好的外部氛围。

五、结语

文旅融合可以取得双赢，旅游能促进博物馆的传播，博物馆能提升旅游品质。博物馆融入旅游，能更好地促进文旅振兴。博物馆借鉴吸收旅游业成熟又符合公共文化特征的经验和方法，并将其转化为博物馆的语言和行动，能为游客提供更好的旅游产品，营造出更好的旅游体验，创造出更大的经济效益。同时，创造出来的经济效益再投入文博事业中，促进社会效益的最大化，进而形成一种良性循环，互动发展。

在文旅融合的大潮中，博物馆要保持自己特色，不能为了旅游去从众，放弃自己的优势，让宣传形式和科技手段成为主流，追求短期网红效应，用景区思维来主导博物馆的发展，被经济效益所迷惑和主导。苏东海先生曾提醒我们：博物馆应该明白，如果要娱乐观众，博物馆永远无法和迪士尼相比[4]。在旅游火热的大环境下，博物馆更应该沉着冷静，更加鲜明地彰显出自己的学科特色，用深厚的历史底蕴来传播优秀的传统文化，坚守好博物馆的文物属性和公益属性，提升博物馆在民众中的权威性与可信性。

博物馆要根据需求适时增加服务功能。随着旅游功能的融合，公众对博物馆服务的需求也日益多样化，这就要求博物馆从被动接受变成内生动力，主动调整运营模式，完善发展模式，让博物馆成为文旅文创融合发展的重要生力军。

博物馆管理者应该科学使用现行行业政策，积极与地方相关部门沟通协调，为博物馆的发展营造规范良好的氛围。

---

[1] 全国博物馆年度报告信息系统［EB/OL］. http://ncha. gov. cn.

[2] 全国文物工作会议发言摘要［EB/OL］. http://www. ncha. gov. cn.

[3] 2024 年国际博物馆日中国主会场活动在西安开幕［EB/OL］. http://www. ncha. gov. cn.

[4] 杭侃. “人工智能与博物馆”学术主持人语［J］. 博物院，2023（3）.

试论博物馆在文旅融合中的作用

杨 妍
首都博物馆

摘要：博物馆作为国家公共文化基础设施，近年来得到快速的发展。博物馆自身特有的藏品、专业展示、地标性建筑、地域文化IP及各项专业服务系统等优势，使博物馆成为公众学习、访问、社交休闲的重要场所。因此，博物馆的各项专业资源将是各地区文旅融合的首选。

关键词：博物馆；文旅融合；公众服务；文化IP

为增强和彰显文化自信，统筹文化事业、文化产业发展和旅游资源开发，提高国家文化软实力和中华文化影响力，推动文化事业、文化产业和旅游业融合发展，2018年3月，十三届全国人大一次会议表决通过了关于国务院机构改革方案的决定，将文化部、国家旅游局的职责整合，组建文化和旅游部，作为国务院组成部门。自此，中国大地上出现了一个特有的行业——文旅，有了一个新措施——文旅融合。从字面上理解，就是文化事业与旅游行业的融合，具体体现在通过文化资源为旅游行业聚能，发挥文化资源的旅游价值，带动旅游业的发展。特别体现在各地区独特的区域文化，是形成新的旅游增长点的重要资源。由于我国大部分文化资源属于公共文化事业，如何既保持其公共文化属性又能为旅游这一产业提供服务形成经济效益，是文旅融合面临的一个很重要的挑战。因此，需要对公共文化资源进行识别和界定，将公共资源进行拓展与旅游资源融合并产生双向效益。

一、博物馆是深度旅游的需求

2022年第26届ICOM大会通过了新的博物馆定义：“博物馆是为社会服务的非营利性常设机构，它研究、收藏、保护、阐释和展示物质与非物质遗产。向公众开放，具有可及性和包容性，博物馆促进多样性和可持续性。博物馆以符合道德且专业的方式进行运营和交流，并在社区的参与下，为教育、欣赏、深思和知识共享提供多种体验。”

在我国，博物馆作为国家公共文化基础设施，近年来得到快速的发展。

2022年，全国博物馆总数就达6565家，仅当年举办线下展览3.4万个、教育活动近23万场、接待观众近6亿人次。

旅游作为无烟工业早就是社会经济发展的重要组成部分，人们去旅游主要满足三个层面的需求：第一感官需求，包括感性上的刺激和情绪体验；第二理性需求，通过专项知识学习提高认知的体验；第三精神需求，通过生命体验，自我情感表达体现人生观。

传统旅游业的概念是观光游，大众只能在景区走马观花，停留在购物、表演、风味餐这个层面的娱乐体验。以前博物馆就像是玻璃罩里的瓷娃娃，是旅行社不敢触及的业务，首先绝大多数导游对博物馆展品无法专业讲解，其次游客从心理上更趋向名胜古迹和特色美食，因为不了解也就很难对地方博物馆感兴趣。

随着互联网的介入，信息数字化充斥着人类生活的方方面面，大众对旅游普遍有了深度认知，更多是专一旅游目的体验。游客希望通过观察、交流、访问提升自我的认知，甚至需要专项定制极限体验，例如金字塔探险、北极圈体验、水下考古等等。而这些需求在博物馆都可以安全高效地体验到，坐落在天津的国家海洋博物馆有一个近 2000 平方米的海洋灾难体验馆，通过多种先进的展示技术和手法模拟海啸、台风等让观众身临其境，十分震撼。（图 1）

图 1　国家海洋博物馆

目前博物馆以丰富的藏品、专业的展示、地标性的建筑、地域文化的代表、完善的接待服务设施及各项专业服务系统，成为公众学习访问交流社交休闲的场所。因此，博物馆的各项资源只要能够专业性地转化，将是各地区文旅融合的首选。

二、博物馆核心资源的利用

以博物馆核心资源为例，探讨一下公共文化资源与旅游的融合方式。

（一）博物馆地标性建筑设计与城市的关系

博物馆的建筑设计一般都是城市地标，很容易形成地域性打卡地，独具特色的设计理念、工艺材料、环境景观等都会吸引本地和外地游客。有的博物馆夜景照明也形成了独特的灯光秀，成为城市景观的亮点，更有甚者，西班牙的古根汉姆艺术馆拯救了毕尔巴鄂这个城市的经济。（图 2）

随着《三体》影视作品的火爆，让人们也记住了宁波博物馆。宁波博物馆是首位中国籍“普利兹克建筑奖”得主王澍“新乡土主义”风格的代表作，占地 60 亩，总建筑面积 3 万平方米。建筑本身传递了凝重的历史信息，同时极富现代感，充分体现了建筑本身也是一件特殊的“文物”和“展品”。（图 3）

（二）博物馆建筑的功能空间也是吸引观众的重要资源

博物馆丰富的内部空间及功能设计不仅满足了观众的好奇心和想象力，而且还提供了大量的公共服务空间（阅读、休闲、交流、演讲、观影等）。观众可根据自己的需要使用体验这些空间及专业服务，或约三两朋友在此相聚，博物馆的社交功能在城市中发挥着越来越重要的作用。

例如，北京大运河博物馆（首都博物馆东馆），坐落于北京副中心城市绿心公园的文化建筑群中，是副中心的重要文化标志之一，博物馆以“运河之舟”为设计理念，将历史元素融入现代建筑，一开馆就成为网红打卡地。（图 4）

图 2　古根汉姆艺术馆

图 3　宁波博物馆

图 4　北京大运河博物馆展厅内多媒体观影体验

（三）优秀的展览策划将形成一定的社会影响力

一般情况下，博物馆的展陈可以形成固定的展览主题，如各类艺术展、专业研究新成果展、历史文化展、时尚展等。而博物馆的展览不仅是自身藏品的陈列，还可引进国内外不同专题的展览，形成固定的展览季。而每个展览都可以依托专题，将丰富的拓展项目提供给观众体验，博物馆还可以邀请观众参与展览策划，形成与观众的互动和对博物馆事业的参与。优秀的展览可以为一个地区旅游业吸引客流，从而产生经济效益。

以下以南京博物院和上海博物馆的特展为例。（表 1）

（四）藏品保管、保护修复技术部门的展示

定期对社会开放博物馆的库房及藏品技术检测修复保管等专业空间及工作，做好遗产保护的

表 1　南京博物院和上海博物馆特展情况表

	观众数量	门票价格	门票收入	文创收入	其他
“法老·王——古埃及文明与中国汉代文明的故事”（南博）	19 万人次	30 元	540 万	100 万	文创 5 类 211 种 21100 多件
“穆夏——欧洲新艺术运动瑰宝”（南博）	9 万人次	50 元	暂无统计	540 万	5 年后再次来南京，依旧火爆
“大英博物馆百物展：浓缩的世界史”（上博）	40 余万人次	免费	无	1700 万元	文创 180 多款
“英国国家美术馆珍藏展”（上博）	42 余万人次	100 元	超 3000 万	2300 万元	60% 观众为外省，单日最高 6001 人次

科普和技术普及，不仅帮助了有藏品的观众掌握了解藏品保护知识，还有助于科普。博物馆的藏品资源不仅通过公众服务方式（如展陈、讲座、线上等）提供公共产品，还提供差异性服务，专业及爱好者可以通过付费预约方式得到不同专业层级的训练和学习。

2022 年国际博物馆日长沙博物馆首次向公众开放藏品库房，从开囊匣开始展示藏品保管的日常工作流程；重庆自然博物馆有固定的库房开放日；2023 年苏州博物馆会员分为企业会员、尊享会员、家庭会员和领航会员四类，年费从 9 万元到几百元不等，对应不同的专业服务。

上海奉贤博物馆展厅中的一所用透明玻璃搭成的小房子十分引人瞩目，这便是创新开设的透明修复室；淄博齐文化博物馆的文物修复对观众是零距离，无疑是对淄博火出圈的旅游添砖加瓦。

（五）教育拓展的专业服务

博物馆的公众服务可以分为两个部分。一部分是对公众的标准化服务，开放服务的常规化满足公众的最低标准的需求，不断改善提高最低标准的服务是博物馆的基础工作。另一部分是差异化服务，针对不同的观众及不同的需求实现博物馆资源的最优化利用。例如对不同年龄段的学生，提供不同的内容和方式实施教育。这里可以采取的方式十分丰富，包括：研学、冬令营、夏令营及专项课程（涵盖教师）；专项服务，通过有偿服务提供专业爱好者的鉴赏学习课程；特殊人群的服务，智障、视障、听障等特殊人群的服务和拓展体验；家庭亲子体验；等等。博物馆细分服务群体可以提升旅游吸引力，将文旅融合落到实处。

（六）数字化应用的智慧博物馆

藏品数字化已经是博物馆的基础工作，完善的藏品数据利用各种多媒体展示手段，可以用互动的方式把观众吸引到博物馆，日新月异的科技应用从感官上增加了游览的幸福感，这也是人们旅游的初始需求。

例如，敦煌莫高窟数字展示中心主体建筑面积 11825 平方米，18 米直径，500 平方米超大球形荧幕、鱼眼镜头拍摄的 180 度超视角逼真画面以及全方位立体声的音响效果使观众恍若置身于一个个异彩纷呈、如梦如幻的洞窟之中。（图 5）精美的塑像触手可及，绚丽的壁画近在咫尺，又可通过压缩游客在洞窟内的滞留时间，有效提升莫高窟游客接待量。敦煌是国内最早大规模开展文物数字化采集的博物馆，莫高窟的数字壁画分别在北京、上海、天津、深圳、杭州、武汉等地展出，吸引了更多的游客去往敦煌一探究竟，2018 年暑假竟然出现游客要借宿学校的场面。

图 5 “数字敦煌”被选为 2022 年世界互联网精品案例（网络用图）

2023 年辽宁工业展览馆 1∶1 尺寸复原了上海世博会中国馆的动态版《清明上河图》，将汴京郊外春光、汴河场景、城内街市等多个场景连缀成一幅约高 6 米、长 100 米的恢宏长卷，让所有人物、场景都“动”起来“活”起来，仿佛真的置身于繁华的北宋汴京城。而就是这一年，北京年轻人去沈阳度周末成了时尚。

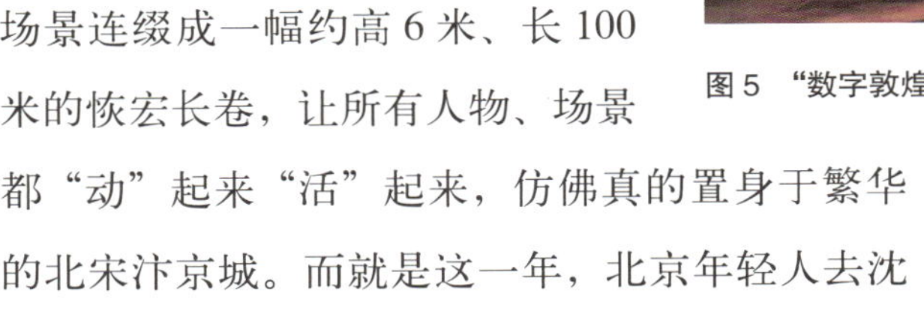

三、博物馆的品牌效益

博物馆的品牌其实就是将上述核心资源整合后，通过精准文化产品定位和策划市场宣传，把办馆宗旨、藏品展示、陈列方式、地理位置等特色结合成一个 IP。这样，博物馆可以在文旅市场上树立一个明确、符合消费者需要的形象，实现社会效益和经济效益的双赢。

经过多年的发展，顶流博物馆形成了更加精准细分的运营体系，运用与知名品牌合作、授权等方式，再结合自身独特的文创开发，使旅游产品市场焕然一新。现在的博物馆既是经典的收藏场所，也是时尚的创新之地。故宫、敦煌、三星堆的文创及衍生品已经深入人心，成为地方文旅行业创收的标杆。2023 年，故宫的门票收入是 9 亿元，而文创收入高达 15 亿元；同年敦煌市旅游接待 1682.93 万人次，相比 2022 年增长 427.05%，实现旅游收入 156.22 亿元；2023 年德阳文旅招商引资推介会在成都举行，共促成 30.1 亿元的投资项目在德阳落地生根；未来 5 年内，三星堆游客量将达到每年 1000 万人次，当地旅游年收入将突破 80 亿元。所以，博物馆品牌效益已成为重要的旅游资源。

在振兴乡村和城市更新中，博物馆是可以作为公共文化服务的聚能场所、现代文明的社交场所，成为访问和旅行的目的地。因此，博物馆这一现代文明社会的公共文化场所会成为文旅融合不可或缺的重要资源，在发挥公共文化功能的同时助力旅游行业的发展。这一点会受到越来越多的重视和期待。

［1］朱伟. 关于非物质文化遗产馆的概念、定位与功能问题［J］. 文博学刊，2023（1）.

［2］刘托. 非物质文化遗产活态展示释义［J］. 中国非物质文化遗产，2022（5）.

［3］衣雨涵. 从文化体验视角看博物馆的空间营造：以南京博物院为例［J］. 东南文化，2023（S2）.

［4］超视角看莫高窟：180 度精彩纷呈［EB/OL］. http://shijue.jguo.cn.

［5］张朝枝，胡婷. 文旅融合发展趋势对旅游人才需求特征的影响［J］. 旅游论坛，2021（05）.

文旅融合背景下博物馆的新定位新角色

梁 冰
河南博物院

摘要：自2018年以来，国家从战略层面推动文化和旅游融合发展，文旅融合本着“宜融则融，能融尽融”的原则，不断走向深化，培育了多元的文化旅游业态。博物馆身处其中，深入分析自身的文化价值与旅游价值，明确定位和发展方向，加快促进博物馆旅游的高质量发展。

关键词：文旅融合；博物馆；发展；定位；角色

文旅融合包含了“文化”“旅游”和“融合”三个不同的概念。“文化”是在历史发展的进程中，人类所创造的文明总和，也指精神财富。“旅游”则指旅行游览，是涉及休闲、娱乐、度假，探亲访友，商务、专业访问，健康医疗等的相关活动。两者的内涵有所不同，所表现出来的外在方面也有区别，那么，文旅融合是在哪些方面进行融合呢？“以文塑旅、以旅彰文”，从根本上来说就是文化和旅游两大产业融合前景的深刻体现。《中华人民共和国国民经济和社会发展第十四个五年规划和2035年远景目标纲要》第十篇“发展社会主义先进文化，提升国家文化软实力”中，关于文旅融合的内容是在“健全现代文化产业体系”一章中，用一节的内容阐明“推动文化和旅游融合发展”的目标。可见，国家从战略层面指导文旅融合就是要实现文化产业和旅游产业的有机融合。

一、文化和旅游产业的结构关系及融合点

文化产业与旅游产业融合发展，并不是简单地打破产业壁垒，而是在产业结构框架下，通过对行业部门逐一比较来寻找要素渗透的可能性。文化产业的分类主要包括六大类，即图书出版发行业、广播电视电影业、文化休闲娱乐业、戏剧歌舞演艺业、童话动漫产业、网络文化服务业。旅游产业也有六要素，即旅游交通运输、旅游宾馆住宿、旅游景区游览、旅游娱乐业、旅游餐饮业、旅游购物业。将两个产业门类进行对比会发现，文化产业内部的文化休闲娱乐、戏剧歌舞演艺是可以直接融入旅游产业内部的，而广播电视电影、童话动漫产品、网络文化服务则可作为旅游营销手段[1]。从旅游产业的角度来看，旅游景

区、旅游娱乐、旅游购物与文化息息相关，文化特色是吸引游客参与体验的重要因素。罗明义采用三圈层结构界定文化产业与旅游产业内部结构[2]，从划分出的核心层、外围层、相关层三个圈层中，均能发现文化产业和旅游产业之间相互联系、相互渗透的融合点。从文化产业来看，处于核心层中的博物馆、文化馆可以作为旅游景点。旅游产业核心资源中的风景资源则集聚众多文化性强的文物古迹。在外围层、相关层中两者很多方面也有着紧密联系，如两个产业中均涉及旅行社服务、游乐园、会展服务，都离不开宾馆、餐饮、交通等；文创产品和旅游产品之间的关联度极高，在旅游产品品类中有很大一部分属于文化创意产品。综上分析，景区是两大产业交叉融合的核心空间，而各自产业链条上的要素则可以交叉、渗透、融合发展。

二、文旅融合的发展态势

从近年来的实践经验和相关科研成果中可以看出，文旅融合正是以一种自上而下的形式，进行一体化的发展，在市场的积极驱动下，朝着特色化、数字化、品牌化方向发展。

一是文旅融合发展进程加快，区域性特色突出。尤其是以长江三角洲、珠江三角洲、长江中游和京津冀、成渝为代表的5大城市群，以及北京、天津、上海、广州、重庆、成都、武汉、郑州、西安为代表的9大国家中心城市，文旅融合发展成效显著，起到了示范性作用。同时文旅产品的主题性更加突出，主题公园、主题酒店、主题宾馆及非遗产品店等这一类具有IP属性的文旅场所和相关产品，发展成为文旅融合的新发展点。二是文旅产业向数字化迈进。人工智能、大数据、5G等现代信息技术的应用，提高了文旅产业的智慧化管理和公共服务能力，使得两大产业的交叉融合更为深入、多元。大量数据整合分析形成的信息，为把握受众需求，实施有效决策提供了重要的信息源。同时VR、AR等数字技术的应用，活化了文化资源，诞生了诸如虚拟现实景区、虚拟现实娱乐、数字博物馆等以沉浸体验和交互体验取胜的新文旅业态，提升了游客的文化体验质量。

三是文旅融合的品牌化效应逐步放大。从大型文旅企业集团来看，腾讯从“泛娱乐”到“新文创”，目的是开拓具有深远影响力的中国文化符号；文旅演艺领域“印象”“又见”“千古情”等深受大众喜爱的演艺品牌，正在进一步加速重构布局，以大集团化的形式深度发展。[3] 从公共文化场所来看，博物馆、美术馆、图书馆、文化馆、艺术中心、文创园等公共文化空间，不仅服务本地居民的文化消费，同时也在积极把握游客需求，打造体现自身特色的文化品牌。针对学生群体的研学游也成为这些公共服务单位的文旅融合重点项目，并适应主题旅游的需求不断丰富人文和教育类主题游的内容和体验性，培育研学游品牌。

三、文旅融合背景下博物馆的新定位和新角色

在文旅融合发展的良好态势下，博物馆借助文化旅游这个贴近百姓生活的事，强化了文化惠民举措，促进了基本公共文化服务的标准化、均等化发展。文化旅游带来的“新公众”需求也促

进了博物馆优化业务内容和服务方向，加快了中华文化走出去，提升了中华文化影响力，让博物馆更好地认清了自身在文旅融合发展中的新定位和新角色。

一是做好公益服务的体现者。博物馆文化服务必将在文旅融合的持续推动下更具社会化和市场化。在文化旅游行业积极促进下，博物馆在运营模式、品牌形象塑造等方面受到启发，开拓新的发展路径，但非营利性不会变。在全域旅游的格局中，博物馆能够更好地发掘文化资源，活化资源，提升文化旅游的趣味性、参与性，用现代的表达方式，激活文物生命力，推出大众喜闻乐见的文化产品，提升文化旅游对大众的吸引力。

二是做好旅游品质的提升者。文化旅游产业是一种综合性产业，它关联性高、涉及面广、辐射性和带动性强。作为文化旅游产业中的重要一环，博物馆最显著的作用是能提升旅游品质。一方面通过文物资源的优势整合、呈现和现代化场馆的高品质服务，很大程度上提升旅游的文化内涵和深度体验。另一方面博物馆采用丰富多样的形式对优秀传统文化进行大力宣传，使游客不仅仅是“看到了”“听到了”，还能在接受民族精神、时代精神、爱国主义、社会主义教育中，在领略华夏文明、世界文明的风采中慨叹“我感受到了”，这种以文化人、以文育人的效果也是旅游品质提升的重要表现。

三是做好城市文化的解读者。博物馆是一个城市的历史“演播厅”，呈现出实物直观性和广博性的特征，让观众能以更好的视角去理解当地的文化沉淀和发展历程。博物馆也意识到要“收藏今天”“展示当下”，做好城市文化的解读者，不片面地“厚古薄今”或“厚今薄古”，既诠释和弘扬优秀传统文化，也为今天的城市发展成就、百姓的生活情趣和民众关注的热点、焦点做好解读。

四是做好区域特色旅游的凝聚者。纵观整个文化旅游产业链，博物馆只是其中一环，与其他发展要素相辅相成，相互配合，发挥着应有的作用，但并非主导作用。要想让博物馆在文旅融合发展中出彩，就要把握自身优势，做博物馆最擅长的事。将博物馆作为区域主题文化旅游的起点和焦点，以点带面，盘活行业内、系统内及社会各领域可利用资源，提高跨界能力，构建“博物馆＋”连接新模式，使公众在特色旅游体验中更直观形象地了解区域文化精髓，品味文化遗产魅力，感知古代文化与现代生活的契合，进而喜爱、记忆、传播这一特色。

五是做好跨域文化传播的先行者。文化旅游的范围广阔，不仅服务于省内、国内民众，也服务于来自世界各地的游客。在跨域文化传播上，博物馆有着得天独厚的优势。博物馆紧抓文旅融合的机遇，发挥陈展交流、科研合作、教育项目推广、人才培养等所长，不断扩大对外交流，促进文化互鉴，做好跨域文化传播的先行者，为文化繁荣，经济社会发展做出了积极的贡献。

---

[1] 卢璐，孙根年．基于产业差异和价值错位视角的文旅融合可行范式研究［J］．企业经济，2021（3）．

[2] 罗明义．关于“旅游产业范围和地位”之我见［J］．旅游学刊，2007（10）．

[3] 张飞．文旅融合：历程、趋势及河南路径［N］．中国旅游报，2020-6-5（3）．

博物馆志愿者权益保障问题研究

刘　原
山东博物馆

摘要：志愿者是博物馆事业发展不可或缺的重要力量，志愿者权益保障问题近年来受到了更多社会关注。博物馆志愿者权益主要体现在博物馆志愿工作的流程之中。保障博物馆志愿者权益的举措包括健全法律制度、落实权益保护措施、完善救济机制等方面。

关键词：博物馆；志愿者；权益

博物馆作为文化遗产的守护者和文化传承的场所，在社会中扮演着至关重要的角色。它们不仅收藏着历史、艺术、科学等领域的珍贵藏品，同时也是进行社会教育、文化传播和社区参与的重要平台。习近平总书记曾指出："博物馆是保护、传承人类文明的重要殿堂，是连接过去、现在、未来的桥梁。"[1] 为了更好地实现历史使命，博物馆往往依赖志愿者的支持与参与。

志愿者作为博物馆运营的重要组成部分，不仅为博物馆带来了多样的技能，还丰富了博物馆与民众之间的联系。通过他们，博物馆的文化价值得以更好地传达和普及。志愿者参与的博物馆工作涵盖多个领域，包括文物保护、导览服务、教育活动、展览策划等。然而，尽管志愿者的奉献是无偿的，他们也可能面临一系列的权益问题，如工作条件、培训机会、社会认可和保障等。这些问题可能导致志愿者感到不满、疲惫，甚至放弃志愿工作，对博物馆的运营和文化传播产生负面影响。

一、博物馆志愿者及其权益的概念、分类

博物馆志愿者是指在博物馆内无报酬地提供服务、支持和参与各项文化、教育、展览等活动的个人或团体。他们是博物馆的重要组成部分，一般具有丰富的文化知识、热情的服务态度和积极的参与精神。博物馆志愿者的角色多种多样，包括但不限于导览员、讲解员、展览策划师、活动组织者等。

博物馆志愿者根据其参与的具体活动和服务领域可以进行多层次的分类，包括：(1) 导览志愿者，负责博物馆内部的导览服务，致力于向游客介绍博物馆的展品、历史和文化背景。(2) 讲解志愿者，具备特定主题或领域的专业知识，向

参观者提供深度解说和讲解。(3)活动组织志愿者，参与博物馆内外的文化活动策划和组织，包括讲座、座谈会等，促进活动参与者之间的知识交流和文化互动。(4)文献整理志愿者，参与博物馆文献资料的整理、分类和保管工作，确保珍贵文献资料的保存和利用，为学术研究和展览策划提供必要支持。(5)社区参与志愿者，负责博物馆与社区之间的联系，促进文化的传播和共享。通过与社区居民的互动，帮助博物馆更好地融入社区，增进博物馆与公众之间的理解和信任，推动文化资源的共享和传承。

在志愿者开展以上活动过程中，产生了志愿者权益。博物馆志愿者权益是指志愿者在参与博物馆活动时应当享有的基本权利和保障。通过对志愿者相关领域的文献分析，笔者认为博物馆志愿者权益应分基本权益及专属权益两部分。前者指作为公民所享有的如人身自由权、隐私权等权利；后者指作为博物馆志愿者专有的权益，包括自由选择权、知情权、协议签署权、学习培训权、保险救济权、无偿获得证明权、必要条件保障权、表彰奖励权、救济优先权、意见建议权等。

二、博物馆志愿者权益内容分析

为了促进志愿活动的开展，国家颁布了种种法律制度对志愿者权益进行保护。除了宪法保护志愿者的基本权益外，在《中华人民共和国慈善法》《志愿服务条例》《中国注册志愿者管理办法》《文化志愿服务管理办法》中也有相关规定。

（一）宪法保障志愿者作为公民的基本权利

志愿者属于合法公民，受宪法保护，享有作为公民的基本权利和民事权利，如人身自由权、言论自由权、休息权等。这些权利由宪法明确规定，均应当在志愿者参加博物馆服务活动中得到相应的保护。如人身安全是博物馆志愿者所面临的潜在威胁之一，虽发生的概率较低，但鉴于其危害后果严重，也不能忽视。博物馆志愿者与游客发生口角，甚至有肢体冲突，极易对志愿者造成侵害。作为志愿者服务机构的博物馆应当采取事前培训、事中调解以及事后补偿等方式保障志愿者正当权益。只有志愿者的人身自由权等权益得到充分的保障，志愿者才能无后顾之忧地参与博物馆的志愿服务工作。

（二）《慈善法》保障志愿者的隐私权

志愿者无偿参与博物馆服务活动属于慈善服务。所谓慈善服务，在《慈善法》第六十一条中，指的是慈善组织和其他组织以及个人基于慈善目的，向社会或者他人提供的志愿无偿服务以及其他非营利服务。慈善目的不仅仅指捐赠财产以及服务鳏寡孤独、老弱病残群体。《慈善法》第一章第三条第四款说明了慈善目的也包括“促进教育、科学、文化、卫生、体育等事业的发展”。依据《慈善法》第七章第六十二条规定：“开展慈善服务，应当尊重受益人、志愿者的人格尊严，不得侵害受益人、志愿者的隐私。”[2] 因此，志愿者的隐私权应该得到博物馆的保护。在博物馆公开招募志愿者的时候，一般会要求志愿者提供个人信息，包括但不限于姓名、手机号、身份证号、工作单位、家庭住址等个人信息，博物馆应当妥善处理这类信息，严禁泄露或者篡改其收集、存储的个人信息，不能向其他人提供志愿者的个人信息，更不能将此类信息用以牟利。

（三）其他条例制度规定

随着国内志愿事业的蓬勃发展，为了鼓励并规范志愿活动，2013 年 11 月，共青团中央新修订了《中国注册志愿者管理办法》，第三章权利与义务列举了志愿者享有的权利，为志愿者的权益保障提供了依据。[3] 2016 年，文化部印发了《文化志愿服务管理办法》，其中第二章第六条对文化志愿者权益保护做出了规定[4]，博物馆志愿者是文化志愿者的重要组成部分，权益理应受《文化志愿服务管理办法》所保护。2017 年 8 月，国务院发布了《志愿服务条例》，于当年 12 月 1 日正式实施。这是目前国内最全面的关于志愿服务方面的法律制度，其中第一条强调了条例制订的目的是对志愿者权益的保护。[5] 除中央政府以外，地方政府制订了各地志愿活动的具体政策。如 2021 年 12 月，山东省第十三届人大常务委员会第三十二次会议通过了《山东省志愿服务条例》，于 2022 年 1 月 1 日正式实施。通过对以上三部国家层面有关志愿服务制度的分析，结合博物馆事业的具体情况，可以总结归纳出博物馆志愿者应该享有的权益内容。按照博物馆志愿工作流程，大致可分为招募培训、管理监督与激励等环节，各个环节所涉及的主要志愿者权益有以下几种。

1. 招募培训：自由选择权、知情权、协议签署权、学习培训权

招募工作是博物馆志愿工作的第一步，对于博物馆志愿者而言，其首先享有自由选择是否参加志愿服务活动的权利。博物馆招募志愿者应公开岗位设置，志愿者凭个人意愿报名参加，博物馆不得强迫志愿者参与志愿服务活动，不得安排志愿者从事与所报名不符的岗位。志愿者有权决定选择加入或退出志愿服务活动，博物馆首先应当保障志愿者的自由选择权。

在招募阶段，志愿者享有对志愿活动内容、时间等基本情况的知情权。博物馆志愿者有权在参与志愿活动之前，对志愿服务活动的开始时间、结束时间、内容性质、活动要求、是否具有危险性等信息进行询问和了解，且博物馆应当及时、准确地为志愿者提供信息或者是解答疑问。对于博物馆志愿者而言，知情权是权益保障的重要内容，博物馆应当在志愿者参与志愿服务活动之前采取公示或者其他形式告知志愿者参与志愿服务的相关信息。当志愿者知悉并明确志愿服务活动的相关信息时，能为志愿工作做好准备，从而更好地提供志愿服务。

在志愿者与博物馆双方达成合作意向后，志愿者有权选择与博物馆签订志愿服务协议。协议的意义在于能够明确志愿者与博物馆之间各自应承担的义务及享有的权利。协议内容包括但不限于博物馆志愿者参与志愿服务活动的起止时间、活动安排、工作条件、安全保障、纠纷解决措施等。签署书面协议对双方既是制约，又是保护。一方面志愿者可以根据协议保障个人权益，当出现权益受损或发生纠纷时，志愿者可以根据协议要求博物馆履行责任或者提供帮助；另一方面，博物馆也可以依据协议对志愿者进行管理，一定程度上提高志愿者管理的效率。

培训是博物馆志愿者能够适应岗位工作的必要前提，博物馆有义务为志愿者提供培训条件。志愿者应当享有学习培训权。通过开展教育培训，一方面可以让志愿者对博物馆工作有整体认识，深化志愿者服务意识及参与志愿服务的积极性，

另一方面通过开展培训也能提升志愿者的技能水平，提升志愿服务的专业性和服务质量水平，适应博物馆工作需要。

2. 管理监督：保险救济权、工作条件保障权、意见建议权

《志愿服务条例》第三章第十七条规定了志愿服务组织有责任为志愿者购置人身意外伤害保险，以保障他们的身体生命安全和健康权利，除此之外，在志愿者参与博物馆志愿服务期间，志愿者的财产权等也应受保护。目前，大多数地方法律法规只规定了志愿者参与可能会威胁其人身安全的活动时，为其投保人身意外险，但对保险金额、主体等细节也没有明确规定，其结果是大量的志愿者无法获得足够的保障，保障金额小，保障范围有限。

博物馆志愿者参与志愿服务活动不以获得物质报酬作为目的，但志愿服务活动的顺利进行不能以损害志愿者权益为代价，志愿者的工作条件需要得到保障。博物馆应该在志愿者参与服务工作时提供良好的工作条件。例如可以提供班车服务、统一的工作制服、加班午餐、适当的补贴，以及提供必要的安全和卫生保障，如提供口罩和消毒液等卫生物资。

另外，志愿者是民众与博物馆沟通的中介和桥梁，他们的意见往往更具代表性和建设性，有利于博物馆事业的发展。根据《中国注册志愿者管理办法》《文化志愿服务管理办法》等相关规定，志愿者有向博物馆服务工作提出批评与建议的权利，监督博物馆工作的开展。

3. 激励阶段：无偿获得证明权、表彰奖励权、救济优先权

获得志愿活动的时长证明是志愿者参与博物馆志愿工作的动力之一，博物馆应当按照志愿者的要求及时免费提供给志愿人员参加志愿服务的真实记录，内容包含志愿者的基本资料、工作状况、培训状况、荣誉获得状况和评估考核等，并将这些资料按照统一的标准录入志愿服务信息系统，有条件的也可以在志愿者的荣誉证书和证件上进行标明。

对博物馆志愿者的表彰奖励，是理解和尊重他们的表现，是对其工作的认可，能够促进他们服务质量的提高。对于博物馆而言，可以通过发放优秀志愿者证书或者在微信公众号、抖音、快手等平台发布典型案例、志愿风采，以及在官方网站通报表扬等方式；对有良好志愿服务记录的志愿者或者有突出贡献者，也可以采取优惠享受博物馆资源的方式。

依据《中国注册志愿者管理办法》等规定，笔者认为在志愿者需要帮助的时候，应该让他们优先能够得到博物馆或其他志愿组织人员的服务和帮助。同时，应设立志愿者应急基金，并提供支持和共同资助。如果第三人在志愿者开展志愿服务活动过程中，对志愿者造成身体或心理伤害，博物馆应协助和支持受伤害的志愿者从有关人员那里获得赔偿。

三、保障志愿者权益的举措

在博物馆志愿者队伍不断壮大的同时，也面临着优秀志愿者流失的局面。国内学者对这种情况也多有研究。如郅慧媛以西安半坡博物馆为例，指出博物馆志愿工作存在服务内容单一、志愿者待遇较差、奖励激励不足等问题，造成了博物馆

志愿者人才流失。[6] 刘静认为国内中小博物馆志愿工作普遍存在服务效率不高、激励机制不完善等问题，需要在加强志愿者培训、完善奖惩机制等方面加大工作力度。[7] 这些观点的核心在于志愿者权益问题未能得到充分保障。我国博物馆志愿者队伍的快速增长使得博物馆管理者面临着更为复杂的问题，需要多措并举来保障志愿者的权益。

（一）健全博物馆志愿者权益保障法律制度

多年来，政府对博物馆志愿工作非常重视，早在2016年中共中央宣传部等七部门联合印发《关于公共文化设施开展学雷锋志愿服务的实施意见》，明确提出到2020年，基本建成公共文化设施志愿服务组织体系、志愿服务项目体系和志愿服务管理制度体系，推动我国博物馆志愿服务体系趋向成熟。[8] 2021年，中共中央宣传部等九部委发布的《关于推进博物馆改革发展的指导意见》明确指出，博物馆事业要鼓励社会参与，发展壮大博物馆之友和志愿者队伍，构建参与广泛、形式多样、管理规范的社会动员机制。[9] 但国内现行关于博物馆志愿者权益保障的法律尚待健全，主要表现在以下两个方面。

一是在立法层面上没有建立起统一的关于志愿者管理的规范。纵观全世界，凡是志愿者工作发展较快的国家或者地区，其相应的立法及规定也比较完备和明确。如20世纪70年代，美国颁布了《志愿服务法》，其他如英国、德国等国家也均已制定了各自的志愿服务法。当前，我国尚没有一部全国性的、国家层面的有关志愿者权益保障或者志愿工作管理的法律，对于志愿者工作的管理主要以《志愿服务条例》以及地方性的法规为主，这就造成了不同地区在志愿者工作管理、权益保障上存在差异性。二是在博物馆立法层面，缺乏国家层面的博物馆法进行规范。据国家文物局统计，2022年全国备案博物馆总数达6565家，数量排名位于全球前列。[10] 如此众多的博物馆，却没有国家层面的博物馆法进行规定和管理。仅在2015年由国务院通过了《博物馆条例》进行管辖。在《博物馆条例》中没有志愿者的相关规定。[11] 而同为现代公共文化服务体系组成部分的公共图书馆，在2018年实施的《公共图书馆法》中，第四十六条明确规定，提倡普通民众参加公共图书馆志愿服务工作。[12]

完善的法律制度是保障志愿者权益的基础条件，为了博物馆志愿服务活动的有序、规范开展，需要加快修订博物馆志愿服务相关法律制度的进程。一是健全志愿服务相关立法。应当在《志愿服务条例》的基础上尽快出台《志愿服务法》，以此为依据，将其作为我国志愿服务法律规范体系的龙头法，通过"立改废释并举"的原则修订、补充和细化现行法律法规，更加具体地规定志愿者权益保障的内容和方式，以确保他们在受到侵害时能够得到及时有效的处理和补偿，为博物馆领域完善志愿者权益保障相关法律法规起到指导作用。二是在现有《博物馆条例》的基础上，加快博物馆法的立法进度。并建议在其中补充加入关于博物馆志愿者的相关条例。三是要充分发挥我国现有《志愿服务条例》《中国注册志愿者管理办法》等相关制度法规的作用，在修订、补充、细化现行规定中涉及志愿者权益保障方面内容时，对保障方式给予更加明确的规定，切实维护志愿者合法权益，使其合法权益受到侵害时能够得到及时有效的处理和补偿。

（二）落实权益保障措施

除国家和地方关于志愿者权益保障的法规制度外，根据国家博物馆评估定级要求，目前国内博物馆大多已制订了《博物馆志愿者工作条例》《博物馆志愿者管理规定》《博物馆志愿者章程》等制度，在一定程度上明确了博物馆志愿者的工作内容、工作范围。如苏州博物馆先后颁布了《苏州博物馆志愿社章程》《苏州博物馆志愿者服务管理细则》《苏州博物馆志愿者引导岗位服务手册》《苏州博物馆志愿者服务电子考勤实施细则》等一系列规章制度。[13] 但在具体实施过程中，志愿者个人的发展与某些细节仍未得到充分保障，实践效果不尽如人意，对志愿者的招募、培训、考核、奖惩、保险、退出等环节缺乏标准化管理。规定的生命力就在于执行，即使再完善严密的规章制度，如果无法实施，或者执行不力，它就没有任何意义。所以，对志愿者权益保障问题的研究，既要从立法角度出发，也要对我国现行的法规制度的具体内容、标准、实施效果进行深入的探讨。

1. 加强教育培训

博物馆志愿服务既具有志愿活动的基本特点，又具有博物馆工作的独特性。博物馆工作需要拥有专业知识和技能的志愿者参与，因此，志愿者在进行服务以前应当进行系统的岗前培训，这是提供优质服务的先决条件。对于培训内容主要有以下四个方面：一是组织志愿者培训学习博物馆的基本知识，如管理规章制度、工作职责、馆藏分布等，以便让志愿者更好地掌握博物馆的运作情况；二是为了提升志愿者参与志愿服务的素养，博物馆应提供志愿服务的宗旨理念、权利义务、文化等教育培训，这有利于志愿者更好地开展服务工作。三是开展职业技能培训，包括交流礼仪、服务态度、沟通技巧等，以提升志愿者的服务水平。四是博物馆应开展对志愿者防范风险的知识和能力培训，提升志愿者风险防范意识。

2. 提供必要保障，落实保险制度

博物馆应该为志愿者提供良好的工作及休息环境，保障志愿者健康愉快地开展工作。如大英博物馆的《志愿者条例》明确了志愿者人身及财产安全方面的权益以及博物馆的责任。其中，条例 2020 年版第 7 条“健康、安全和赔偿”的规定指出，志愿者需要参加所有必要的安全培训或会议。志愿者在博物馆服务期间如受到人身伤害，博物馆将赔偿志愿者。如果志愿者在博物馆内因正常工作造成其他人身伤害或财产损失时，博物馆将承担赔偿责任。[14]

《志愿服务条例》中明确要求要为志愿者购买意外险，以确保他们的生命安全和健康，博物馆应落实该项措施，以确保他们在参与志愿活动时无后顾之忧。另外，针对博物馆工作的重要性及特殊性，保险公司应该不断创新，开发面向博物馆志愿者的专属保险种类，以保证志愿者的生命财产安全，并为他们提供更好的服务。

3. 强化激励机制

目前国内博物馆对于志愿者的激励措施多采用颁发证书的形式，激励机制较为单一，有待优化。志愿服务不以经济回报为目的，并不意味着参与志愿服务的志愿者完全不能获得其他回报。在志愿者激励方面，国外博物馆采用了多种途径。大英博物馆志愿者除享受本馆提供的优惠措施，如免费参观展览、参加能力提升培训外，还可以凭借志愿者证件参观其他的博物馆和美术馆。大英博物馆和马什基督教信托基金合作发布博物馆学习奖，遴选优秀志愿者予以金钱上的奖励。美国芝加哥艺术博物馆的志愿者可以免费参观市内其他博物馆，同时在特定的餐厅及商店可以享受9折优惠，这些举措吸引了更多志愿者参与博物馆工作。[15]

完善的激励机制可以提高志愿者工作的效率，增强志愿者工作的稳定性，吸引更多的志愿者参与，形成良性循环。此外，志愿者的意见和建议在决策中常常被忽视，导致他们的积极性和创造性受到抑制，降低了他们的参与感和归属感。在博物馆志愿者开展志愿服务的过程中，博物馆应该对他们的建议给予充分肯定，使他们能够在开展志愿服务过程中，感觉到自身的价值。

对志愿者定期考核也是激励机制的组成部分。如陕西历史博物馆每年都会组织专家对大学生志愿者进行考核，根据志愿者的考勤以及专业技能，结合平时表现、游客反馈等因素，评选年度优秀志愿者。专业技能包括对文物讲解内容的熟练度、讲解技巧、语气仪态等要素；考勤主要根据《陕西历史博物馆临时用工人员登记表》和《陕西历史博物馆志愿者工作表》统计出勤率及出勤时间。考核最后对无法满足服务要求的志愿者进行清退。[16] 考核机制对培育优秀志愿者起到了积极的促进作用。

（三）完善权益救济机制

目前国内博物馆志愿者权益救济制度有待完善。在现实生活中，时有发生志愿者因为服务对象或第三人带来利益损失，服务对象或第三人又无力偿付，志愿者自身权益无法维护的情况。如果博物馆或者社会无法给予志愿者合理的补偿，而志愿者又没有其他的救助渠道，这将会在一定程度上影响志愿者的服务热情。解决志愿者救济问题，需要多方面的努力。首先，国家需要建立志愿者权益受损后的法律援助制度，一旦志愿者在提供公共服务时遭受了伤害，他们可以通过司法渠道寻找援助。另外，需要建立专门的机构来保护志愿者的权益，受理、处置因志愿服务行为而遭受侵害的公益诉讼，对遭受性骚扰、歧视、恐吓等侵害的志愿人员，及时进行心理辅导，减少其心理创伤。其次，博物馆要成立专门的志愿者权益保护部门。让志愿者在受到侵害时能够有渠道进行申诉，保障其合法权益。目前，国内博物馆志愿工作通常由社教部或宣教部负责，如故宫博物院、上海博物馆、南京博物院、湖南省博物馆、台北故宫博物院等。[17] 这些部门工作人员在出现志愿者权益受损问题时，需要明确各方的法律责任。如在志愿服务的过程中，因为志愿者的疏忽，无意中导致了服务对象受到伤害，那么就应该由博物馆来承担相应的责任。此外，博物馆也可以参与协调，以解决志愿者所面临的纠纷。

四、结语

随着博物馆事业的快速发展，博物馆志愿者的数量日益增长，这不仅有助于增强博物馆与社区的联系，也推动了文化遗产的传承。同时，志愿者权益保障问题关系到博物馆的可持续运营和文化活动的质量，成为博物馆界内关注的重点问题。志愿者权益保障问题的解决需要国家各个层面共同努力，在明确志愿者权益保障内容的基础上，健全法律制度、落实权益保护措施、完善救济机制，促使志愿者在博物馆事业发展中发挥更大作用。

[1] 光明网. 图文故事丨博物馆何以如此重要？总书记这样说［EB/OL］［2023-11-16］. https://baijiahao. baidu. com/s?id=1766239345856175703&wfr=spider&for=pc.

[2] 中华人民共和国中央人民政府. 中华人民共和国慈善法（主席令第四十三号）［EB/OL］［2023-11-15］. https://www. gov. cn/zhengce/2016-03/19/content_5055467. htm.

[3] 中国共青团. 中国注册志愿者管理办法［EB/OL］［2023-11-21］. https://www. gqt. org. cn/tngz/bf/bf_znjsgz/202204/t20220423_787451. htm.

[4] 文化部. 文化志愿服务管理办法［EB/OL］［2023-11-21］. https://www. gov. cn/gongbao/content/2017/content_5189209. htm.

[5] 国务院. 志愿服务条例［EB/OL］［2023-11-25］. https://www. gov. cn/zhengce/content/2017-09/06/content_5223028. htm.

[6] 郅慧媛. 浅析博物馆志愿者流失问题：以西安半坡博物馆志愿者机制为例［J］. 收藏界，2019（4）.

[7] 刘静. 浅议中小博物馆志愿服务发展方向［J］. 大众文艺，2017（12）.

[8] 新华社. 关于公共文化设施开展学雷锋志愿服务的实施意见［EB/OL］［2023-11-21］. https://www. gov. cn/xinwen/2016-12/04/content_5142838. htm.

[9] 中央宣传部等. 关于推进博物馆改革发展的指导意见［EB/OL］［2023-11-21］. https://www. gov. cn/zhengce/zhengceku/2021-05/24/content_5610893. htm? _zbs_baidu_bk.

[10] 黄晨曦，许道胜. 近二十年博物馆志愿服务研究热点与演进的可视化分析［J］. 博物馆管理，2023（2）.

[11] 国家文物局. 博物馆条例释义［M］. 北京：中国法制出版社，2015.

[12] 中华人民共和国图书馆法［M］. 北京：法律出版社，2017.

[13] 王翠. 浅谈博物馆志愿服务规范：以苏州博物馆志愿服务为例［J］. 博物馆学，2021，10（下）.

[14] The British Museum. Policy on Volunteering［EB/OL］［2023-11-21］. file:///C:/Users/LENOVO/Downloads/volunteer_policy_2020. pdf.

[15] 刘政. 大英博物馆志愿者工作机制初探［J］. 博物馆管理，2022（3）.

[16] 申威. 陕西历史博物馆大学生志愿者激励机制研究［D］. 西安：长安大学，2020.

[17] 张雪嫣. 国外博物馆运营机制分析及经验启示［J］. 大理大学学报，2021（5）.

试论“大思政课”背景下博物馆社会教育职能的发挥*

杨　扬
河南博物院

摘要：在新时代“大思政课”背景下，博物馆的社会教育被赋予了利用历史文化资源开展“大思政课”教育、完善大课堂助力“大思政课”建设等新的内涵；博物馆利用自身资源、转变服务理念、强化馆校合作、推进专业研究等途径强化博物馆社会教育职能的发挥，体现博物馆社会教育的新担当，同时实现博物馆教育自身的新发展。

关键词：大思政课；博物馆教育；职能；作用；问题；途径

党的二十大报告指出：实施国家文化数字化战略，健全现代公共文化服务体系，创新实施文化惠民工程。博物馆以其独特的资源和优势在构建公共文化服务体系方面发挥着重要角色。充分发挥社会教育职能是博物馆提供文化服务、健全公共文化服务体系的重要途径。同时，2022 年教育部等十部门印发《全面推进“大思政课”建设的工作方案》，指出：要坚持开门办思政课，强化问题意识、突出实践导向，充分调动全社会力量和资源，建设“大课堂”、搭建“大平台”、建好“大师资”。显然，在“大思政课”背景下，博物馆作为现代公共文化服务体系中重要的社会教育机构，及时审视研判自身的新价值，并利用自身“第二课堂”的独特资源优势深入发掘思想政治教育元素，充分发挥社会教育职能中的思政教育作用，强化馆校合作，将能够很好地达到助力大思政课建设、实现自身高质量发展的双重目标。

一、“大思政课”背景下博物馆社会教育的新价值

博物馆作为公共文化服务体系的重要组成部分，在新时代“大思政课”建设背景下，利用自身的资源和优势，推动与学校思想政治教育功能

* 本文为河南省哲学社会科学规划项目“城乡公共文化服务体系一体化背景下的河南省基层博物馆效能提升研究”（编号：2021BZH001）的成果之一。

的有机衔接，使社会教育职能的发挥焕发并彰显新的价值意蕴。

（一）文化育人的重要保障

《高校思想政治工作质量提升工程实施纲要》（以下简称《实施纲要》）指出，注重以文化人以文育人，深入开展中华优秀传统文化、革命文化、社会主义先进文化教育。各类博物馆以其丰富多彩的文化资源、红色资源、科技艺术资源为文化育人提供重要保障，特别是为大中小学校的思想政治教育提供丰厚的文化教育资源，在以文化人以文育人，践行和弘扬社会主义核心价值观、强化意识形态工作、营造文化教育环境、引领社会新风尚等方面发挥重要作用。

（二）实践育人的重要阵地

《实施纲要》指出，坚持理论教育与实践养成相结合，整合各类实践资源。而博物馆自身的场馆以及以信息技术和互联网技术为基础而衍生出的场景复原、虚拟仿真、动画展示、视频展播等内容，都是实践教育的独特资源。因此，加强博物馆的实践资源与学校“大思政课”教育的有效衔接，对于开展大中小学的实践教育具有新的重要价值。

（三）服务育人的重要途径

《实施纲要》指出，把握师生成长发展需要，提供靶向服务，增强供给能力。学校“大思政课”在为师生服务的过程中可以紧密结合博物馆丰富的公共文化服务内容，传播文化知识、强化思想道德教育、开展科学研究、丰富公众精神文化生活，进一步拓宽服务的深度和广度，为服务育人扩展更为广阔的空间。

（四）科研育人的重要形式

《实施纲要》指出，发挥科研育人功能，促进成果转化应用。博物馆在保管保护文物的基础上，深入开展科学研究，不断发掘藏品所蕴藏的历史、科学和艺术价值，而科学研究本身也蕴含着教育价值。博物馆在向社会提供服务以及馆校合作的过程中，其科研过程和成果对培育科学精神、开拓创新意识具有很好的导向和引导作用。

二、“大思政课”背景下博物馆社会教育的新内涵

习近平总书记指出，要坚持改革创新，推进大中小学思想政治教育一体化建设，提高思政课的针对性和吸引力。统筹推进大中小学思想政治教育一体化，通过发挥社会教育资源作用进行“大思政课”建设是一个重要途径。在这个过程中，博物馆应该发挥也必然要扮演重要角色。以此为背景，博物馆社会教育职能拥有了一系列新内涵。

（一）利用历史文化资源开展“大思政课”教育

我国《博物馆条例》将教育作为首要职能，可见，充分发挥博物馆的教育职能，把博物馆变成立体的“第二课堂”是博物馆建设应该重点努力的方向。历史类博物馆所蕴含的传统历史文化、革命和军事类博物馆所蕴含的红色文化、自然科技类博物馆及文化艺术类博物馆所蕴含的科技艺术文化，都是开展“大思政课”教育可依托的丰厚资源，对大中小学生都有独特教育意义。实现各类博物馆与学校的有效衔接，充分利用博物馆里的文化资源，促进“大思政课”教育一体化建设，达到更好的育人效果。同时，博物馆也要充分研究、开发文化资源，使之转变为服务“大思政课”教育的公共文化产品，成为其发挥社会教

育职能新的增长点。

（二）完善大课堂助力“大思政课”建设

“大思政课”建设要求坚持开门办思政课的原则，整合社会力量和资源，形成全社会参与思想政治教育的大课堂。而博物馆以自身优质资源，为“大思政课”建设以及健全大课堂提供重要保障：其厚重的历史文化资源为“大课堂”提供教学内容；场馆展厅可以成为“大课堂”的教学实践场所；自身的科学研究以及技术开发可以成为“大课堂”的重要资源库和教学平台。在这个过程中，博物馆的社会教育职能也得到了新的拓展与发挥。

三、“大思政课”背景下博物馆社会教育存在的新问题

（一）自身资源有待充分开发，教育功能发挥不足

1. 基础设施还不够完善。有些博物馆便民服务设施还不够健全。如，未设置母婴室、医务室等；为残障人士提供的休息设施、盲道等无障碍设施不健全；还没有针对残疾人的特殊展览方式和讲解服务。受城乡、区域发展不均衡的影响，这种情况在市级以下和欠发达地区表现得比较突出。

2. 文物资源开发利用率较低。有些博物馆馆藏文物数量较多，但用于展览数量有限，针对文物的研究更少，造成闲置率比较高，其教育价值没有及时转化。

3. 对资源产品的科技赋能不足。有些博物馆的数字化建设水平有待进一步提高，尚未实现文物数据信息全覆盖，藏品管理信息系统还不完善。还有些博物馆官方网站内容简单，功能还未全面发挥。如网站一般包括概况、馆内资讯、陈列展览、社会教育、藏品精粹、文博知识等内容，但是在进入浏览窗口时有些内容缺失或者内容不全面，虚拟展厅无内容展示。有些官方网站上没有设置预约等功能，藏品的公开程度较低。

（二）服务受众有待精准划分，差异教育发挥不足

1. 服务产品单一化、模式化，灵活性、针对性不足。有些博物馆基本陈列展出的藏品更新不及时；展厅内配备的数字化设备维护更新不及时；展厅中的讲解词更新不及时、模板化，即观众听到的讲解词都是一样的，针对性不强；讲解员在讲解过程中只注重自己讲解而忽略了与观众互动，讲解效果欠佳。

2. 服务对象单一、教育缺乏针对性。有些博物馆的社会教育活动主要面向未成年人，缺少满足社会其他群体文化需求的活动项目，如老年人、妇女、大学生等群体，而且部分活动同质性高，精品项目不多。

（三）馆校合作有待全面提升，实践教育发挥不足

开展馆校合作是博物馆社会教育职能的重要体现，更是博物馆提供公共文化服务的努力方向。当前，有些博物馆也开展了文化进校园、文化进社区等展览活动，但是展览仅限于流动展板，内容较为简单。馆校合作主要集中小学、初中，与高中、大学的合作较少。在合作内容方面主要表现为参观展览、展板展示等，活动项目较少，活动内容单一，缺少与学校课程内容、课程思政、实践教学、网络育人等方面的合作，合作空间较小。形式上，多为博物馆单方面输出文化，普遍

欠缺参与互动。博物馆作为学校“大思政课”建设背景下实践教育功能的发挥不够充分，有很大的合作发掘空间。

（四）研究开发有待深入推进，科研育人发挥不足

1. 对文物藏品的研究发掘不够充分。有些博物馆对文物藏品本身的研究还不够深入，不能很好反映其背后蕴含的多重历史文化育人价值，从而导致其教育价值发挥不够充分。同时，由于对文物研究的不充分，不能很好地阐释当地深厚的历史文化，不能形成对历史文化的强有力支撑，不能更好地发挥其教育意义。

2. 对文创产品的开发不足。文创产品不仅能够宣传博物馆、提升博物馆形象，同时也能够在满足人们需求的过程中起到文化育人的作用。有些博物馆的文创产品类型单一，品质不高，对文创产品在价值取向、文化内涵及创意等方面研究不足，有的甚至没有起码的文创概念。

3. 利用数字技术对藏品、服务的开发研究不足。有些博物馆在数字化建设方面还存在差距，利用现代科技对馆藏文物内涵进行鲜活解读、呈现、传播的能力不足，大大降低了当代受众特别是Z世代受众的体验感、历史感和获得感，其文化育人作用陈旧固化，需要进一步提升数字化研究开发能力。

四、“大思政课”背景下发挥博物馆社会教育职能的有效途径

新时代我国博物馆事业的发展不仅要满足人们日益增长的文化需求，还要发挥教育传播作用，积极融入“大思政课”建设，主动担当作为，在守正创新中体现博物馆在新时代的新价值。

（一）充分利用自身资源，实现与“大思政课”教育的有效衔接

1. 整合自身丰富的资源，加强自身建设。一是博物馆要将自身丰富的历史文化、艺术等资源进行整合，形成开展社会教育尤其是思政教育的优势。从文化内涵、文化理念、文化渊源、文化传承、文化创新等方面进一步凝练提升，打造具备自己特色的文化品牌。二是提高数字化建设水平。博物馆要加强网络化、数字化和智能化技术的运用，实现藏品信息化、展厅智能化、查询网络化、网站功能化，提高教育的广度、精度和深度，丰富观众的体验感和获得感，使博物馆作为社会大课堂的作用得到充分发挥。

2. 多渠道宽领域衔接，开展思政教育。内容衔接方面，博物馆可以利用自身文化资源从学校的课程建设、实践教学等方面进行多方位的对接；形式衔接方面，通过参观展览、实践教学、主题活动等形式进行结合，推动“大思政课”教育的多样化、多形式开展。

（二）转变理念，精准服务对象，做到差异化教育

1. 转变服务理念，增强服务意识。博物馆在将传统理念转变为以“人”为中心的新理念基础上，根据不同受众群体的不同需求开展相对应的文化服务，提高受众群体的满意度；增强与观众的沟通交流，及时掌握观众的文化需求及社会需求的不断变化。

2. 精准服务对象，做到差异化教育。博物馆应该根据不同阶段、不同年龄、不同目的的群体

采取不同的服务举措，进行差异化教育。具体针对“大思政课”对象青少年学生群体，因其属于求知学习型群体，首先应该强化学习教育服务，与学生们的课程内容、实践教学、专题教育等内容相结合，同学校加强合作，加强思政教育；其次还应区别大中小学生及其不同学龄段设计教育的内容与形式。

（三）强化馆校合作，织密大中小学一体化教育体系

1. 加强与不同层次学校的合作，构建大中小学一体化合作体系。当前，党和国家提出了开展大中小学思政课一体化共同体建设的部署。在这样的背景下，博物馆应该充分发挥社会大课堂的支撑作用，与学校开展广泛深入合作，助力“大思政课”建设；要与本地的大中小学进行对接，建立沟通机制与对话制度，确立合作关系。

2. 深化合作，形成“大思政课”教育的合力。在建立与大中小学合作关系的基础上，可以结合课堂教学的内容明确合作内容，实现馆藏资源与教学内容的有效衔接；可以结合思政课建设的形式，拓展实践教学的内容，利用博物馆的场域空间和技术手段确立合作形式，建立大中小学一体化教育体系，形成思政育人的合力。

（四）深入开展专业研究，在拓展文化服务中增强文化自信

1. 加强馆藏文物研究，丰厚资源储备。博物馆只有加强馆藏文物研究，充分解读其深厚内涵，才能科学有效地提高藏品的利用率，最大程度地发挥其历史价值、社会价值。同时还应加强与其他博物馆间的藏品资源共享，充分发挥博物馆之间、博物馆与大中小学之间协同作战的优势，形成厚重的文化积淀，才能为公众、为“大思政课”提供更好的公共文化服务。

2. 深化教育策略研究，拓展文化服务路径。博物馆要在新时代高质量发展理念的指引下，进行资源多元整合、拓展多维度教育实践，优化社会教育职能。坚持统筹协同，创设以问题为导向的情境教育，打破原有“我展你看，我讲你听”的学习模式，在教育过程中以学习者为教育主体，从被动接受变身为主动探究，引导学习者掌握主动性，并把知识的学习和自身兴趣进行结合[1]，在主题情境教育中寻找问题线索和答案，形成比较成熟的教育模式；开发本地资源，形成教育品牌。要对富有本土特色的资源进行深入发掘，树立独具特色的文化服务品牌，凸显文博特色。如近年来一些优秀博物馆在文化服务多元化发展过程中形成的连锁化历史教室品牌、国学讲坛品牌、历史文化宣讲团品牌、华夏古乐展演品牌、暑假少儿活动品牌、讲解培训基地品牌、志愿者服务品牌、专业讲解品牌等[2]。这些品牌结合了本地本馆的文化特点，具有浓厚的文化特色，也顺应了人民美好生活与博物馆社会教育高质量发展的时代要求，成为“大思政课”体系建设中的博物馆贡献新亮点。因此，博物馆应该结合自身文化特色，深入研究教育策略方法，多多打造文化服务品牌，在多元融合发展中增强社会大众的文化认同感，从而增强文化自信。

---

[1][2] 韩贝贝.“高质量发展”理念下博物馆社会教育工作路径的探索与实践[J]. 东方收藏，2023（02）.

博物馆文化创新与旅游业融合发展的路径研究*

赵玲婕　严之钰
河南博物院

摘要：博物馆文创产业的发展，为博物馆带来了许多新的旅游契机。为更好地展示中华文化的独特魅力，传承其蕴含的文化内涵，本着促进博物馆文创产业与旅游业融合发展的目的，本文通过案例探讨博物馆在文旅融合的大背景下，对博物馆与旅游业融合发展的关系及现状、存在问题及发展路径等方面进行了深入分析。

关键词：博物馆；文化产业；旅游业；融合发展；创新

一、文旅融合下博物馆的现状

（一）博物馆体系布局逐步优化

我国博物馆事业在新时期取得了举世瞩目的成就，全国备案博物馆数量从“十三五”期间的4692家增长到5788家，增长23.4%。其中，5214家免费开放　定级博物馆达到1224家，非国有博物馆增至1860家，行业博物馆达到825家，类型丰富、主体多元的现代博物馆体系基本形成。

（二）博物馆社会功能有效发挥

2021年，全国博物馆共举办各类展览2.7万余次，策划教育活动21.5万余次，有5.3亿人次参观，其中1.2亿人次未成年，参观博物馆已成为社会新风尚。

（三）多元化发展的旅游市场

文旅融合下的博物馆开发，自2018年3月文旅部成立以来，一直为文旅界所热议。新形势下，文旅融合发展的形势需要大力发展博物馆旅游。《关于促进全域旅游发展的指导意见》的政策文件在正式提出“文旅融合”概念后，有两个信息值得关注：一是以文化旅游体验为主要发展方向，以博物馆、美术馆等文化场馆为一部分，拓展旅游的地域和范畴，成为常态化的旅游景区；二是以消费需求为导向，对行业发展做出新的部署，把市场营销工作作为规

* 本文为郑州市社科联调研课题“文旅融合战略背景下博物馆发展路径研究”研究成果之一。

划工作的发展方向。

博物馆将历史文化与现代文明融入旅游经济发展之中，是文旅融合下的旅游资源之本。而旅游，讲的是能推动博物馆文化创新发展的特色、精品，重视挖掘文化内涵。传播和弘扬中华文化的有效路径，对于满足旅游者“求知求新”的愿望具有十分重要的意义，可以弘扬优秀传统文化和民族精神，应精心打造更多体现文化内涵和人文精神的博物馆旅游精品。[1]

二、博物馆文旅融合发展面临的主要问题

（一）旅游产品有待推陈出新

博物馆产品的开发深度不够，博物馆旅游产品的研发多以资源为导向，缺乏产品的创新，难以满足游客的个性化体验，旅游产品多为餐饮、休闲、旅游纪念品，开发单一、极少有特色，忽视了研发个性化产品；只强调产品娱乐性的博物馆旅游产品，对博物馆基础教育功能的研究与开发有所忽视；过于注重外在吸引力的旅游产品，忽略了挖掘文化内涵，忽视了科学知识。而导致参观者“博物馆审美疲劳”的经营理念、保障机制、社区参与度等方面，也明显落后于社会发展潮流。

（二）博物馆与旅游业尚待形成通力合作

国内已有部分博物馆旅游形成了联合发展的创新业务，如 2020 年 11 月成立的“大运河博物馆联盟”，联合了运河沿线多省市的博物馆，探索相似文化取向的区域内博物馆旅游合作，以文化进行跨区域合作，发掘运河文化的学术价值，扩大运河文化品牌的影响力。目前，有许多博物馆正在尝试文旅联合创新发展的道路。文旅融合下博物馆文化资源需要与旅游业共建共享，共同促成区域内的旅游业发展，把拥有不同品牌定位的博物馆群安排在同一条“旅游路线”，共享文化旅游资源。

（三）博物馆服务有待提升

随着馆内旅游热的升温，节假日游客的参观需求也急剧增加，出现了一票难求的情况。各馆积极研究应对措施，制定相关解决办法，以解决这一问题。如门票投放或预约名额适当增加，开放时间适当延长等，结合自身承载能力，为更多观众提供参观的机会。同时，还应通过网上发布广告、安排工作人员实地指导等多种方式，加强宣传引导，告知市民预约参观。网络传播渠道的创新拓展，如通过云展览等方式，也可以有效弥补市民参观不了博物馆的遗憾。

（四）馆内基础设施有待完善

随着文化旅游行业的融合发展，博物馆的职能也发生了变化，由传统的文物收藏逐步引入到休闲理念，服务对象由以往的专家学者逐渐面向游客。这一发展趋势使博物馆面临新的挑战：目前我国博物馆运营模式大多是传统的参观模式，缺乏供游客参与的项目，游客缺乏体验感。

三、文旅融合背景下博物馆的创新发展路径

（一）打造博物馆文化新地标

1. 以文旅合作新模式打造精品展览。文旅融合使文化部门与旅游部门相互融合，在旅游服务的诸多环节上有文化资源的渗透。博物馆相关部门可以与旅游企业合作开发彰显地区文化特色的

文化旅游线路。[2]

2. 开发具有本地特色文化的优质文创商品。游客在博物馆文创商店购物是旅游活动的重要环节，博物馆要深入挖掘和广泛传播本地区的优秀传统文化，挖掘文创产品的审美价值、科技价值、时代价值、藏品资源等，加强与地方名胜的融合，深化旅游的文化内涵，使博物馆的文创商品和文化服务更具特色。

3. 打造全方位文旅社交新体验。信息技术改变了人们的生活方式，游客通过旅游网站、新媒体平台获取更广泛、更深入的信息和服务，而博物馆等机构可以更便捷地采集到游客消费需求信息。在互联网着重打造媒体传播矩阵。[3]

（二）文创产品的创新发展

更好地发挥博物馆主体作用，与腾讯、百度、中国移动等开展战略合作，多渠道开发文创产品，探索开发运营，促进文物资源创新开发和创意转化。[4] 此外，文创产品开发队伍不断壮大，如故宫博物院、中国民族博物馆、敦煌研究院、河南博物院等，文创新品如考古盲盒等纷纷亮相，引领消费新时尚的国际潮流。文创开发应明晰相关法律法规、政策边界和各方权益，推动文物身份登录制度的建立和文物资源数据库的建设。

（三）完善红色旅游体系

“将红色基因传承，让奋斗精神永存”。河南拥有深厚的革命历史文化底蕴和丰富的红色文化资源，一条又一条闪耀着红色光辉的旅游线路，见证了中国共产党带领亿万中原人民在中国革命、建设、发展历程中取得的重大成就，展示了一幅中原大地上的“红色版图”——河南“红色版图”。应以红色旅游景点为依托，开展研学教育活动，推进我省博物馆全面贯彻落实红色旅游“十二五”规划。[5]

（四）推动博物馆集群式发展

推动集群式发展是河南博物馆贯彻落实习近平总书记重要讲话精神、弘扬中华文化历史使命的重大战略举措。要提高站位，坚持守正创新，全面加强历史文化遗产保护利用。要深入研究，加强顶层设计，统筹全省博物馆不同类别的文化建设，融合特色凸显的历史文化，链接好产业发展和文化服务，打造中华文明全景集中博物馆展示地。

四、结语

“旅游是文化的载体形式，文化是旅游的灵魂保障。”文旅融合下的博物馆，是一个集旅游和文化为一体的特殊场馆。博物馆文化旅游的发展是在博物馆文化与旅游业融合发展的过程中逐渐形成的，游客往往会将文化旅游活动从参观游览提升至了解当地历史文化和民族文化等方面，为博物馆文化旅游的发展带来了机遇。

---

[1] 苏东海. 文博与旅游关系的演进及发展对策［J］. 中国博物馆，2000（4）.

[2] 王丽亚，姜惠梅. 博物馆休闲旅游功能开发探析［J］. 齐鲁艺苑，2017（6）.

[3] 郑建鹏. 文旅融合下博物馆文创开发的新特征与新思路［J］. 创意与设计，2020（5）.

[4] 王玲. 基于公共文化空间视角的上海博物馆旅游发展研究［D］. 上海：复旦大学，2010.

[5] 张艳艳. 河南建设全国重要文化高地的优势与短板［J］. 决策探索，2018（10）.

博物馆如何应用红色文化“圈粉”年轻人的思考

胡玲娣
河南博物院

摘要：近年来，一大批红色题材的影视剧陆续上映，圈粉了许多年轻人，“圈粉”现象的背后，既是对过往峥嵘历史的致敬，也饱含着大众对奋进新征程的期许。如何利用博物馆的馆藏资源开展红色文化教育项目，如何与中小学教育教学相融合，在博物馆内办好红色课堂，这些都是每一位博物馆人应该思考的问题。

关键词：博物馆；红色文化；社会教育

河南是中国现代考古学诞生地，也是中华文明重要发祥地。河南大量考古成果和文物资源是五千多年延续至今、从未中断的中华文明见证者。作为文博机构，将优秀传统文化的精神标识提炼出来，把文物考古成果转化为人民群众喜闻乐见的文化力量，推进文化自信是每个博物馆人的使命。

河南博物院自2000年被中宣部命名为“全国爱国主义教育基地”以来，就以“我用我心讲党史——红色宣讲”项目为抓手，利用省内的红色资源，开展一系列以红色教育为主题的精品展览及宣讲活动。在新时代的引导下，我们不难发现，红色展览馆（厅）已逐渐成了观众参观的热门场所。尤其是节假日期间，全国爱国主义教育基地、各大场馆的红色展览已成为观众纷纷打卡的地方，其中更是不乏青年观众。红色文化已经不再只受老一辈人的钟爱了，那些真实而又熟悉的物品更能激起年轻一代观众儿时的回忆，而文物所带来的感受也不是文字影音可以达到的，它会给观众带来一种新的认知。

一、红色文化为何“圈粉”年轻人

2021年，是中国共产党成立100周年。同年6月，在中共中央政治局的第三十一次集体学习中，习近平总书记强调，红色资源是共产党艰辛而辉煌奋斗历程的见证，是最宝贵的精神财富。红色血脉是中国共产党政治本色的集中体现，是新时代中国共产党人的精神力量源泉。在中国960多万平方公里的广袤大地上红色资源星罗棋布，每一个历史事件、每一位革命英雄、每一种革命精神、每一件革命文物，都代表着中国人民走过的光辉历程、取得的重大成就，展现了党的梦想和追求、情怀和担当、牺牲和奉献。

（一）影视作品及新媒体传播促进红色文化在年轻队伍中持续走热

2021年，一部讲述中国共产党建立必然性的《觉醒年代》在年轻人中走红，相关话题微博阅读量22.4亿次；记录改革开放中国社会深刻转型的《大江大河2》，在微博话题的阅读量为16.8亿次；屡被豆瓣推荐，描写宁夏西海固脱贫攻坚建设新家园的《山海情》也获得了17.4亿次的可观数据。

仔细观察不难发现，这些优秀的现实主义题材剧都紧扣主题，具有主旋律响亮、正能量充沛，以及接地气的特点，受到了观众，尤其是年轻一代的喜爱，并取得了很高的收视率。艺术创作为何能与青年观众同频共振？中国艺术研究院电影电视研究所所长丁亚文撰文表示，现在年轻人也爱看重大题材或主旋律作品，说明这类题材及其艺术表现独具包容性和多样性，不仅展现了清醒的历史观和价值导向，有力地引导观众主动了解历史，以史明志，而且还平视地表现包括政治文化领域的重要历史人物、领袖人物，拉近了作品和观众的距离。

（二）时下流行的“时尚元素”正在线下生根发芽，吸引年轻人主动探索红色文化

中国革命圣地——延安，是全国革命根据地城市中旧址保存规模最大、数量最多、布局最为完整的城市。党中央和毛主席等老一辈革命家在这里生活战斗了十三个春秋，领导了抗日战争和解放战争，培育了延安精神，是全国爱国主义、革命传统和延安精神三大教育基地。

以党中央“延安十三年”为历史背景，中国首个红色室内情景体验剧《再回延安》成为延安市内旅游者“打卡”的新热点。《再回延安》以一本红军日记为线索，采用倒叙的方式，从一名普通士兵的视角出发，回溯一个红旗班在长征路上的英勇与悲壮。该剧在技术上利用声光电、真实风雪等高科技手法，采用和迪士尼、环球影城相似的技术手段，模拟真实物理空间，打造多重体感互动的体验。

这种线下表演的形式在时间和空间上虽然具有一定的局限性，但剧本的老练，再加以技术的加持，观众与演员通过“观、听、闻、触”的零距离接触，使大家身临其境地感受到剧中的情节和场景变化，也将红色教育探索出更多的表现形式，让年轻一代觉得红色文化依然与他们息息相关，这种体验感也正是网络所填补不了的。总的来说，这种以现代创新表达方式为载体的情景剧，正赋予红色文化新的生命力，使年轻人更有参与感和体验感，是吸引着年轻人主动探索挖掘红色文化的灯塔，红色文旅的盛行也证明了爱国主义情怀的不断觉醒和文化自信的极速提升。

二、博物馆如何办好红色展览

博物馆作为征集、典藏、陈列和研究代表自然和人类文化遗产实物的场所，担负着展示革命文物保护利用的重要“窗户”的重任。从金华市博物馆承办的“红色记忆”到湖北省博物馆推出的“荆楚百年英杰”展览，从江西省博物馆推出的“红色摇篮”到宁夏回族自治区博物馆推出的“红旗漫卷”……博物馆逐渐成为党史学习教育、爱国主义教育和革命传统教育的火热“红色阵地”。

（一）河南博物院红色展览的办展起由

为发挥博物馆红色基因库的优势作用，面向社会各界特别是青少年群体讲述好红色故事，2021 年 9 月，适逢中国共产党百年华诞，由河南省委宣传部、河南省委党史研究室、河南省文物局指导，河南博物院牵头主办的“中原文化传承系列 · 千秋英烈篇”图片流动展先后在郑州、开封、洛阳、平顶山、安阳等十余个地方举办。

展览由河南博物院、开封博物馆、洛阳博物馆、平顶山博物馆、安阳博物馆 5 个主办单位，分别从党的百年历史上成千上万的革命烈士中，选取吉鸿昌、吴焕先、韩达生、焦裕禄等 21 位与河南当地有关的革命烈士的 78 幅图片作为依托，重点聚焦青少年团体，引导广大青少年从百年党史中感悟思想魅力、赓续红色血脉，听党话、感党恩、跟党走，传承红色基因，追求民族复兴。

（二）由展览拓展的社会教育活动

值得一提的是，本次展览主办方不仅仅只限于这种简单形式的展览，以河南博物院为首的主办方还辅之以优秀讲解员对该展览进行了接龙讲解和红色文化宣讲活动。即每个主办方在馆内挑选出一批优秀的讲解员，经查阅大量的历史资料，并结合展览内容，讲解员们创作出了一批真实、鲜活、发人深省的故事，为社会团体特别是青少年团体，提供义务宣讲。

展览期间，讲解员为观众讲述革命先烈浴血奋战、保家卫国的先进事迹，在一定程度上帮助了青少年走出书本，开拓思维，去靠近和理解发生在百年前那些可歌可泣的故事，也让大家能更深刻地体会现在生活的来之不易。

这种“流动展览 + 教育活动”的创新形式，由一个单纯的社教活动拓展成由展览、社教组成的一系列的博物馆教育活动，这样的活动能更好地打通博物馆各项工作，这种创新模式不仅在国内是首创，而且也已成为博物馆红色文化教育的一个崭新品牌。

（三）红色展览的教育意义

“中原文化传承系列 · 千秋英烈篇”图片流动展，不仅对中原地区的红色资源进行了深挖、整合和利用，同时也为青少年团体构架更多的学习教育平台。该展览自 2021 年 9 月配合建党 100 周年党史学习教育开启巡展以来，已在全省巡回展览了十余站，受到社会及媒体界的广泛关注。该展览同时促进了河南博物院、开封博物馆、洛阳博物馆、平顶山博物馆、安阳博物馆五馆之间历史文化资源和社会教育资源的交流共享，让社会公众更好地了解传统文化及对价值信息的把握，助推党史学习教育在群众和青少年中的常态化进行，为河南省党史学习教育添彩，可谓是一举多得。

三、博物馆要如何继续开办此类展览

（一）新举措：结合中小学课本，开设相应展览

随着素质教育的不断提升，身处信息大爆炸

的社会环境中，学生们获取知识的途径更加多元化，如何让青少年把课本里的“死”知识转换成生活里的“活”文化，并且充分理解和牢记，是博物馆人应该思考和研究的问题。

在策划主题教育研学课程时，博物馆应遵循青少年的教育理念，即“重参与、重过程、重体验”，结合中小学教学内容，围绕知识点开展教学，大胆创新教育模式，丰富教育内容，有的放矢，从博物馆艺术扩展的角度出发，全面提升红色文化的艺术性。如用图文精美的主题展览和课本实物展等展览形式，也可在策划主题社教活动中，设置参观展览、诵读经典等互动教育形式，将课堂搬进博物馆，这样寓教于乐的方式，在吸引除青少年以外的众多观众回忆昔日学习时光的同时，也能让观众重拾童年时期的专属教材记忆，形成博物馆独具特色的教育模式。

（二）新方法：依托“互联网+”，精准受众群体

近年来，互联网发展势头迅猛，在“互联网+”时代，信息的传播与发展呈现出多元化特点。面对复杂且需求不一的受众群体，博物馆在策划展览的过程中，应确定受众群体的年龄、爱好等，巧妙结合新媒体平台和技术手段，创新展览形式与内容，让观众将原本的被动接受逐渐转变为主动选择。

在借助互联网信息技术方面，需要依托“互联网+”平台，包括全息互动投影、人工智能等技术，将静态、单一的展陈模式转变为动态、沉浸式的模式，这样不仅拓展了年轻游客体验的空间，也让红色故事有了新的“打开方式”。

（三）新思路：将可持续办展理念贯穿博物馆类红色文化教育中

博物馆里传统的文物展览以线下展览为主，受到时间、空间的双重制约，无法全面凸显博物馆的社会教育价值。而红色文化教育在博物馆文物展览中的融入，必须依托于丰富的文物资源，采用“文物+”的形式，既可以强化红色革命教育的效果，也能充分彰显文物的价值。

以“中原文化传承系列·千秋英烈篇”图片流动展为例，河南博物院在策划本次展览时，由于自身资源的限制，河南博物院此次联合河南多家博物馆，选用了当地相关的革命烈士，在展陈方面探讨合作共赢的模式，以数幅图片作为依托，重点聚焦青少年团体；在社会教育活动上，依托展览和当地的馆藏资源，以深入浅出的方式进行宣传教育，让青少年学生对红色革命的历史、文化有基本的了解，引导广大青少年传承红色基因。

这样的展览不仅在成本上减少了投入，而且“流动”的特性也使得展览的社会效益尽可能大地得以延伸，拓宽了受众面，这样交流展出的方式不仅让博物馆人在筹备展览上的思路加以拓展，同时也拓展了“博物馆命运共同体”的理念，其最终的落脚点还是更多地惠及人民群众。

红色文化教育要紧跟时代的潮流，利用“互联网+”的发展契机，博物馆作为社会教育的主体，要充分利用各地的红色文化元素，开发有价值的红色文化资源，宣传正确的政治方向，发挥红色文化对不同年龄段青少年的引导作用，提升红色文化育人的渗透力和影响力。

清代豫西地区的水旱灾害及社会应对

——以水利碑刻为中心的探讨

阮丽斌
西北师范大学历史文化学院；洛阳市偃师区文物局

摘要：清代豫西地区水旱灾害严重，尤以水灾为巨，大量水利碑刻记载了相关水旱灾害的灾情特征、影响以及灾后赈济等内容。通过对水利碑刻内容的分析可知，豫西地方社会的官员、士绅、民众为应对灾荒，稳定乡村民生，各尽其能，形成以官方为主导、民间为补充的灾害应对机制。

关键词：清代；豫西地区；水旱灾害；应对机制；水利碑刻

历史上，豫西地区水旱灾害频发，清代更是连年不断。据不完全统计，豫西地区清代水利碑刻资料有百余通，但实际碑刻数量应远超于此。这些珍贵的碑刻内容丰富，是研究当时地方社会发展状况最为重要的史料。近些年学界利用水利碑刻资料对清代豫西地方社会进行研究的成果逐渐增多，但主要集中在水利纠纷等方面。[1] 这些水利碑刻作为承载地方民众对灾害记忆与认知的重要载体，能直接体现出灾害与区域社会间的深层内涵。因此，想要了解豫西各区域间的灾害状况以及其对地方社会的多方位影响，有必要对水利碑刻中所载的水旱灾害加以探讨。本文以搜集而来的清代豫西地区的水利资料为依据，对其中所记载的水旱灾状况进行统计分析，并就灾害影响下的乡村民生和社会应对情况进行探讨。以下所陈管见或有未当，敬请方家教正。

一、清代豫西地区水利碑刻所见的水旱灾害

清代豫西地区水旱灾害频发，对地方社会造成的影响不言而喻，而“灾荒之造因，固由于天时，而地形与地质之关系，亦甚重要”[2]。考虑到灾害与地形、地貌之间的密切关系，本文将豫西地区的地理单元分为山地丘陵区、黄土台地丘陵区、堆积平原区三大区块[3]，并以清代豫西地区收集的水利碑刻资料为依据，对水旱灾状况进行统计和分析。（表1、表2）

表 1　清代豫西地区水利碑刻记载的水灾记录表 [4]

地理单元	地区	时间	水灾记录	碑刻名称
山地丘陵区	卢氏	道光二十六年	倏忽城破，水尽入城	《钦命河南河陕汝道兼管驿传水利道冯大人赈灾碑》
黄土台地丘陵区	阌乡	顺治十一年	夏大雨，河水溢，城西北隅圮	《新建石堤碑记》
	新安	乾隆八年	奉天子命运米四十余万石赈饥	《吕耀曾墓志铭》
	渑池	乾隆二十六年	七月十五至十九日，大雨常沛，如洪水而滔天，涧水暴发其损地亦何数	《创建二龙庙碑记》
	渑池	乾隆二十六年	秋，河洛涝决，所在告祲	《冰鹤祠碑记》
	阌乡	道光二十二年	河涨溢岸，居民荡析	《新建石堤碑记》
	新安	道光二十三年	黄河暴涨，水及山麓，凡吾居乡者，墙屋颓圮，秸粮器械尽付东流	《八里胡同洪水碑文》
	新安	道光二十三年	七月十四日未时后，听水泼发，黄流满川，易田地尽为沙滩，十有余顷	《石渠村废置序》
	渑池	道光二十三年	又七月十四，河涨高数丈，水与庙檐平，村下房屋尽坏	《灾异记》
	渑池	道光二十三年	河涨至此	《黄河水位碑》
	新安	道光二十四年	六月二十九日，天油然作云，沛然下雨，尽昼未息，三日将见地满沟平	《石渠村废置序》
	陕县	咸丰六年	河水涨溢，顷刻根基塌倒	《九龙圣母庙碑》
	阌乡	光绪十一年	大水，河溢，城北垣再圮	《新建石堤碑记》
	阌乡	光绪十六年	夏六月朔大雨，城西四十里阌底镇南山涧，夜半水发，声若雷霆	《神运石文》
堆积平原区	偃师	康熙四十八	两河水涨与堤相平，为患甚巨	《重修堤堰记》
	偃师	雍正十二年	两河水涨与堤相平，为患甚巨	《重修堤堰记》
	偃师	雍正十二年	伊水暴发，祠宇倾圮，墙垣冲颓	《吕蒙正公祠碑》
	偃师	雍正十二年	水复为灾，而村巷流波，深有七尺，其时房屋倾塌者十有五六	《伊洛大涨碑记》
	偃师	乾隆七年	六月之朔，淫雨竟日，黄河陡涨，洛水莫泄	《重修堤堰记》
	偃师	乾隆二十六年	秋，洛水泛涨，堂之前后左右，水深丈余	《偃师县西石桥重修观音堂碑》
	偃师	乾隆二十六年	秋七月，伊洛水涨	《偃师二里头寨重修牛王庙碑》
	偃师	乾隆二十六年	秋七月望六日，伊洛横溢，来无际涯，流入村中即有七天余	《伊洛大涨碑记》
	偃师	乾隆二十六年	黄河漫溢，伊洛水无处归，遂泛溢四出	《偃师老城重修大堤碑》
	偃师	乾隆二十六年	七月十五日，天降暴雨，昼夜不止，至十八日涧水泛张，横流出岸，沿河房舍，尽被冲塌	《洛河支流涧河碑记》
	偃师	乾隆二十六年	大雨施行，忽伊洛河发水，涨十余丈	《洛河谷堆头村金装大帝真君像碑》
	偃师	乾隆二十六年	七月十六日，洛、涧水溢	《洛河重修洛渡桥碑》
	宜阳	乾隆二十六年	南徙，李寨、武寨二村，先后被冲	《修防洛河记》
	偃师	乾隆四十八年	六月间，伊洛泛滥，田禾尽为淤泥	《伊洛大涨碑记》
	宜阳	嘉庆二十二年	又徙，李寨、武寨二村，先后被冲；六月初旬，淫雨不止，狂流奔注，一炊之顷，辄高六七尺	《修防洛河记》

表 2　清代豫西地区水利碑刻记载的旱灾记录表

地理单元	地区	时间	旱灾记录	碑刻名称
山地丘陵区	洛宁	康熙五十九至六十年	连岁亢旱	《创开天一渠碑记》
	卢氏	咸丰七至九年	三岁凶歉，人无宁息	《重修文庙碑记》
	嵩县	光绪二十五年	耿旱成灾，疫流行，人相食，病饥死者盈途	《靳老先生放赈济荒感恩碑》
黄土台地丘陵区	渑池	康熙二十八年	春大旱，贰变垂死，秋谷不得播	《玉皇阁碑记》
	新安	乾隆四十八年	旱魃肆虐，而工复兴	《重修老君殿碑记》
	渑池	嘉庆九年	大旱、蝗	《五凤山祈雨游记》
	孟津	嘉庆十八年	岁大荒，道殣相望	《皇清太学士周公暨阎孺人墓志铭》
	灵宝	道光十六年	秋，弥月不雨，祈祷四出，复不雨	《重葺三圣母庙碑记》
	渑池	道光十七年	大饥	《张福曰赈灾碑》
	灵宝	道光十八年	秋，环邑城东西近村久不雨	《重修女郎山三圣母庙碑记》
	渑池	道光二十六至二十七年	大饥	《张福曰赈灾碑》
	新安	道光二十六至二十七年	室如悬磬，野无青草	《石渠村废置序》
	新安	道光二十六年	秋岁遭大旱	《金渠园碑记》
	渑池	光绪二至四年	丁丑奇荒，石粟斗米	《乡耆孟公万福暨德配赵氏懿行碑》
	渑池	光绪三年	亢旱经年，大河南北皆遭奇荒	《渑池仁村赈灾碑》
	新安	光绪三年	大旱三载，饿死逃水者十有八九	《新安县石井庙上村碑记》
	新安	光绪三年	天大旱，周围数千里，年半不雨，风先示变，蝗复为灾，乃秋夏不稔，而岁大饥	《荒年序》
	渑池	光绪三年	大祲，人相食	《乡耆韶麓李老先生懿行碑》
	渑池	光绪三年	岁或不登，民食颇寡	《合甲规矩碑》
	渑池	光绪三年	祲且疫	《天坛赈灾碑》
	渑池	光绪三年	灾民挖墓求财，骨骸暴露	《禁令碑》
	渑池	光绪三年	大祲，人相食	《例授登仕郎馨斋崔公懿行碑》
	渑池	光绪三年	天造奇荒	《孟公景云德泽碑》
	渑池	光绪三至四年	饥馑并臻，麦种未曾入地，粟米每斗价高七千有零，尽食树皮草根	《重修观音堂碑》
	渑池	光绪三至四年	旱劫至，人相食	《杨维屏先生传》
	渑池	光绪三至四年	大饥，人相食	《清处士岳公仪之妻郝太夫人闻范碑》
	渑池	光绪三至四年	不雨，人相食	《江浙义赈官绅题名记》
	渑池	光绪三至四年	岁大饥，人相食	《贾公讳俊字季夫暨配陈氏合葬墓》
	渑池	光绪三至四年	大祲，人相食	《诰授中宪大夫晋封资政大夫候选道山东德州知州张公懿行碑》
	渑池	光绪三至四年	岁饥食少	《清处士星若史先生懿行叙》
	渑池	光绪三至四年	大饥，戚党就食者数千计，里中乏食者月廪之	《清故奉政大夫内阁典籍衔嵩县教谕姚朴村孝廉继配崔太宜人暨子奉政大夫亦辰茂才德配张太宜人墓表》
	新安、渑池	光绪三至四年	新、渑灾尤重，十室九空，道殣相望	《光绪四年铁门万人坑碑》

续表

地理单元	地区	时间	旱灾记录	碑刻名称
黄土台地丘陵区	陕县	光绪三至四年	尽力佐赈，全活尤众	《例授文林郎咸丰己未恩科举人仲美郑老夫子教泽遗思碑》
	灵宝	光绪三至四年	谷绵禾收半，麦未种，斗粟钱五千，亩地银数分	《合社叙荒年碑》
堆积平原区	偃师	康熙四十九年	出粟赈济受旱村民	《贾公义井镇粟碑》
	洛阳	乾隆八年	夏秋间，洛中大旱，有地圻之患	《新开顺济渠记》
	宜阳	乾隆二十三年	夏，旱魃为虐	《灵山区碑记》
	偃师	乾隆五十年	第岁歉时荒	《许氏祠堂碑记》
	洛阳	嘉庆九年	夏……因公驻洛，时值亢旸	《开浚河南府洛嵩两邑各渠碑记》
	偃师	嘉庆十八年	天亦屡降凶旱	《偃师县岳滩王庄防旱垂戒碑》
	偃师	道光二十六年	天亦屡降凶旱	《偃师县岳滩王庄防旱垂戒碑》
	偃师	光绪二至四年	旱魃为虐，野无青草	《偃师县岳滩王庄防旱垂戒碑》
	偃师	光绪二至四年	一十八个月间，岂真不雨，雨只洒尘	《防旱碑》
	偃师	光绪三至四年	赤地千里，野无青草	《光绪丁丑戊寅年捐赈碑记》

（一）清代豫西地区水利碑刻所见的水灾概况

由表1可知，清代豫西境内多发生区域性水灾，水灾范围集中于伊洛河下流河段。从地理单元来看，水灾多分布于堆积平原区、黄土台地丘陵区，尤以伊洛河下游的堆积平原区为最。究其缘由，乃是豫西地区西高东低的地形所致。伊洛河上游地势较高，水流湍急，下游地区地势平坦，泄洪能力较差。因此，一旦发生暴雨，该河下游由于水量和含沙量的增加，容易冲毁大量城镇和农田，形成洪涝灾害。加之偃师地处伊、洛两河交汇处的堆积平原区，水灾更是频繁发生。黄土台地丘陵区的灵宝、陕县、渑池、新安等县，降水较少，生态环境脆弱，一旦降雨量较大，便极易发生洪灾。山地丘陵区的各县多发生山洪，不易形成大规模的水灾。正因水灾的破坏极小，被时人遗于载录。从时段上看，康熙、道光年间为水灾高发期。尤以康熙二十六年（1687）的大洪水为最，灾害的破坏性较大，常常出现“沿河房舍，尽被冲塌”“李寨、武寨二村，先后被冲”“秸粮器械尽付东流”“水尽入城”等现象，威胁着豫西民众的生命安全和社会生活。从季节分布上看，夏、秋两季为水灾的高发期，其原因与豫西地区夏季炎热多雨的气候特征有一定联系，夏季降水愈集中，水灾发生频率就愈高。

（二）清代豫西地区水利碑刻所见的旱灾概况

和水灾一样，旱灾也是豫西地区发生频率较高的自然灾害之一。旱灾的发生频率高、受灾范围广、破坏程度大，对民众的生产、生活造成极大的影响。

从表2可见，豫西境内的黄土台地丘陵分布区是旱灾最频发的地区，以渑池、新安等县为最。此外，还包括陕县、灵宝等地区，常常出现“饿死逃水者十有八九”“村人十室九空”等不同程度的后果。相比水灾，旱灾的灾区面积更广，受灾程度更重。在山地丘陵区，因植被覆盖率高，水分蒸发慢，旱灾发生的频率相对较低，破坏性也较弱。在堆积平原区旱灾情况比山区更为显著，因堆积平原区地势平坦，土质多为沙质，一旦缺乏大型蓄水工程，干旱时有发生。这也说明旱灾虽在山地丘陵区、黄土台地丘陵区、堆积平原区均有分布，但分布不均衡，其影响程度也不同，容易形成多旱带与少旱带交错分布的空间结构。正如学者千怀遂指出：在豫西山区“干旱随海拔高度的增加而减轻，且与350米附近形成相对干旱带，在谷地和背风地带易形成多旱中心”[5]。从时段上论，各个时期均有旱灾发生，且多出现连续性的旱灾，甚至有的地区一年多次发生灾害。尤以光绪三至四年的大旱灾最为严重，持续时间长，破坏性大，给灾民造成了巨大的心理创伤。此外，因灾害的连续性，还诱发其他灾害，如“祲且疫”等。从季节分布上论，灾害频发，无时不有。一年四季，干旱无时不在，尤以夏旱居多。

可见清代豫西境内水旱灾害多为交替出现，呈现出先旱后涝、涝后又旱、此旱彼涝的现象。从灾害空间分布而言，灾害的区域特性较为明显，而影响地方社会的主要灾害却并不完全一致。

二、清代豫西地区水利碑刻所见灾害下的乡村民生

清代豫西地区为水旱灾害的多发区，无论是短期的突变，还是长期的恶化，灾荒一旦形成，对地方社会的影响极其严重。水利碑刻中记载有大量水灾致使河流泛滥、圩堤溃决、冲没田庐、人畜漂溺的情况；旱灾则致赤地千里、农作物歉收、民多不果腹、灾民流离失所的现象，部分还原了灾害在地方社会中的真实景象。现就灾荒时期的物价波动、人口流失及灾民道德失范等方面作探讨，以期分析灾荒期乡村的民生情况。

（一）物价波动

碑刻中有关物价的记载不在少数，如“五谷不登”“数百钱仅给一餐”“斗粟银三两”“粮贵物贱”等。现根据碑刻所载内容，作如下分析：

其一，粟贵似珠。旱灾的发生，往往导致农作物无法耕种，延误农时，造成粮食减产。而持续性的旱灾，更使许多乡镇连续几年颗粒无收，如光绪五年（1879）《偃师县岳滩王庄防旱垂戒碑》载：“自光绪二年以至四年，旱魃为虐，野无青草，杼轴告空，室如悬磬。”[6]粮食及可食用的物品便成为灾民纷纷争夺的稀缺物，形成灾情愈重，粮价愈高的局面。又，光绪七年《合社叙荒年碑》提到灵宝县“谷绵禾收半，麦未种，斗粟钱五千”[7]。光绪六年《重修观音堂碑》的记载更是令人难以想象：“饥馑并臻，麦种未曾入地，粟米每斗价高七千有零。”[8]但在正常年景里，粮食“连年大熟，石米价银五钱”[9]，与灾荒之年的粮价相比，相差较大。

其二，物贱如粪。灾荒的发生也刺激着豫西地区农业市场的“活跃”。饥饿的灾民为用钱换取食物，贱卖田地、房屋、家具、农具等。如《荒年序》记载：“彩缎绫罗俱沽，一衣不过一饭，而素布粗棉亦何论。”[10]这些非食用商品的价格却低得惊人，如光绪五年《渑池仁村赈灾碑》记录了大旱时，田地“每亩不值一缗”，而房子价格更低，“每间不过百钱”[11]。这些自古都被农民视为命根，“百亩之土，可养二三十人”[12]，如今只能贱卖。再

者，光绪二十八年（1902）《防旱碑》提到灾民“或拆房屋而卖木石，或嫁妻女而卖衣裳，老少同趋集市，男女亦亲授受。红粉佳人卖靴鞋，鲜廉寡耻；白面书生贩人口，弃礼灭义”[13]的悲惨情景。这种奇高的粮价与极低的物价形成鲜明的反差，印证了灾荒时期“米少而价腾”的特点。

相对于旱灾来说，水灾对农作物的破坏相对较小。每次洪灾暴发，沿河地带的农作物，或减产，或歉收，抑或颗粒无收，而位于高地的田地却可幸免，从一定程度上抑制物价的大幅度波动。

（二）人口流失

历史上每一次严重的灾荒，与其相伴的就是人口死亡和流移。从清代豫西地区水利碑刻资料可知，大灾对人口的破坏严重，主要表现形式有死亡和迁移。

其一，人口死亡。通过碑刻资料，可将灾民非正常死亡分为四类：

第一类，因饥饿而死亡，如光绪十五年（1889）《新安县石井庙上村碑记》描述了“大旱三载，饿死逃水者十有八九”的现象[14]；光绪七年《合社叙荒年碑》也记载了灾民“饿甚者死，而死者俱无完肤”[15]。像这样的记载之多，不胜枚举。

第二类，因疫病而死亡，如光绪五年《偃师县岳滩王庄防旱垂戒碑》，提到“枵腹未饱，瘟疫旋生，有朝发而夕死者，有昨染而今亡者，计人丁，则十伤七八；察户口，则十留二三”[16]。又如光绪六年《江浙义赈官绅题名记》载：“光绪三年，河南旱…… 又自十月至翌年五月，大疫踵行，遗黎靡孑，而渑为尤甚。”[17]这些疫灾名称不详，但来势汹汹，在短期内造成人口的大量伤亡。

第三类，因食用非农产品而死亡，如光绪五年《渑池仁村赈灾碑》云：“椿、槐、榆、杏各叶，采取无余。复有研麦秸、舂稻壳、斩草根、锻石面□□□充，而肠已立断矣，然犹安坐待毙也”[18]，其惨烈之状，无以复加。

第四类，因灾害期间“人相食”而死亡，如光绪六年《靳老先生放赈济荒感恩碑》记载了“光绪己亥，耿旱成灾，疫流行，人相食”[19]，虽不得知具体死亡人数，但从灾民的非正常死亡可以看出旱灾下“死亡载道”已成普遍现象。

其二，灾民流徙。在灾害期间，饥民为求生存背井离乡，过着四处逃亡的生活。这种灾民的被迫迁移，多是水灾大于旱灾。如光绪十七年《新建石堤碑记》云：“顺治十一年夏大雨，河水溢，城西北隅圮，此近代河患之始。至道光二十二年，河涨溢岸，居民荡析。”[20]对于流徙人群而言，他们总是随着灾情的变化漫无目的、机械地迁移，如嘉庆二十三年（1818）《修防洛河记》就记载有多次迁移的情况，“宜阳背洛而城，旧河距城北三里许。自乾隆二十六年南徙，至嘉庆二十二年又徙，李寨、武寨二村，先后被冲，近于城。迫夏秋，积涨骤下，盈堤拍崖，而四门正当其冲，负郭而居者已无十之一二矣!”[21]同样，旱灾灾民流徙的情况也屡见不鲜，光绪五年《偃师县岳滩王庄防旱垂戒碑》提到因灾情严重，“无知妇人，尽改嫁外省外县”[22]。虽未详细记载此次饥荒的具体情况，但可想象灾荒的严重性致使灾民已到了无法生活的地步，他们为求生存，不得不改变“安土重迁”的观念，逃亡的情况便大量出现。可见，豫西地区存在着大量因灾而死亡或流徙的人口，弱者只能背井离乡或坐以待毙，强者则逐渐沦为盗匪。

(三)饥民思乱

当水旱灾害致使严重饥荒时，灾民为求得生机，便遗弃传统道德和伦理约束，做出“卖妻鬻子，易子而食”之事，甚至出现杀食亲人或他人等违背人性的举止。依据收集到的水利碑刻资料发现，旱灾灾情的严重性与水灾相比，前者更容易使人丧失基本的道德底线。

首先，灾民沦为盗贼，四处做害。如光绪十一年《荒年序》的记载，真实地反映着灾民在灾荒时期沦为盗贼的图景：

> 八九月间，打劫蜂起，贼寇连群。火炮三更而如雷，戈戟终夜而成林。望富家而毁室，窥高宅而破门。叫呼连天，刀加男儿之项；哭声震地，惊断妇子之魂。已而互相杀戮，或主人迎炮而尸横，或贼人被刀而分身。戟起剑落，但见血染四壁；断头折背，竟而尸累当门。惟是逃寨逃洞，富家竟而无家；如虎如貔，饥人尽成贼人。此吾民继相戕贼之情形也……呜呼，痛哉！人道乃尽。此吾民掘墓开棺之情形也。[23]

灾民的这些行为严重地影响到社会秩序的稳定，造成人心的恐慌。地方官员为维持社会稳定，也采取相关整治措施，如光绪十八年《禁令碑》就明令禁止“光绪三年，灾民挖墓求财，骨骸暴露……”[24]，通过禁令，盗匪猖獗的局面有所好转。

其次，饥民兜售妻儿。光绪五年《偃师县岳滩王庄防旱垂戒碑》云：“光绪二年以至四年，旱魃为虐，野无青草……父鬻其子，哭啼之声震天地；夫卖其妻，离别之情泣鬼神。”[25]更不幸的是，出现了粮食价格比人的价格还要高的现象。如光绪七年《合社叙荒年碑》提到“斗粟钱五千”，而“青年子女甘为仆婢而莫售；黔首丁男愿作佣工而无主”，更甚者“卖田宅、鬻妻子，得箪豆之餐何以续命！”[26]

总之，在灾荒时期，由灾害而引发的一系列社会矛盾严重影响着豫西的乡村民生。虽然仅凭碑刻资料分析，尚不能全面准确地予以定位。但通过灾害下物价波动、人口流失、饥民思乱等方面的探讨，可以看出灾害的严重性不仅影响着乡村民生的稳定与发展，而且也影响到官方的利益。如若不加以防范，后果不堪设想。

三、清代豫西地区水利碑刻所见的灾害应对机制

通过上述可知，清代豫西地区水旱灾害十分严重，无论是灾害的发生频率，抑或是灾害的破坏力度，对地方社会秩序造成的冲击都是十分罕见的。作为灾害的直接承受者以及救灾的直接参与者，地方民众都始终扮演着重要角色，而地方官员在相当长的时间内，依旧是灾荒救济的主要力量。因此，结合碑刻资料中地方官员、民众的灾情认知和具体反应来看，可将灾害的应对机制分为官方赈济、士绅捐赈、民众联合抗灾三类，以期冀在把握抗灾救灾活动区域性特征的同时，更加凸显这一抗灾救灾工作的时代性特征。

(一)官方赈济

在灾害的救助过程中，地方官员处于关键地位，官方的勘灾赈济是应对灾害最快且最有效的措施。官方的赈银、赈谷是最常见的救灾方式。

如康熙三年（1664）新安县灾情严重，《太傅兵部尚书吕忠节公神道碑》载："新安城庳土恶，灾螟荐眚，穷民襁负无归，公乃调谷以赈凶饥，捐金而就版筑。"[27] 又如乾隆十年（1745）《吕耀曾墓志铭》，记载了"乾隆八年，仓场侍郎吕公，奉天子命运米四十余万石赈饥"[28]。可见官方赈济钱粮数目之巨大。除赈银、赈谷外，施粥济民也是赈灾的有效措施之一。《光绪四年铁门万人坑碑》云：

> 清光绪三年，河南大旱。丁丑三月至戊寅三月始雨。三年，夏季歉收，秋麦均未播种。新、渑灾尤重，十室九空，道殣相望，有一村饥死无一家者，有一家饥死无一人者，人食人肉，诚亘古之未闻也。四年春正，大府设粥厂于新、渑交界之铁门。食粥者络绎不绝，时有死亡无□□人因将镇西义地掘坑二，男左女右，有毙者从葬焉。[29]

设厂施赈的方法，古已有之。这种办法确实起到一定的作用，可以使部分灾民得到救济。不过这种施粥济民的赈灾措施，需要建立在灾民数量不多且有足够的资金和粮食支持的基础上，才能起到效果。通过碑文记载不难发现，官方的赈济，往往局限于灾情范围较大且能上达至朝廷的情况，这种制度本身的缺陷是不容忽视的。

（二）士绅、殷户的捐赈

灾荒饥歉之年，除去官方救荒赈济外，民间救灾也随之展开。尤其是那些"勘不成灾"或是社会影响力较弱的"小型"灾害，官府救灾措施不能覆及的地方，民间的救灾无疑成为官方赈济的重要补充。其中，地方士绅、殷户共同构成了民间救济的主要群体。这些人在地方上有较高的声望，蓄积的财富也相对较多，拥有义捐济贫的条件。因此，在民困时，他们慷慨解囊，鼎力相助。光绪三年《天坛赈灾碑》记载"李公讳韶光，字瑞亭。生于嘉庆二十四年，卒于光绪二十九年，享年八十七岁……光绪丁丑岁祲且疫，公出金给谷，村人赖以举火者百余家。"[30] 特别是一些荒村僻壤，官府无法顾及，士绅、殷户的慷慨捐赈行为更具有积极意义。此外，有偿赈济也是地方士绅、殷户捐赈的一种形式。

官方深知民间的私人捐赠是整个救济政策的重要补充，特别是在遇到突发性的自然灾害时，士绅、殷户间的邻里互援就显得异常重要。这时，地方官员便倡导或鼓励民间富有者参与救助，往往形成"绅任查户放钱，官任监视、弹压"[31] 的局面。如光绪五年《渑池仁村赈灾碑》提到"光绪丁丑，亢旱经年，大河南北皆遭奇荒，而吾渑尤甚。鸠形鹄面，累累待毙。皇上轸念民艰，屡派近臣及各大宪议蠲议赈。并谕本地富绅劝捐济贷，而一二有力之家皆为富不仁，罔知大义。惟东四里七甲诸公量力捐资，共倡义举"[32]。政府带领地方士绅、殷户进行救荒活动，捐献物资，在一定程度上促进民间灾荒救济事业的发展。当然，他们捐献赈济并不是完全没有回报的，如道光年间《张福曰赈灾碑》就提到了渑池县傅村人张福曰，多次设粥厂，救助灾民，从而获得"张善人家"的美誉。值得注意的是，这种自发的积极捐赠行为，与地方士绅、殷户的赈济动机有一定关系。其通过这种方式，不仅得到官方的旌奖，同时借此获得地方上很高的声誉与地位，建立起自身在地方社会的权威。另外，这也在一定程度上鼓励着更多有能力之士投入地方救济当中。

（三）村社联合抗灾

灾害的消极影响短期内不会消失，官方赈济、士绅殷户捐赠也相当有限，大多为应急之策，并不能完全救民于水火之中。在一些偏远地区，如遇灾害不能得到外界有效的救济，村社联合抗灾就显得尤为重要。他们通常以乡村里社联合的方式，组成一个庞大的基层救灾团体去应对灾害。如道光三十年（1850）《石渠村废置序》就提到因官方的救济不能及时到达，四邻村社互助，“大发慈念，赠衣者赠衣，赠食者赠食。虽非故友，因其友以及其友；素非至亲，因其亲以及其亲。携老负幼，行至村中，虽非饱食，聊可糊口；虽无暖衣，衣可遮体”[33]。又如光绪三年《合甲规矩碑》载：“兹合甲公议，凡乞讨道毙，出钱二百，乡保着处压埋，如额外滋事，甲下公办花费钱文，半出事主，半用公项。”[34]由此可知，村社联合抗灾往往是救灾者居于民间、受赈者为乡里居民的特殊关系。正因这种联系，使得灾情能够及时、有效地得到缓解。

四、结语

豫西地区水旱灾害频发，在一定程度上阻碍着豫西地方社会经济的发展，一定时期内甚至使经济、社会的发展出现倒退的迹象，这值得我们进一步对灾荒背后的深层次问题进行探讨。

豫西地区水利碑刻不仅提到大量的水灾致使河流泛滥淹没村舍的内容，还有不少旱灾导致作物歉收，灾民饥荒流离的记载。为应对灾荒，稳定乡村民生，豫西地方社会的官员、士绅、民众各尽其能。地方官府始终发挥着统率全局的作用，而士绅、民众也弥补了官方在某些方面的缺陷。但不可否认，假若离开执政者有力的赈灾举措，仅仅仰仗民间的救助那简直是无法想象。当然，民间救灾也十分重要，它发挥着地方政府自身无法施展的长处，弥补官方赈灾的缺陷，形成了不同群体各自的救助应对特色，应当予以肯定。灾荒对社会的影响是全方位的，豫西地区这种以官方为主导、民间为补充的灾荒应对机制，在不断补充与完善中也逐渐成为一种社会固定救助模式。

---

［1］费先梅．清代豫西地区水纠纷解决机制研究［D］．郑州：郑州大学，2013；刘海燕．清代以来的水源纠纷与乡村政治：以豫西水碑为中心的研究［D］．新乡：河南师范大学，2012.

［2］鲍觉民．华北之水利［N］．大公报，1936-4-1.

［3］山地丘陵区：主要包括卢氏、洛宁、嵩县等地区；黄土台地丘陵区：主要包括渑池、新安、孟津、灵宝、陕县（今三门峡市陕州区）等大部分地区；堆积平原区：主要包括宜阳、洛阳、偃师等地区。

［4］此表格内容主要依据《清代河南碑刻资料》《豫西水碑钩沉》《中州百县水碑文献》等、豫西地区各市县地方志以及笔者实地调查后绘制而成，表 2 同。

［5］千怀遂．豫西山区干旱规律及其成因［J］．河南大学学报（自然学科版），1987（3）.

［6］［8］［11］［12］［13］［16］［18］［20］［22］［24］［25］［28］［29］［30］［32］［34］范天平．豫西水碑钩沉［M］．西安：陕西人民出版社，2001.

［7］［14］［15］［17］［21］［26］［27］［33］王兴亚．清代河南碑刻资料③［M］．北京：商务印书馆，2016.

［9］清官修．清实录・圣祖仁皇帝实录（卷 274，康熙五十六年七月至八月）［M］．北京：中华书局，1985.

［10］［19］［23］范天平．中州百县水碑文献［M］．西安：陕西人民出版社，2010.

［31］端方．端忠敏公奏稿（卷 7）［M］．台北：文海出版社，1973.

古代铅锡器腐蚀与保护研究综述

汪 杨
北京科技大学科技史与文化遗产研究院

摘要：埋藏在土壤、海洋或保存在博物馆环境下的铅锡器易受腐蚀介质的侵蚀，本文概述了不同腐蚀系统下铅锡器的表征方法，综述腐蚀产物的组成与结构、反应过程、腐蚀机理等方面的研究。在对古代铅锡器保护修复工艺和材料进行梳理的基础上，对不同的保护修复方法进行了简要评述。

关键词：铅锡器；腐蚀；保护研究

古代铅锡器的保护研究包括腐蚀和保护修复研究两大方面，二者紧密联系，对腐蚀状态的认识是应用适宜保护修复方法的前提，铅锡器的稳定保存则是腐蚀研究的重要目标。金属文物的腐蚀研究必须基于对考古样品所处环境的全面调研，古代铅锡器的埋藏或保存环境主要有土壤、海水、博物馆等。本文综述了不同埋藏及保存环境下古代铅锡器的腐蚀特征研究，整理了已发表的古代铅锡器保护修复案例，关注在实践过程中所使用的特殊工艺和材料并评价不同修复方法的适用性，以期为铅锡器的保护修复工作提供借鉴。

一、古代铅锡器的腐蚀研究

（一）铅锡器的土壤腐蚀

金属的土壤腐蚀以电化学反应为主，因此土壤的 pH、氧气的均匀性以及可溶盐含量等是影响腐蚀速率的关键因素。铅的土壤腐蚀过程一般是首先生成氧化铅，接着转化为碳酸盐，可能是碳酸铅或碱式碳酸铅。控制碳酸铅或碱式碳酸铅两相的关键因素是 pH 和二氧化碳分压 [1]，铅在好氧碱性碳酸化土壤中倾向生成碳酸铅。锡的土壤腐蚀通常为由一氧化锡向二氧化锡的转化过程。

古代铅器的土壤腐蚀研究内容主要包括腐蚀形貌的描述、腐蚀产物的物相和元素组成、腐蚀产物结构、反应机理等。腐蚀形貌的描述是了解保存状态最直接的方法，一般通过肉眼观察或借助照相机、OM/SEM [2] 等方式。例如 Nosek 等描述了 Wawel 城堡山 B 区的一座前罗曼式教堂铅碟的腐蚀外观：图案的各个片段彼此之间松散地连接在一起，不同层次的铅腐蚀产物使金属表面变形。确定腐蚀产物的物相和成分是后续保护修复处理的基础，它主要依托 XRD [3] 和 EDX [4]，但由于检测微量样品时 XRD 的信号较差，故有学者还结合 Raman [5] 和 IR [6] 进行综合判断。古代铅器的土壤腐蚀产物研究以定性分析为主，仅有少数案例涉及定量分析，Nosek 等依据腐蚀产物特征峰的衍射强度值计算峰面积以确定特定相的含量占比[7]。铅在土壤环境下的腐蚀产物通常以碳酸盐为主，其次为氧化物，可能有少量的硫化物、氯化物和硫酸盐，除了上述较常见的产物外，还有一些特殊化合物被检测到。Davis 等在苏格兰东南部皮布尔斯郡西水的早期青铜时代墓地出土铅珠上发现磷氯铅矿和 D’Ars 等在利文斯顿群岛铅器上发现羟磷铅矿[8]。由于各种矿物的形成存在先后顺序，因此古代铅器通常会形成多层次的腐蚀产物结构，有学者[9]利用 SEM/EDS 观察了这种分层现象。Abu-Baker 在观察约旦中西部 Qasr-Ar-Rabbah 罗马时期考古铅砝码的截面时发现氯化铅、碳酸铅以及一些次生产物呈分层式排布[10]。Rocca[11]等利用铅在 0.1M 碳酸氢钠溶液中的腐蚀过程获取了与铅制石棺腐蚀产物相似的结构。众所周知，不同地区土壤的组成和理化性质差异较大，这是导致一些古代铅器腐蚀物种类相异的主要因素，许多学者调研了研究对象所处的环境并提出可能的反应机理。Abu-Baker[12]等在调查约旦阿利亚女王国际机场遗址出土铅骨罐的腐蚀情况时发现氯化铅为主要腐蚀产物，认为土壤中的高含量氯盐提升了氯化铅生成反应的优先级。D'Ars[13]等认为羟磷铅矿中的磷离子是由于当地海豹骨骼中的羟基磷灰石于酸性条件下溶解产生。

古代锡器土壤腐蚀的研究案例较少且内容集中在腐蚀产物种类和元素组成，少数涉及机理的推断。锡器土壤腐蚀产物组成和成分的检测手段包括 XRD[14]、XRF[15]、EDX[16]等，LIHL 等利用 XRD 分析确定“Kapuzinergruft”石棺中锡制品的腐蚀产物包括氧化亚锡、氧化锡以及碱式碳酸铜，他们将碱式碳酸铜的存在归因于石棺多孔的铸造结构促进了二氧化碳的侵蚀。梅建军[17]等检测了新疆小河墓地一件锡耳环的成分，能谱结果为锡 83wt%、氧 17wt%，指出其应为氧化锡。董清丽[18]利用 XRF 分析了当阳赵家湖楚墓出土两件锡簋的锈蚀产物成分，结果表明锡、铁、铜、钙为主要元素。

（二）古代铅锡器的海洋腐蚀

海洋环境中的腐蚀因素主要有盐度、溶解氧含量、pH、温度、微生物等。盐度被定义为每公斤水中所含溶解盐的总量，盐度会以多种方式影响金属的腐蚀速率，一般来说，海水中盐度的增加会导致金属腐蚀加快[19]。溶解氧含量控制了阴极反应的种类和速度，在低溶解氧含量的环境中，阴极反应会变成硫酸盐还原菌控制的将硫酸盐还原成硫离子的过程[20]。正常海水的 pH 值在 7.5 到 8.2 之间，超过一定范围时会对金属腐蚀起到促进作用[21]。通常情况下，当温度升高时，金属的腐蚀反应速率会增加。但如果海洋环境中存在喜温的微生物时，温度升高也会增加它们的代谢速度，从而在金属表面固结，使得反应速率降低[22]。

海洋环境下古代锡器的腐蚀研究内容集中在形貌分析、腐蚀产物种类和成分、腐蚀产物显微结构、反应过程、腐蚀产物分布特征等方面。腐蚀形貌的观察与分析是了解保存状态最直观的手段，目前最常用的方式为 OM/VHX[23]等。Haptmanna[24]等描述了青铜时代晚期土耳其 Uluburun 沉船出土锡锭的腐蚀状态：锡锭只留下 1 厘米左右的金属核心，周围是 5 ～ 7 厘米的白色次生锡矿物外壳。锡的海洋腐蚀产物一般是氧化亚锡、羟锡石以及氯羟锡石，部分可见锡石[25]，许多关于古代锡器的腐蚀研究证实了这一结论[26]。Dunkle[27]等研究了安妮女王号沉船出土的6件白镴样品腐蚀产物的种类，结果表明各样品都形成了氧化亚锡、羟锡石以及氯羟锡石。锡石作为土壤环境下锡的主要腐蚀产物，却不普遍存在于海洋环境下的腐蚀锡制品中，仅在部分研究案例中被发现[28]。对此，Dunkle等根据Séby等[29]提供的数据并结合热力学计算后认为锡石的缺失可能是动力学迟缓的结果。除了常见的锡腐蚀产物外，还有一些较罕见的锡矿物被检测到，如羟镁锡石、黄锡矿[30]、硫化锡[31]等。通过观察显微结构可知，海洋环境下古代锡器的各种腐蚀产物呈分层排布[32]，具有一定的规律性。Wang[33]等利用SEM/EDS观察了青铜时代英国西南部萨尔科姆海岸附近的一艘沉船出土锡锭的微观结构，发现Sn-O-Cl相在未腐蚀的金属附近，而紧挨Sn-O-Cl相的一般是Sn-O相，部分样品的两相之间还存在锡氧比更低的薄层或团块。Dunkle等[34]基于ESBD和EPMA研究了锡制品的腐蚀结构，发现内层为氯羟锡石，外层是氧化亚锡和羟锡石。由此可见，古代锡器在海洋环境下通常会形成金属基质－氯羟锡石－氧化锡/羟锡石这种分层结构，而这种分层结构并不都是均匀分布。朱博文[35]等将SEM/EDS和XRD/XRF数据相结合，推断了SEM图像下不同元素组成位置下的物相种类，研究了海洋环境下锡器腐蚀产物的分布特点。古代锡器腐蚀产物结构和分布特征的研究是判定各矿物形成顺序及推断反应机理的基础工作。Dunkle等[36]调查了六个来自不同的水下考古遗址的锡器，发现了一致的矿物序列和相似的显微结构，根据氯羟锡石通常与基质相连且内部包含未腐蚀的金属的现象，他们认为氯羟锡石是第一个腐蚀产物，随着时间推移脱氯生成氧化亚锡和羟锡石。淡水环境下锡的腐蚀产物包括氧化亚锡和羟锡石[37]，没有氯羟锡石这种锡海洋腐蚀的标志性产物，它的形成与海水的高盐度密不可分，因此考古发掘出土所在地及附近海水理化性质的调查对于全面理解海洋环境下锡器的腐蚀过程是必要的。朱博文[38]等不仅考虑了南海Ⅰ号沉船所处水体的化学成分，还调查了埋藏环境中的淤泥及泥沙沉积的理化性质，认为现有腐蚀产物的形成源于埋藏环境中的高盐度和溶解氧含量、较高温度以及水流和泥沙的物理作用等。

古代铅器的海洋腐蚀研究内容集中在腐蚀产物的种类、显微结构、分布特征少数涉及腐蚀失重的计算[39]和机理解释等。铅暴露在海洋环境中常见以下化合物：碳酸盐、氧化铅、厌氧条件下的氯化铅、硫化铅、好氧条件下的硫酸铅等[40]。Lacroix[41]在马迪亚一处公元1世纪罗马沉船的铅片上仅发现氯化铅而没有氧化物，他认为是铅制品与木头接触而导致氧化物还原。除了上述常见的腐蚀产物以外，还有一些罕见的铅化合物$3P_bCL_2 \cdot P_bCO_3 \cdot H_2O$[42]、$P_{b2}(CO_3)2Cl_2$、$Pb_2(OH)_2Cl_3$[43]等被检测到，Kutzke[44]等描述了$3P_bCL_2 \cdot P_bCO_3 \cdot H_2O$的显微结构：呈层状结构，不同的层由加宽的铅氯键和氢键连接。Kahanov[45]等在腐蚀层研究的基础上，结合EDS数据推测不同腐蚀区域可能的物相种类，研究了五件罗马时期来自不同考古遗址出土的船舶铅护套样本的腐蚀产物的分布特征。

（三）馆藏环境下的铅锡器腐蚀

为了科学研究、陈列展览等目的，大多数考古发掘出土的铅锡器都经历了系统的保护修复，并被保存在博物馆等室内环境。但通过调查发现，其中大部分器物仍在持续劣化，这说明当下的保存条件是不适宜的。博物馆环境的主要腐蚀因素是温湿度、有机酸以及微生物等，例如铅器易受到橡木渗出的鞣酸的侵蚀，故铅器不宜存放在橡木制的容器中[46]。

博物馆环境下的古代锡器腐蚀研究内容包括腐蚀外观、腐蚀产物组成与结构以及腐蚀类型描述等。Organ[47]等描述了阿姆斯特丹国立博物馆 Hartogs 锡盘的腐蚀外观，发现了明显的晶间氧化。Plender leith HJ 分析了雪兰莪博物馆马来西亚锡帽硬币腐蚀产物的组成，Organ 指出其腐蚀截面由数十层的灰棕色带状结构组成[48]。金属腐蚀分为全面腐蚀和局部腐蚀两大类[49]，全面腐蚀易察觉危害小，而局部腐蚀通常隐蔽危害大，因此区分腐蚀类型有利于评估研究对象的危险程度。Ryck[50]等基于 16 件来自比利时的古代锡制品，展示了全面腐蚀、局部腐蚀中的晶间腐蚀和点蚀的具体案例，还对博物馆环境下的古代锡合金器物进行模拟，得到相似的腐蚀形貌和合金截面，为后续简化古代锡合金腐蚀研究提供参考。博物馆环境下的古代铅器腐蚀研究的主要内容包括腐蚀形貌、腐蚀产物组成以及腐蚀原因等。Mattias 等[51]、Aleksandra 等[52]、Dalva 等[53]分别研究了来自意大利、波兰以及巴西的古代铅器腐蚀产物的物相种类，主要化合物均为碱式碳酸铅，仅 Dalva 等检测到甲酸铅。金属文物的外观在一定程度上反映了腐蚀情况，有学者在描述腐蚀形貌的过程中区别了不同腐蚀类型以及腐蚀程度的器物。Harch[54]等依据腐蚀形貌将法国博物馆收藏的 316 件古代铅器分为两类：一类是全面腐蚀，特征为文物表面覆盖着均匀的腐蚀层，纹饰等历史信息保存完好；另一类是局部腐蚀，表现为器物局部或整个表面都出现了孔洞、裂隙、矿化等病害。Aleksandra[55]等认为形貌反映出腐蚀程度的差异，保存较好的样品具有片状结构和多孔的特征，而劣化严重的则是粗颗粒。鉴于保存在博物馆中的古代铅器仍存在继续劣化的趋势，有学者探讨了促使其腐蚀的影响因素。Mattias[56]等通过比较两件不同纯度古代铅制品的腐蚀情况，认为非金属杂质在相对湿度较高时会形成可溶盐，增大金属内部和表面孔隙度，增加大气中腐蚀介质的接触面积，最终导致金属氧化。Dalva 等[57]通过环境模拟实验发现腐蚀介质来源于陈列展柜油漆固化时释放的有机化合物。

二、古代铅锡器的保护修复技术

古代铅锡器的保护修复步骤包括查明对象的保存状态、清除器物表面的堆积物、整形、补配、粘接、加固封护、做旧等，整体上与其他金属文物的处理程序相似，但会根据实际情况应用某些特殊工艺和材料。

一些轻微锈蚀的铅锡器可以采用电化学或电解还原法进行处理，将文物表面的锈层还原成金属，此法需要注意实验条件和工作参数的选择[58]。针对脆弱的铅锡器通常实行一系列保护修复步骤，首先是适度清洗，对不同种类的污染物采取适宜的清洁方法。然后选择性地清除表面锈蚀物，即保留提供保护作用而去除不利于文物稳定的锈蚀物。如果器物变形严重，整形就是必要的，以防拼接时发生错位。完成整形操作后，还需要使用兼容性较好的补配材料对文物残缺部位进行补配。金属文物的拼合方式有粘接和焊接两种，由于铅锡器易腐蚀而变脆、机械强度差且熔点低，加上焊接时较高的温度会对文物本体造成伤害[59]，因此多采用粘接的方式。粘接后铅锡器基本恢复了原有形状，但还需要选择适合的方法和材料进行加固封护以维持稳定。至此，铅锡器的保护修复工作已基本完成，但一些修复材料的使用会降低文物的历史厚重感，故实施做旧使补配和接缝等位置与本体相协调。一些学者在古代锡器的保护修复实践过程中将现代修复理念和传统修复方法相结合，因地制宜地应用了一些特殊工艺和材料。

潘征[60]对一批明代祝恒齐墓出土锡制家具模型明器进行了清洁、整形、粘接、补配、作色等处理，达到了较为理想的修复效果。他针对环氧树脂固化后不再溶解的特点，粘接时于断面处预先涂刷10% Paraloid B-72丙酮溶液作为隔离层，采用腿枨补配的方法堆塑细小花纹和连接线条。董清丽[61]为两件赵家湖楚墓出土的锡簋做旧时通过弹点抹拉等技法上色，达到“远看一致，近看有别”的效果。尽管腐蚀外壳的存在影响了器物历史感的表达，但基于保留纹饰等重要信息的需要，常使用特殊方法保留或去除腐蚀层。例如Organ[62]等针对阿姆斯特丹国立博物馆Hartogs严重氧化降解的锡盘，使用塑料包裹或中性合成树脂浸渍，再用未塑化的“有机玻璃”形成框架，最终保留了铭文所在的氧化层并赋予其机械强度。Organ等提供了一个经过电化学还原的锡器实例，他们利用锌和氢氧化钠溶液恢复了器物原有的金属光泽和隐藏的装饰。

古代铅制品早期的保护修复程序一般为简单的清洗[63]，Jenkinson[64]、Claey[65]等分别设计了去除古代铅器腐蚀产物的清洗方案并应用至实例，取得了不错的效果。随着文物保护科学的蓬勃发展，某些特殊的高分子材料开始应用到脆弱铅器的渗透加固。例如Davis[66]等使用5% Paraloid B-72丙酮溶液对苏格兰东南部皮布尔斯郡西水的早期青铜时代（EBA）墓地出土铅珠进行渗透加固，防止其继续粉化。然而，由于铅金属较软加上清洗过程中残留化学试剂的影响，常规的机械或试剂去除腐蚀产物的方案存在诸多缺点，电解工艺开始应用在古代铅器腐蚀产物的还原。Organ等最早使用电解还原技术修复了一组因腐蚀产物掩盖纹饰的铅器，大多数文物处理后纹饰恢复效果较好，但也有几件出现不稳定情况[67]。

不同于Organ等使用氢氧化钠溶液电解，大英博物馆研究实验室[68]使用硫酸作为电解质，并根据器物的保存状态设置了两种不同的电流密度。Guida等使用10%硫酸电解处理了五件保存在罗马国家博物馆的铅筹码和一个佩鲁贾国家档案馆的教皇印章，并统计了还原后器物的失重情况[69]。上述案例的共同特点是在电解还原过程中保持恒定的电流，尽管这种技术使腐蚀产物转化成金属铅的效果差强人意，但它的低效率和电极反应不受人为控制等不足促使电解技术的应用向高效、稳定的方向改进。Campbell[70]等改进了实验条件，采用了恒电位还原技术对圣安德鲁斯大学收藏的铅圣餐代币进行电解还原，最终所有代币的活跃腐蚀都被终止，且提高了处理效率，缩短了保存所需的时间，降低了实验成本。自此恒电位完全取代恒电流成为应用于古代铅器保护修复的电解还原技术的基本工作参数。Rocca等研究了恒电位技术的具体作用位置，认为还原反应可能发生在腐蚀层与电解质界面，并由 PbO 层内部向金属芯发展。而Schotte [71] 等使用 SR-XRD 和中子层析成像技术证明了处理后腐蚀产物完全转化为金属铅以及原有精细结构得以保持。后来有学者采用预试验或借助其他技术以确定适宜的实验条件，Barrio [72] 等使用一小碎片进行预试验确定了电压、电解质的种类和浓度等实验条件，Abu-Baker 等采用线性扫描伏安法（LSV）测定了 0.1M Na_2SO_4 溶液中铅腐蚀产物的还原电位以确定合适的工作参数。

三、结语

古代铅锡器的保护研究包括腐蚀和保护修复研究，腐蚀研究是保护修复处理的基础，而通过保护修复实践又可以深化对铅锡器腐蚀的认识，两者相互依存、缺一不可。尽管古代铅锡器的腐蚀研究在腐蚀产物的定性与定量分析、分层结构、反应过程、机理等方面取得不错的进展，但仍有一些关键问题未解决。首先，大部分古代铅锡器腐蚀研究案例缺乏系统性，仅关注腐蚀过程中某一环节，而金属的腐蚀过程是多因素综合作用的结果，唯有全方面开展工作才能获取全貌。其次，古代铅锡合金器的腐蚀研究相对匮乏，这对探究铅与锡在腐蚀过程中相互作用形成阻碍。最后，只对古代铅锡器的不同腐蚀类型作案例上的简单描述，未能深入研究其与材料本身及环境之间的关联性。此外，古代铅锡器尚未形成一套独立的保护修复系统，以金属文物的一般保护修复措施为基础，根据需求使用一些特殊的工艺和材料。电解还原技术的应用不仅满足了某些特殊的修复要求，提升效率并降低成本，这为相关领域的其他技术应用提供了重要参考，由此可以预见古代铅锡器保护修复技术的革新化。

---

[1] Turgoose S. The corrosion of lead and tin: before and after excavation [J]. Lead tin Stud. Conserv. Technol, 1985 (3).

[2] 梅建军，凌勇，陈坤龙，等. 新疆小河墓地出土部分金属器的初步分析 [J]. 西域研究，2013 (1)；Nosek. The investigation and conservation of a lead paten from the eleventh century [J]. Studies in Conservation, 1985 (30)；Davis M, Hunter F, Livingstone A. The corrosion, conservation and analysis of a lead and cannel coal necklace from the Early Bronze Age [J]. Studies in Conservation, 1995, 40 (4)；Jilong Shi, Tao L, Min F, et al. Study of the corrosion from the printing plates of "Guan Zi" by Raman spectroscopy [J]. Journal of Raman Spectroscopy, 2006.

[3] Ahmad Abu-Baker, Wassef Al Sekhaneh, Atef Shiyab, et al. Analytical investigation of five roman pb-based scale weights (Qasr Ar_x0002_Rabbah, Jordan) : A case study [J]. Mediterranean Archaeology and Archaeometry, 2013, 14 (1)；de Figueiredo J C D, Oliveira J A D S, de Souza G S M, et al. Characterization of corrosion products on metals excavated from seal hunters' occupation in Antarctica in the eighteenth and nineteenth centuries [J]. Studies in conservation, 2015, 60 (3)；Abu-Baker A N. The corrosion characteristics and electrochemical conservation treatment for an archaeological lead ossuary from Jordan [J]. Ge-conservacion, 2022, 22.

[4] Ahmad Abu-Baker, Wassef Al Sekhaneh, Atef Shiyab, et al. Analytical investigation of five roman pb-based scale weights (Qasr Ar_x0002_Rabbah, Jordan) : A case study [J]. Mediterranean Archaeology and Archaeometry, 2013, 14 (1).

[5] Jilong Shi, Tao L, Min F, et al. Study of the corrosion from the printing plates of "Guan Zi" by Raman spectroscopy [J]. Journal of Raman Spectroscopy, 2006.

[6][13] de Figueiredo J C D, Oliveira J A D S, de Souza G S M, et al. Characterization of corrosion products on metals excavated from seal hunters' occupation in Antarctica in the eighteenth and nineteenth centuries [J]. Studies in conservation, 2015, 60 (3).

[7] Nosek. The investigation and conservation of a lead paten from the eleventh century [J]. Studies in Conservation, 1985 (30).

[8] E. Rocca, Mirambet F, Steinmetz J. Study of ancient lead materials: A gallo-roman sarcophagus-contribution of the electrolytic treatment to its restoration [J]. Journal of Materials Science, 2004, 39; de Figueiredo J C D, Oliveira J A D S, de Souza G S M, et al. Characterization of corrosion products on metals excavated from seal hunters' occupation in Antarctica in the eighteenth and nineteenth centuries [J]. Studies in conservation, 2015, 60 (3).

[9] Abu-Baker A N. The corrosion characteristics and electrochemical conservation treatment for an archaeological lead ossuary from Jordan [J]. Ge-conservacion, 2022.

[10] [12] Ahmad Abu-Baker, Wassef Al Sekhaneh, Atef Shiyab, et al. Analytical investigation of five roman pb-based scale weights (Qasr Ar_x0002_Rabbah,Jordan): A case study[J]. Mediterranean Archaeology and Archaeometry, 2013, 14 (1).

[11] [66] E. Rocca, Mirambet F, Steinmetz J. Study of ancient lead materials: A gallo-roman sarcophagus-contribution of the electrolytic treatment to its restoration [J]. Journal of Materials Science, 2004.

[14] LIHL F. On the Cause of Tin Decay in the Sarcophagi of the "Kapuzinergruft"[J]. Studies in Conservation,1962,7 (3); 邓天珍. 张家川马家塬出土脆弱锡铅器保护修复研究 [C]. 第三届东亚文化遗产保护学会国际学术研讨会, 2013.

[15] [18] [59] [61] 董清丽. 当阳赵家湖楚墓出土锡簋的保护修复 [J]. 文物天地, 2021 (2).

[16] [17] 梅建军, 凌勇, 陈坤龙, 等. 新疆小河墓地出土部分金属器的初步分析 [J]. 西域研究, 2013 (1).

[19] [20] [22] North N A, MacLeod I D. Corrosion of metals[M] //Conservation of Marine Archaeological Objects. 1987.

[21] Riley J P, Chester R. Chemical oceanography [M]. Academic Press, 1975.

[23] [35] [38] 朱博文, 周亦超, 沈大娲, 等. "南海I号"沉船出水锡器的腐蚀特征研究[J]. 中国文化遗产,2019(05).

[24] Andreas Hauptmann, Maddin R, Prange M. On the Structure and Composition of Copper and Tin Ingots Excavated from the Shipwreck of Uluburun [J]. Bulletin of the American Schools of Oriental Research, 2002 (328).

[25] Dunkle S E, Craig J R, Lusardi W R. Romarchite and associated phases as common corrosion products on pewter artifacts from marine archaeological sites[J]. Geoarchaeology,2004,19(6).

[26] Jilong Shi, Tao L, Min F, et al. Study of the corrosion from the printing plates of "Guan Zi" by Raman spectroscopy [J]. Journal of Raman Spectroscopy, 2006; Ahmad Abu-Baker, Wassef Al Sekhaneh, Atef Shiyab, et al. Analytical investigation of five roman pb-based scale weights (Qasr Ar_x0002_Rabbah, Jordan): A case study [J]. Mediterranean Archaeology and Archaeometry, 2013, 14 (1); Abu-Baker A N. The corrosion characteristics and electrochemical conservation treatment for an archaeological lead ossuary from Jordan [J]. Ge-conservacion, 2022, 22.

[27] [31] [34] [36] Dunkle S E, Craig J R, Rimstidt J D, et al. Romarchite, hydroromarchite and abhurite formed during the corrosion of pewter artifacts from the Queen Anne' s Revenge (1718)[J]. The Canadian mineralogist,2003,41 (3).

[28] Andreas Hauptmann, Maddin R, Prange M. On the Structure and Composition of Copper and Tin Ingots Excavated from the Shipwreck of Uluburun [J]. Bulletin of the American Schools of Oriental Research, 2002 (328); Lipcsei L, Alison M, Reginald S, et al. An Examination of Deterioration Products Found on Tin Ingots Excavated from the 14th Century B. C., Late Bronze Age Shipwreck, The Ulu Burun, Near Kas, Turkey [J]. MRS Online Proceedings Library, 2002, 712; Wang Q, Strekopytov S, Roberts B W, et al. Tin ingots from a probable Bronze Age shipwreck off the coast of Salcombe,Devon: Composition and microstructure[J]. Journal of Archaeological Science, 2016, 67.

[29] Séby F, Potin-Gautier M, Giffaut E, et al. A critical review of thermodynamic data for inorganic tin species [J]. Geochimica et Cosmochimica Acta, 2001, 65 (18).

[30] Lipcsei L, Alison M, Reginald S, et al. An Examination of Deterioration Products Found on Tin Ingots Excavated from the 14th Century B. C., Late Bronze Age Shipwreck, The Ulu Burun, Near Kas, Turkey [J]. MRS Online Proceedings Library, 2002, 712; Florian Ströbele, Schuster J. The London Protected Wreck, The Nore, off Southend-on-Sea, Thames Estuary, Essex: Compositional analyses of copper alloy and pewter objects [J]. Research Report Series, 2019 (4).

[32] Dunkle S E, Craig J R, Lusardi W R. Romarchite and associated phases as common corrosion products on pewter artifacts from marine archaeological sites [J]. Geoarchaeology, 2004, 19 (6); Dunkle S E, Craig J R, Rimstidt J D, et al. Romarchite, hydroromarchite and abhurite formed during the corrosion of pewter artifacts from the Queen Anne' s Revenge (1718) [J]. The

Canadian mineralogist, 2003, 41 (3); Wang Q, Strekopytov S, Roberts B W, et al. Tin ingots from a probable Bronze Age shipwreck off the coast of Salcombe, Devon: Composition and microstructure [J]. Journal of Archaeological Science, 2016, 67.

[33] Wang Q, Strekopytov S, Roberts B W, et al. Tin ingots from a probable Bronze Age shipwreck off the coast of Salcombe, Devon: Composition and microstructure [J]. Journal of Archaeological Science, 2016, 67:80–92.

[37] 梅建军，凌勇，陈坤龙，等. 新疆小河墓地出土部分金属器的初步分析 [J]. 西域研究，2013 (1); Nosek. The investigation and conservation of a lead paten from the eleventh century [J]. Studies in Conservation, 1985 (30); Ramik R A, Organ R M, Mandarino J A. On type romarchite and hydroromarchite from Boundary Falls, Ontario, and notes on other occurrences [J]. Canadian mineralogist, 2003, 41 (3).

[39] Cambell H S, Mills D J. Marine treasure trove–a metallurgical examination [J]. The Metallurgist and Materials Technologist, 1977, 10 (9).

[40] Tylecote R F. Durable materials for sea water: the archaeological evidence [J]. The International journal of nautical archaeology, 1977, 6 (4).

[41] Lacroix. Some minerals formed by the action of sea water on objects found in the sea at Mahdia (Tunisia) [C]. Weekly report of ACADPMIE meeting, 1910.

[42] [44] Hartmut Kutzke, Bruno Barbier, Becker P, et al. Barstowite as a corrosion product on a lead object from the Mahdia shipwreck [J]. Studies in Conversation, 1997, 42 (3).

[43] [45] Kahanov Y, Ashkenazi D. Lead sheathing of ship hulls in the Roman period: Archaeometallurgical characterisation [J]. Materials Characterization, 2011, 62 (8).

[46] [58] 王蕙贞. 文物保护学 [M]. 北京：文物出版社，2009.

[47] [48] [62] PLENDER, LEITH H J, ORGAN R M. The Decay and Conservation of Museunl Objects of Tin [J]. Studies in Conservation, 1953, 1 (2).

[49] 张道明. 土壤中金属腐蚀的主要类型和影响因素 [J]. 土壤通报，1988 (05).

[50] De Ryck I, Van Biezen E, Leyssens K, et al. Study of tin corrosion: the influence of alloying elements [J]. Journal of Cultural Heritage, 2004, 5 (2).

[51] P. Mattias, Maura G, Rinaldi G. The degradation of lead antiquities from italy [J]. Studies in Conservation, 1984, 29 (2).

[52] [55] Towarek A, Mistewicz A, Pilecka Pietrusińska E, et al. Corrosion degradation of archaeological lead: A review and case study [J]. Journal of Archaeological Science: Reports, 2022, 45.

[53] [57] Faria D L A D, Puglieri T S, Souza L A C. Metal Corrosion in Polychrome Baroque Lead Sculptures: a Case Study [J]. Journal of the Brazilian Chemical Society, 2013.

[54] Harch A, Robbiola L, Fiaud C, et al. The characteristics of ancient lead products. : the 7th Annual Meeting of the Working Group – INCOMCC Group – Metals Section, 1993 [C].

[56] P. Mattias, Maura G, Rinaldi G. The degradation of lead antiquities from italy [J]. Studies in Conservation, 1984, 29 (2).

[60] 潘征. 明代祝恒齐墓出土锡家具明器的保护修复 [J]. 福建文博，2013 (3).

[63] [64] [65] Organ R. Use of ion–exchange resin in the treatment of lead objects [J]. Museums Journal, 1953, 53; Jenkinson H. Some Notes on the Preservation, Moulding and Casting of Seals [J]. Antiquaries journal, 1924, 4 (4); Claey. Coatings and Incrustations on Lead Objects from the Agora and the Method Used for Their Removal [J]. Studies in Conservation, 1955, 2 (2).

[66] Jenkinson H. Some Notes on the Preservation, Moulding and Casting of Seals [J]. Antiquaries journal, 1924, 4 (4).

[67] Organ R M. The Consolidation of Fragile Metallic Objects [J]. Studies in Conservation, 1961, 6 (sup1).

[68] Werner A E. Two problems in the conservation of antiquities: corroded lead and brittle silver [J]. Application of Science in Examinations of Works of Art, 1965.

[69] Giuseppe Guida, Marabelli M, Reindell I. Restoration and Storage of Lead Artifacts [J]. International Journal for the Preservation of Library and Archival Material, 1980.

[70] Carradice I A, Campbell S A. The conservation of lead communion tokens by potentiost atic reduction [J]. Studies in conservation, 1994, 39 (2).

[71] B. Schotte, Adriaens A, Dhooghe F, et al. Chemical and Morphological Changes of Historical Lead Objects as a Result of the Use of Electrolytic Reduction as a Stabilization Treatment [J]. Studies in conservation, 2006, 78 (24).

[72] Barrio J, Chamón J, Pardo A I, et al. Electrochemical techniques applied to the conservation of archaeological metals from Spain: a historical review [J]. Journal of solid state electrochemistry, 2009, 13 (11).

浅谈文物修复的分类

杜　安
河南博物院

摘要：本文探讨了文物修复的不同类型及其影响。自20世纪90年代以来，西方文物修复理论体系对文物修复工作产生了深远影响。文章介绍了五种主要的文物修复方式——完形修复、功能性修复、商业性修复、艺术性修复和保护性修复，并以案例说明了它们各自的特点和应用情况。随着科学技术的发展和修复理论的成熟，保护性修复逐渐成为主导方式，能够延长文物的寿命，真实地反映文物原有的信息，使其更好地保存利用，为后代留下宝贵文化遗产。

关键词：文物修复分类；修复理论；文化遗产传承

自20世纪90年代以来，西方文物修复理论体系真正影响到我们的文物修复工作之后，关于文物修复效果的讨论始终没有停顿。从传统修复追求外观完美的修复到布兰迪修复理论，从西方美学习惯到东方审美传统，从文物修复原则到宗教认同，百家争鸣。从不同角度看，文物修复或许会因修复师的不同，在细节的处理上存在差异。但这些差异当中，总体把握修复尺度不该有过大差异。事实上，目前存在的文物修复不仅有认识的差异，更重要的是目标的差异。因此，应对当下存在的文物修复类型进行必要的梳理，以期对文物修复的尺度进行衡量。

文物修复是保存和展示历史文化遗产的一项重要工作。文物修复由于修复目的不同，主要包括以下五种修复方式：

1. 完形修复

完形修复是指主要以追求残破文物外观统一性、完整性为最大目标的修复方式。此类修复常见于考古现场的修复和传统修复。

完形修复将文物的器形修复完整，满足了考古类型分析、绘图以及陈列展示的基本需求，但是对长期保存的潜在风险、艺术完整性问题解决不够。以图1为例，所修复的青铜器，将缺损的部位进行补全和做旧，未对表面附着物进行清洗，附着物内的残留物无法进行分析提取，附着物下的病害无法进行清除，附着物以土垢为主，吸湿性较强，仍然有利于金属腐蚀继续发展，不利于文物的长久保存。除此之外，一些纹饰精美

图 1　完形修复

的文物，无法展示原有的艺术美感，不利于研究和展示。图 1 中左下灰陶器的修复，以白石膏进行修补，器形达到了完整的状态，缺失部位也一目了然，而在展示过程中，强烈的色彩反差会导致观众无法准确地区分物体形状，引起视觉疲劳和混乱。

2. 功能性修复

功能性修复旨在使文物能够继续发挥其原有功能。例如，修复一件古代瓷瓶，使其可以继续用于存放酒水，或者修复一座文物建筑，使其可以作为遗址博物馆或其他公共场所使用。

圣伯多禄大教堂是世界上最著名的基督教堂之一，由于其历史悠久和规模巨大，在过去的几个世纪里，大教堂经历过多次损毁、修复和重建。其中一次最著名的修复工程是在 16 世纪，由米开朗琪罗等著名艺术家参与大教堂的装饰修复，特别是所创作的《圣经故事》和《末日审判》等雕塑和壁画，成为世界知名的艺术宝库。该教堂多次修复后仍然作为教堂来使用，始终保持其功能上的延续。

3. 商业性修复

商业修复追求的是商业价值的最大化，把残缺的文物修复好作为商品进行交易。为了获得较高的商业利润，此类修复要把损坏的文物恢复到肉眼不可辨识的程度。

商业修复为文物市场带来活力，同时也存在一些争议。出现过一些突出的问题，接底修复的瓷器、伪铭青铜器等，这些做法被专业修复技术人员视为造假。但由于修复者往往按照文物所有者的要求进行修复，其中一些问题包括修复过程中可能出现的商业利益冲突、修复结果的真实性和可信度以及对文物进行商业化处理可能导致其失去原有的历史和文化价值。因此，文物商业性修复，更应当予以明确规范，谨慎考虑其文物修复底线，并确保遵循相关的法律、道德和专业标准。

此外，在科学技术高速发展的今天，以往肉眼无法辨识的修复部位，借助于科学分析仪器可以清楚地进行辨识，通过商业修复掩盖文物破碎原状，提高商业价值的途径已经逐步被修复后展示完整艺术性的修复价值所替代，因此，修复是否可以回归其原有的合理化价值范围，拭目以待。

4. 艺术性修复

艺术性修复是将残缺的文物作为其艺术创作的一部分，通过艺术创作，形成一件新的艺术品。例如，我们常见的金缮和锔瓷。

从某种角度讲，艺术性修复是否属于文物修复的范畴，还值得讨论。文物修复不是追求美观，能够修复的只能是文物的材料，而不能对文物包含的信息进行改变，修复受损文物是为了使其能够继续展示其历史、文化和艺术价值。以图 2 为例，以不同颜色的扒钉重构了器物的完整，不同颜色的扒钉又构成了器物表面装饰物，完全改变了这件器物的原貌，形成了一件与原物不同的艺术品。那么，金缮和锔瓷这类艺术性修复，虽然冠以“修复”之名，其实是通过艺术创作附加，在文物基体上创造了一件新的艺术品，与文物修复的初衷产生了分歧。

图 2　锔瓷

5. 保护性修复

通过多种科学分析手段，全面研究解读待修复的文物，厘清文物蕴含的全部信息，结合文物保护目标，以真实性、最小干预、可再处理、可辨识等修复原则为指导，选择合适的方法和材料进行修复，同时解决文物存在的保护性问题，达到长久保存、流传后世。这类修复常见于博物馆的文物修复和展示修复。

保护性修复需要考古学、历史学、分析科学、美学、信息学等多学科交叉的方式解读一件文物原始包含的信息，包括原料来源、制作工艺研究、埋藏（保存）环境、损坏原因、病害程度等信息，在此基础上选择适用的修复保护材料、适用的修复方法，确定修复程度，修复过程展示等。整个修复过程最大程度地尊重原物的状态和历史，同时使之恢复到可以被观众欣赏和理解的状态，而不是简单地修补损坏。这种修复需要修复者具备高超的技艺和对艺术品的尊重，以及对历史和文化的深入理解。以图 3 出水酥脆清中期铁炮的修复为例，该器酥脆严重，分层，开裂剥落，表面布满水滴状珠形锈蚀，内部为半透明液滴；通过激光拉曼、离子色谱、金相显微分析等检测，确定其主要病害为氯离子、水、氧化造成。经过清洗、缓蚀钝化、封护、粘接、补全等保护修复操作，完成了该器物的保护修复，经过 3 年的保存现状跟踪观察，仍然保持着保护修复后的状态。

以上五种修复类型，以干预性修复为讨论对象，按照修复目的不同进行分类。这些修复方式并不是完全孤立的，通常会综合考虑其他方面的需求，例如，宗教习惯、地域风俗等，以最大程度地保护和展示文物的历史、文化价值。但有一点可以确定，文物修复是最“基本的陈列”，无论如何展示，都与修复的效果有着直接的联系，也就是说，不当修复会完全误导观众对一件文物的理解，造成错误信息的传递。当然，随着科学技术的高速发展和修复理论体系的日臻成熟，保护性修复的理念逐步成为主导，越来越多的珍贵文化遗产会通过有效的修复，延长寿命，减缓其自然老化过程，使其能够更长时间地保存下来，延续传承，留给后代。

图 3　出水酥脆铁炮修复前后照片

随着文物事业的发展，更丰富的利用方式对文物修复工作提出了新的要求。例如文物的数字化修复：利用现代科技手段对文物进行数字化修复，将其以数字形式保存和展示。这种修复方式可以使得文物在不同地点展示，并且对原物起到保护作用。文物建筑转化利用：将古老的建筑物修复，适度转化成为现代的博物馆、艺术馆、书店、咖啡馆等，以更好地保护和展示文化遗产，并且为公众提供文化与休闲场所。文物的功能性转化：对某些无法原封不动保存或者难以继续使用的文物进行功能性转化，使其成为现代生活所需的物品。例如，将文物修复成为教育和研究的工具，以促进文化传承、技艺传承和学术研究。

或许未来会出现更多目标的修复种类，或许修复不该是单一评价标准，抑或任何脱离了修复目标的文物修复评价都不够全面，但经历多年的实践，促使我们尝试探讨修复理念与修复的关系，充分利用多学科并用、智慧化、科学性与艺术性相融的方式，结合中国艺术审美传统，探索适用于文化遗产保护与展示利用的中国文物修复理论体系。

数字时代河南省公共图书馆古籍工作数字赋能与活化利用初探*

牛 伟 董 琦
郑州图书馆

摘要 古籍是历史文化的集中体现，是先民的智慧积累，同时也是我们树立民族文化自信、屹立于世界文明之林的重要根基。随着科学技术的发展，数字科技更新迭代加速创新。在此大环境下，抓住时代机遇，以数字化建设赋能当代古籍工作，全面开展古籍的活化利用，将是今后河南省公共图书馆古籍工作的重点内容。本文通过对河南省公共图书馆古籍工作现状和存在的问题难点进行调研分析，探讨在数字时代环境下，河南省公共图书馆古籍工作的具体建设方案：第一，加强顶层设计，系统规划全省古籍工作；第二，统一建设标准，为数字共享打好底层基础；第三，注重创新研发，推动古籍工作智慧化发展；第四，开展活化利用，拓展古籍阅读与文化传播模式。

关键词：古籍；河南省；公共图书馆；数字化；活化利用

中华典籍上述文明变迁，下启后世哲思，是我们树立民族文化自信、屹立于世界文明之林的重要根基。2022 年 4 月，中共中央办公厅、国务院办公厅印发《关于推进新时代古籍工作的意见》。该意见指出："做好古籍工作，把祖国宝贵的文化遗产保护好、传承好、发展好，对赓续中华文脉、弘扬民族精神、增强国家文化软实力、建设社会主义文化强国具有重要意义。"河南自古以来就是中华民族的重要聚居区，孕育出了灿烂辉煌的中原文化，也为后世留下了丰富的古籍资源。妥善保护与利用我省珍贵古籍文献，传承与发扬中华优秀传统文化，是公共图书馆工作者的重要历史使命。当前，社会正处于新一轮科技革命与产业变革的关键期，数字技术加速创新，逐渐成为推动社会经济与文化发展的核心驱动力。在此大环境下，抓住时代机遇，以数字化建设赋能当代图书馆古籍工作，全面开展古籍的活化利用，是今后古籍工作的重要发展方向。

* 本文是 2024 年河南省软科学项目"河南省公共图书馆古籍数字赋能与活化利用研究"（项目编号：242400410108）的阶段性研究成果。

一、河南省公共图书馆古籍工作概况

中原地区自古天灾兵燹频仍，典籍颇有散失，但流传下来的文献亦灿若繁星。自“中华古籍保护计划”正式启动后，在党和政府的带领下，经过全省古籍工作者的不懈努力，河南省公共图书馆古籍工作取得较大发展。

（一）普查工作取得阶段性成果

2007 年，国务院办公厅下发《关于进一步加强古籍保护工作的意见》，“中华古籍保护计划”正式启动。2010 年 8 月，全国古籍普查平台在河南省古籍保护中心（河南省图书馆）搭建成功，全省范围内的古籍普查工作由此展开。2015 年底，河南省古籍普查工作基本完成。至 2022 年底，河南省参与普查工作的 81 家收藏单位总计完成古籍和民国线装书登记 108026 部，984167 册。目前，河南省有 9 家古籍收藏单位被批准为“全国古籍重点保护单位”；229 部古籍入选《国家珍贵古籍名录》；16 家古籍收藏单位被批准为“河南省古籍重点保护单位”；534 部古籍入选《河南省珍贵古籍名录》；郑州图书馆等 40 余家收藏单位的普查登记目录陆续出版，[1] 获得社会各界的高度重视和认可。

（二）基础设施建设初具规模

基础设施建设是古籍保护工作中的重要环节。随着地区经济实力发展，河南省在改善古籍存藏条件方面逐步加大经费投入，图书馆古籍保护环境建设有了较大改善。河南省图书馆目前有 3 个符合国家标准的恒温恒湿古籍书库，樟木书柜、气体灭火系统、火灾报警、安防监控等设施设备一应俱全。郑州图书馆有标准化恒温恒湿古籍书库 1 个，配置空气净化系统、自动气体灭火系统，书库内设置声光报警器、监控摄像、自动防盗报警器等。古籍配置实木书柜，善本配备樟木书盒。其他市级图书馆如洛阳市图书馆、安阳市图书馆、南阳市图书馆、许昌市图书馆等等，也相继建立或改建古籍书库，并配备相应的古籍保护设施。各县、区级图书馆也逐步展开基础设施建设工作。总体而言，河南省各级公共图书馆的古籍保护基础设施建设有了实质性发展，古籍保护工作进入标准化、现代化阶段。

（三）古籍阅读推广工作获得实效

近年来，河南省公共图书馆古籍阅读推广工作获得实质发展。通过展览、讲座、读者活动等各种宣传推广，公众逐渐对图书馆古籍资源有了基本了解，越来越多的专家学者以及古籍爱好者进入到古籍传承保护的队伍中来。河南省图书馆举办“册府千华——河南省藏国家珍贵古籍特展”，通过展示河南省具有代表性的珍贵典籍，为广大读者普及古籍知识，宣传古籍保护工作。[2] 开封市图书馆举办“东京梦华地方文献展”，展览选取馆藏古籍珍品《东京梦华录》、清光绪年间《河南官报》《开封简报》等珍贵文献百余种，向读者展示古都开封的悠久历史文化。郑州图书馆在古籍宣传推广方面不断探索创新，陆续在官网、公众号、订阅号发布古籍宣传图文与视频，并设计开发制作“古籍 E 览”“甲骨文世界”“中原贡院时空”等智能互动系统，使读者通过互动体验方式感受古籍文化魅力。2023 年，河南省委宣传部召开全省古籍工作大会，会议举办河南古籍展，各图书馆积极参与馆藏珍善本古籍展出，充分显示了河南古籍文献遗存大省的优势，为推动河南省全民阅读和古籍传承保护工作做了良好示范。

（四）古籍数字化建设逐步展开

河南省公共图书馆的古籍数字化工作已逐步开启，各馆发展程度不一，正处于初步积极探索阶段。郑州图书馆完成了部分善本古籍的数字化工作，并建立“馆藏古籍数据库”和“古籍阅读系统”两个平台；洛阳市图书馆建立了“馆藏珍贵古籍数据库”；偃师市图书馆对馆藏部分珍贵古籍进行了数字化加工；等等。除进行馆藏古籍数字化建设外，各馆还积极进行数字资源购买和交换。河南省图书馆与哈佛大学燕京图书馆成功交换了数字化古籍；安阳市图书馆购买了陕西师范大学出版社制作的“汉籍数字图书馆”古籍数据库；郑州图书馆购买了“雕龙中国古籍资料库”；等等。

二、古籍工作中的问题与难点

（一）文献受损情况堪忧

河南省各级公共图书馆古籍文献受损量较大，且受损情况复杂多样，含酸化、老化、虫蛀、鼠啮、污渍、断线、撕裂等问题，修复难度较高。究其受损原因，主要有三点：第一，河南省位于我国北方，受地理环境影响，气候干旱，风沙较多，灰尘对于古籍的老化、酸化有较大影响；第二，中华人民共和国建立之前，中原地区灾害频仍，河南地区的古籍文献大多处于颠沛流离之中，缺少良好的存藏环境；第三，各级公共图书馆新建设的标准化库房，大多是近十年投入使用的，此前的保护环境并未达到标准。目前，省级与市级公共图书馆基本已建成标准化古籍书库，存藏环境得到改善，但仍需重视受损古籍修复问题。另外，不少县、区级图书馆受多种因素制约缺少标准化古籍书库，此类问题亟待解决。

（二）古籍修复能力不足

古籍修复是对残损古籍文献实施原生性保护的重要手段，是图书馆古籍保护中必不可少的一项基础工作。然而在现实工作中，由于海量的古籍亟待修复，专业古籍修复师的匮乏让各单位的古籍保护工作捉襟见肘。[3] 当前，河南地区各公共图书馆的古籍修复能力明显不足，普遍缺乏专业的古籍修复设备，更缺少具有丰富修复经验的专业古籍修复师。此外，开展古籍修复需要建立专门且专业的修复室，配置纸浆补书机、压平机等专业设备，这些都需要专项经费的支持。古籍修复能力不足，一定程度上影响了我省图书馆古籍工作的开展。

（三）古籍工作存在地区差异

受多种因素影响，河南省各地区间经济差距十分明显。相应地，各地区公共图书馆在古籍工作中也受到不同程度的影响。经济条件相对优越的地区，其公共图书馆多已建立标准化恒温恒湿书库，并逐步开展古籍数字化、古籍修复、古籍开发利用等工作。而条件相对落后的地方，其图书馆还没有建立标准书库，个别图书馆尚无独立的古籍库房，古籍版本年代等信息也暂未理清，古籍修复和数字化等工作更无从谈起。另外，在已开展的诸项古籍工作中，也存在各馆进度不一、工作标准不一致等情况。

（四）数字化建设起步较晚，活化利用不够深入

河南省公共图书馆古籍数字化工作起步相对较晚，整体处于初步建设阶段，还有不少需要改进和提高的地方。第一，各馆在进行数字化工作时，缺少宏观管理和协作规划，存在重复建设情况。第二，数字化建设标准没有统一，对下一步的数据库联合建设和深度开发留下了一定隐患。第三，数字化建设以学习比照其他地区的先进化经验为主，缺少自主创新和特色优势挖掘。第四，古籍数字资源的活化利用有待进一步加强。另外，河南省不少公共图书馆设立了官网、公众号、订阅号等，但其线上阅读推广却较少涉及古籍。古籍推送内容范围有限，更新次数不够频繁，短视频平台的宣传也不够深入。总体而言，古籍数字化建设的深度和广度都有待进一步提高。

三、数字赋能与活化利用对古籍工作的意义

古籍数字赋能和活化利用可以有效促进古籍的再生性保护，推进古籍阅读推广与学术研究工作，缩小区域文化差异，助力传统文化传承。尤其对河南省当前古籍工作中存在的难点问题，有重要帮助作用。

首先，河南省古籍工作的难点有古籍破损严重、修复能力不足等，开展古籍数字赋能与活化利用工作，可以使这些问题得到有效缓解。建立现代化恒温恒湿标准书库以及购置古籍修复设备相对需要较多资金投入，地方财政较难全部及时负担。而将古籍转为数字资源形式，所用资金投入相对较低，而且保护成效显著。同时，数字化成果还可代替纸制文献供读者检索与使用，解决古籍的藏用矛盾。

其次，加速推进古籍数字共享工作，可以使古籍阅读服务打破时间和地域限制，使不同地区的读者均等地获取古籍数字资源，缩小区域差异，提升公众文化服务的均等性。

再次，在读者服务方面，古籍数字化扩展了古籍大众阅读的数量范围，良好的平台构建和科学的搜索引擎可为读者带来更多便利，节省更多信息获取时间。古籍活化推广、体验互动等项目，也有利于推动古籍的大众化传播；在研究服务方面，古籍文字识别、信息提取标引、智能排版校对、智能关联等功能的开发，可以全面提高研究人员的工作效率，转变传统研究视角和研究方法，推动学术创新。

最后，开展古籍数字赋能与活化利用工作，可加速推进古籍与现代社会接轨，使河南省古籍资源在更广阔的科技平台与多个领域的其他资源产生交互融合，从而推动古籍资源的创造性转化与创新性发展。

四、古籍数字赋能与活化利用工作建设方案

（一）加强顶层设计——系统规划河南省古籍工作

1. 坚持统筹兼顾　强调整体推进

要做好全省图书馆古籍数字活化工作，需由政府层面进行整体规划，通过充分实践调查，掌握河南省公共图书馆古籍工作实际情况。调查内容应包含各馆古籍藏量（含善本藏量）、古籍受损程度、古籍普查情况、古籍保护设施、数字化建设程度、活化利用与阅读推广工作等等。在对调查结果进行统计分析和科学研究的基础上，总结全省古籍工作的重点、难点以及突出问题，综合判断当前古籍工作进度，并根据国家总体要求，进一步设立全省工作目标。在实际工作中，详细设计阶段性目标任务，坚持统筹兼顾，优化资源配置，确保全省古籍工作的整体性与同步性。

2. 完善法规保障　设立专项经费

健全的规章制度和良好可持续的建设经费来

源，是做好古籍数字化与活化工作的重要前提。中共中央办公厅、国务院办公厅印发的《关于推进新时代古籍工作的意见》指出："完善法治保障。鼓励有条件的地方出台加强古籍工作的地方性法规。加强对相关法律法规实施情况的监督检查，加大对古籍工作领域合法权益的保护力度。""加强财税政策支持。中央和地方财政结合实际予以重点支持，将古籍工作相关经费纳入年度预算。"鉴于此，建议结合河南省实际情况，制定公共图书馆古籍工作相关规章制度。由财政部门给予古籍工作专项经费，并将之列入年度预算，为做好常态化图书馆古籍工作提供有利的法治环境与经济支持。

3. 开展区域协作　打造特色亮点

受现实条件限制，公共图书馆可用于古籍建设的经费与资源相对有限，因此，古籍工作实行区域协作有重要意义。区域协作可以使古籍建设资源进行优化配置，并有效避免重复建设与资源浪费。在阅读服务方面，区域协作可以通过"互联网 +"的方式打破物理空间限制，使读者更为便利地获取全省古籍数字资源，从而发挥出"1+1 > 2"的整体性优势。为保证古籍数字化工作顺利进行，协作体系应由政府进行主导，以河南省古籍保护中心为"协作中枢"，以各公共图书馆为"建设主体"，以其他文献收藏机构为重要合作成员。在工作中，确立整体目标，规范各馆义务权利，加强信息沟通。同时，应鼓励各图书馆有倾向性地建设特色馆藏，在完成整体目标的前提下，积极发掘特色优势，打造工作亮点。

（二）统一建设标准——为数字共享打好底层基础

1. 建立古籍数字化地方标准

20 世纪 80 年代，计算机技术开始应用于古籍数字化工作。90 年代，学界开始普遍关注字符集、语料库、OCR 识别、文献自动校勘、元数据等技术问题。21 世纪后，DCT 域和 DWT 域水印算法、图像检索技术、地理信息系统技术逐渐兴起。近年来，数字技术更新迭代，涌现出自然语言处理、区块链、扩展现实技术、元宇宙等新兴科技，古籍数字化工作即将进入飞速发展时期。此时，抓紧建立统一的数字化工作标准尤为重要。建立科学统一的数字化标准，不仅是为了规范当前的古籍数字化工作，更是在为未来河南省古籍数字化共建共享的高速发展和深度建设打好坚实底层数据基础。同时，随着信息技术的迅猛发展，智能化程度不断升级，现有标准部分已不再适用，及时建立新的数字化标准已是当务之急。

2. 科学构建标准框架内容

目前，国内尚未建立针对公共图书馆古籍数字化工作流程的统一规范标准。与之相关的现行国家标准与行业标准有《图书馆馆藏资源数字化加工规范》《汉文古籍版式描述规范》《古籍元数据规范》《古籍普查规范》等，相关标准对我们的标准构建工作有重要参考意义，应认真研究梳理，以保证新标准的科学适用，合理过渡。另外，2022 年安徽省制定并发布实施《古籍数字化工作指南》地方标准，对我们有重要参考价值，可研究借鉴。在标准的内容建设与框架设计上，可按照古籍数字资源的生命周期，分为古籍数字资源加工标准、古籍数字资源描述与组织标准、古籍数字资源管理与保存标准、古籍数字资源应用与服务标准、古籍数字化工作管理标准五个部分。

3. 把握建设方法与建设重点

建立完善的古籍数字化标准，需要有科学完

善的工作方法。第一，需召开工作会议集体讨论建设总思路、建设框架、工作步骤与分工等重要事项，并做好前期准备，广泛收集已颁布实施的相关标准，进行综合研究分析。第二，调查研究河南省公共图书馆古籍数字化实际情况，并参考国家图书馆、上海图书馆等单位的先进数字化经验，总结建设重点与难点。第三，针对重点难点问题展开专家咨询和专项研究，确定标准基本结构。第四，分配编制任务，形成标准讨论稿。第五，征求专业意见，听取文化主管等相关部门建议和专家意见，对讨论稿进行修订和完善。第六，确定标准内容，发布实施。要注意的是，古籍数字化标准会面临更新、扩展和延伸问题，应建立开放交流机制，关注新应用需求，不断更新完善标准体系，确保可持续发展。

（三）注重创新研发——推动古籍工作智慧化发展

1. 完善古籍数据库内容与功能

古籍数据库建设是实现古籍活化利用、古籍资源创造性转化与创新性发展的基础性工作。但是目前，河南省古籍数据库建设仍存在一些问题：首先，受各种因素影响，部分图书馆尚未开展古籍数字化工作，也没有进行馆藏古籍资源的数据库建设。其次，已建立的古籍数据库多为影像数据（Image 格式），可全文检索的文本型（Fulltext 格式）数据库较少。最后，各馆数据库建设多为综合性数据库，缺少馆藏特色资源挖掘。针对这些问题，我们要积极进行改进。第一，通过经费和政策支持，鼓励各图书馆积极开展基础数据库建设，扩充数据库内容资源。第二，深化数据库技术开发，丰富数据库功能。实现古籍数据库从基础的文本图像呈现、检索，到全文检索、文本标记、数据统计分析、知识组织挖掘的智慧化功能性转变。第三，在进行综合性数据库建设时，鼓励各图书馆发掘馆藏古籍特殊资源，积极构建特色数据库。

2. 创建“智能化”古籍数字平台

河南省公共图书馆的自建古籍数据库多以传统数据库为主，功能相对简单，可以通过搜索引擎进行检索，可以实现文字复制粘贴。由于传统数据库未对文本进行标引，缺乏后台结构化数据支撑，故关联功能较差，总体附加值低。建议积极开发计量统计、定性分析、定位查询、空间分析以及可视化呈现等功能，构建以知识图谱理念、大数据技术、结构化数据为后台支撑的智能化古籍数字平台。当前，我们需要充分了解和学习掌握历史地理信息系统建设、古籍录入技术、汉字编码字符集、古籍自然语言处理、古籍语料库建设等智能化科学技术，积极参与技术创新与应用研讨，并持续关注正在实验的智能古籍平台，如德国马克斯·普朗克研究所关于中国古代地方志的建设实践项目“LoGaRT”、北京大学建设的“宋元学案知识图谱”、浙江大学在建的“智慧古籍平台”及上海外国语大学在建的“中国古籍基础数据分析平台”等等。通过经验学习与自主创新，全面推进智能化古籍数字平台建设。

3. 建设“用户型”古籍数字化服务

作为以文化普及和文化传播为主要社会职能的公共图书馆，我们的古籍数字化建设需要从人文精神出发，需要了解和掌握不同目标用户的古籍使用习惯和需求，努力建立以用户为导向的图书馆古籍数字化服务模式。古籍数字化服务主体用户主要可分为研究型群体和一般阅读型群体两类。这两类用户对古籍的使用目的、使用方式等都存在差异。面对学术研究型读者用户，古籍数字化需要进一步深化数字阅读、学术交流、细颗粒度内容分析、知识挖掘等内容，保障研究人员的资源获取效率和准确率；面对社会公众的普通阅读需求，古籍数字化服务则更需要关注多元化、立体化的大众传播方式，利用有声阅读、互动体验、视频推广等多元化模式，降低古籍阅读难度，激发读者兴趣，提升古籍阅读的体验感和获得感。[4] 同时，还应在数字平台提供读者意见反馈渠道，及时分析用户反馈意见，不断优化调整服务内容和方向。

（四）开展活化利用——拓展古籍阅读与文化传播模式

1. 活化阅读推广方式　丰富读者阅读体验

传统古籍阅读以纸本阅读为主，阅读群体主要是相关行业研究者，普通大众读者相对较少。如何让古籍走进大众生活，贴近普通群众，一直是图书馆古籍阅读推广工作中的难点。近年来，随着科技的进步，AR（Augmented Reality，增强现实技术）、VR（Virtual Reality，虚拟现实技术）、MR（Mixed Reality，混合现实技术）等扩展现实技术不断发展成熟，出现了可视化、立体化的沉浸式阅读，也为古籍阅读推广带来了新的途径。2020 年，国家图书馆利用虚拟现实技术打造“《永乐大典》VR 全景文化典籍”项目，立体化展示了《永乐大典》的成书、装帧、流传与入藏国图的过程，成功实践了全新的、鲜活立体的古籍推广方式。[5] 天一阁博物馆利用 VR 技术，通过数字孪生高精度复刻天一阁内部场景，打造了云上藏书楼虚拟展厅，使读者可以近距离“触摸”阁中珍贝，“登上”天一阁宝书楼一览藏书盛景。2023 年 7 月，在上海等地展出的“探秘山海经”沉浸艺术展，以《山海经》为主题，通过数字光影技术让山海经神兽“活化”，以沉浸式影院手法将传统故事立体呈现给观众，向大家展示了古籍 IP 与元宇宙技术融合的无限可能。河南省各公共图书馆的古籍阅读推广工作，也需紧扣时代节奏，充分利用现代科技成果，创建智慧化、交互式古籍阅读体验项目。努力通过数字科技活化古籍阅读，改变大众对古籍的刻板印象，降低古籍阅读门槛难度，广泛吸引大众读者尤其是青少年读者积极参与到古籍阅读、古籍保护和传统文化传承的队伍中来。

2. 开发社交媒体平台　重视古籍短视频推广

社交媒体是人们彼此间用来分享意见、见解、经验和观点的工具平台。主要包括社交网站、微博、微信、各类论坛以及社交 APP、小程序等。随着网络技术的更新迭代，社交媒体在互联网的沃土上蓬勃发展，爆发出令人眩目的信息传播力量。公共图书馆古籍阅读推广也应该积极融入时代发展，利用社交媒体平台推广古籍阅读，提升古籍文化热度。一方面，通过图书馆官方网站、公众号、订阅号等进行古籍图文、古籍视频推送；另一方面，重视小红书、快手、抖音视频号等短视频平台，积极进行古籍短视频推广。推广中应注意以下几点：第一，严选古籍推广内容，引领文化航向。摈除网络平台的流量化、娱乐化、碎片化等不良因素，以正能量文化为引导，宣传中华典籍精髓，讲好古籍故事。第二，改变同质化、流程化的推荐模式，关注社会热点，选择开放、多元的内容和视角，吸引大众读者。第三，标题设计简短明晰，标签分类符合平台定位，引导平台进行精准推送，完成个性化、差异化阅读推广。短视频推送注意视听语言流畅，贴近公众阅读习惯。第四，发挥社交媒体的用户参与性特征，通过邀请读者点赞、转发、评论、抽奖等活动，拉近古籍与大众读者的距离。[6] 积极听取读者反馈意见，不断改进提高古籍阅读推广工作。

3. 优化文创产品设计　助力传统文化传播

古籍文创产品是提取古籍文献内容、古籍元素或古籍精神内涵，运用智慧创造以及科技方法进行创意而形成的有形或无形的文化产品。古籍文创产品具有突出的交互性、功能性与知识性特征，是古籍资源创造性转化的重要方式之一。图书馆古籍文创产品主要有收藏品、生活用品、文化用品、装饰品、娱乐用品等类型。其中文化用品占比最多，如文房四宝、书签、笔记本等办公学习用品。其次是生活用品，如冰箱贴、钥匙扣、扇子、茶具、雨伞等。[7] 整体来看，河南省古籍文创产品开发方兴未艾，未来可以在许多方面尝试提高。首先，鼓励未进行文创开发的图书馆积极进行尝试，促进古籍资源的转化利用。其次，发掘古籍和文创产品的创意结合点，以丰富的文化内涵和创意审美，代替古籍元素和商品的简单组合。再次，增加文创产品中古籍知识普及与宣传方面内容，丰富商品的文化内涵，促进传统文化传播与传承。最后，增加文创产品科技含量，积极开发数字类文创产品。另外，建议增加以面向青少年和儿童读者为主的古籍文创产品，培养少年儿童对古籍阅读的兴趣，为古籍保护与文化传承广泛播撒教育萌芽，蕴育新生力量。

五、总结与展望

古籍是历史文化最直观、最集中的体现，是先人智慧的积累，是民族崛起的见证。习近平总书记指出："要运用现代科技手段加强古籍典藏的保护修复和综合利用，深入挖掘古籍蕴含的哲学思想、人文精神、价值理念、道德规范，推动中华优秀传统文化创造性转化、创新性发展。"这是对当代公共图书馆古籍工作做出的重要指示和方向指引。

当前，河南省各级公共图书馆的古籍数字化与活化工作还处在探索阶段，深入展开古籍数字赋能与活化利用研究，不仅能够保障中华优秀文化长久地传播与发扬，还能有效解决当前我们图书馆古籍工作中存在的诸多问题，对河南省精神文明建设与公共文化服务发展意义重大。未来我们将继续积极探索，努力耕耘，通过技术研发与创新应用，不断推进古籍工作，让优秀传统文化以更为生动灵活的方式，走进现代人民的生活，让中华民族悠久而伟大的历史文明在新的科技浪潮推动下不断延绵赓续，薪火传承。

---

[1] 申少春. 新时代河南省古籍保护工作谫论［J］. 河南图书馆学刊，2022（10）.

[2] 王继娜. 河南省近十年古籍普查保护工作探析［J］. 河南图书馆学刊，2018（12）.

[3] 何勇海. 古籍修复亟待打破"人才瓶颈"［N］. 中华读书报，2014-11-12（008）.

[4] 雷珏莹，侯西龙，王晓光. 数智时代古籍数字化再造的逻辑与进路［J］. 数字人文研究，2022（05）.

[5] 许魁义，卢珂琦，陆和建. 中国公共图书馆参与文化遗产传承的策略研究：以公共图书馆古籍保护为例［J］. 农业图书情报学报，2023（09）.

[6] 李珩. 古籍阅读推广的新媒体实践比较研究［J］. 图书馆理论与实践，2023（05）.

[7] 黄露. 公共图书馆古籍文创产品开发研究：基于我国29家文创试点单位古籍文创产品的调查［J］. 图书馆工作与研究，2021（05）.

数字时代河洛大鼓的文化存续与传播策略*

苏星宇[1] 张柏林[2]
1. 河南大学；2. 河南省社会科学界联合会

摘要：河洛大鼓的表演艺术形式脱胎于古老的河洛地区，不仅是地方性的艺术展现，更是反映时代变迁和社会记忆的文化载体，承载着百年历史沉淀与地域文化。数字时代为河洛大鼓带来了前所未有的发展机会，但其面临的挑战亦不容忽视，特别是在维护其文化真实性和应对激烈的市场竞争方面。为了保障其文化传承，一系列存续策略被提出，包括但不限于：构建数字化档案、创新艺术内容，充分利用社交媒体及粉丝经济，强化传统教育与传承，与当代文化形式的融合，开展跨学科的研究与合作，寻求持续的资金和资源支持等。传播策略倡导建立专业的数字平台，生产高标准的音视频内容，结合数字技术，同时通过创新的营销和合作模式来拓宽其受众基础并确保艺术家权益的维护。存续与传播是互动一体的，都是促进文化变革和创新的重要力量。

关键词：数字时代；河洛大鼓；文化存续；传播策略

在清朝乾嘉年间，政治军事局势稳定，乾嘉学派与桐城派发展至鼎盛，文化呈现出多元性和民族融合的特征，这一历史时期是传统文化向新文化转型的关键阶段，史学、文学、曲艺科技、民俗文化以及国际交流等多个领域得到创新发展。到了清朝末年，这种多元民族文化的融合、发展和包容不再仅局限于国家层面，逐步扩散至民间，对地方传统文化艺术的挖掘、交流和多样化发展产生了深远影响。在这一历史背景下，最初被称为“大鼓书”“鼓碰弦”或“钢板书”的河洛大鼓应运而生。它被视为河洛地区独具特色的说唱艺术珍品，也是地方文艺传统焕发新生、不断演变的典范。如法国丹纳所言：“艺术作品的诞生受时代精神和周围环境的影响。”[1] 洛阳琴

* 本文为 2023 年度河南省社科联调研课题项目“元宇宙视域下黄河文化传承创新研究”（SKL-2023-1628）阶段性成果。

书和南阳大鼓书共同铸就了河洛大鼓的独特艺术魅力，而悠久的河洛文化滋养了河洛大鼓的人文氛围，肥沃的河洛土地培养了其生命力。2006年，河洛大鼓被列入中国首批国家级非物质文化遗产名录，具有百年历史的河洛大鼓不论在历史传承还是题材内容方面都展现了独特的艺术特质。数字时代的来临赋予了非物质文化遗产新的传播范式，研究非物质文化遗产的智能化生存与传播已经成为中华优秀传统文化当代传承的重要课题。

一、河洛大鼓的文化维度

河洛是黄河和洛河的泛称，它在中华文明的起源中占据着重要地位。黄河文明是华夏文明的主体，而黄河文明的核心则位于河洛文化圈内的中原地区。作为13朝的古都，洛阳拥有悠久的历史，建城已有4000年之久。河洛地区还保留了许多重要的历史遗迹，包括夏都商城、西周周城、东周王城以及汉朝、隋朝和唐朝的遗址。在巩义境内，有着双槐树、仰韶文化遗址、东周故城和宋朝七帝八陵等古代遗址。历代文人墨客和贤达贵人在这片土地上留下了大量的赋作和诗篇，丰富了河洛文化的精神内涵。正是在这丰富的历史人文滋养下，河洛大鼓通过一代代说书人的传承发掘，在不断去粗存精、精益求精的过程中，成为中华民族曲艺文化宝库中的瑰宝。

（一）河洛大鼓的起源与发展

河洛大鼓的表演艺术形式脱胎于古老的河洛地区，承载着数百年的历史沉淀与地域文化。作为一个重要的文化遗产，它既是地方性艺术，也是时代记忆的载体。为了深入理解河洛大鼓的重要性，需要追溯其起源并探索它是如何从简单的叙事和娱乐形式逐渐演变为今天复杂多样的艺术体系的。对河洛大鼓的研究不仅是对一种艺术形式的探讨，更是对一个民族文化、情感和精神的回顾和探索。通过对其艺术形态、演变历程以及在地域文化中的角色的学术考察，可以更好地理解和传承河洛地区独特的文化遗产，这一研究对于拓展地方文化的认知和文化遗产的保护具有重要意义。

1.河洛大鼓的历史背景和起源

河洛大鼓是洛阳琴书与南阳大鼓相结合的产物，成于1900年前后，1905年（清光绪三十年）左右，由于水患，连年歉收，百姓生活艰难，说书艺人难于生存，于是纷纷外出献艺，搭班演出。[2]河南南阳艺人李四前往洛阳古都进行表演以谋生，与洛阳偃师艺人段雁、胡西川（胡南方）、李禄一同登台献艺。南阳鼓儿词扯腔的独特演唱风格和动作表现手法备受瞩目，特别是他们运用的书鼓、打板等道具，在演出中能够增强现场气氛，调动听众情绪。相较于当地流行的洛阳“琴书”，南阳鼓儿词扯腔具有声腔委婉、旋律曼妙、节奏缓悠的演唱效果，更适应豫西地区粗放、直爽、豪气的民俗风格，因此很快被社会大众接受。随后，两地艺人展开密切合作并进行创新改革。基于鼓词演唱的基础，他们对“琴书”进行了深入挖掘和完善，并吸取了山东、安徽民间艺术的精华，替换了梨花板、碗瓷板和河南坠子木夹板的敲击方式，采用了月牙钢板，并配以坠湖、二胡和弹琴等伴奏乐器，形成了独具特色的“河洛大鼓”说唱风格，并在古都洛阳为中心迅速辐射扩散，东至荥阳须水，西至渑池潼关，南过登封南阳，北至武陟焦作。在周边地区中，偃师、巩义、孟津、登封、荥阳等地最为盛行，成为继河南豫剧、曲剧、坠子之后，在豫西地区深深扎根的新兴地方曲种艺术。在20世纪中叶，巩义地区的河洛大鼓二代传人叶剌猬、刘林、曹宝以及三代传人崔坤、杨大会、杨二会、张明党等名家的说唱艺术声誉远扬，受到广泛追捧，鼎盛时期，原巩县文化馆的河洛大鼓演出者达到100多人，每当农闲时节，艺人们会组成小分队，有计划地前往各个村庄宣传演出，活跃了当地的文化生活。每到一地，村庄都会变得热闹非凡，仿佛过节一般。艺人们就象现今的明星一样备受欢迎。

2. 河洛大鼓的艺术特点和表现形式

河洛大鼓涵盖了十一种词牌，其中包括《刘公案》《双打擂》《大红袍》《大八义》《小八义》等最具代表性的传统曲目，演唱内容广泛应用于过去社会生活的婚庆、祝寿、搬新家等各种场合。河洛大鼓能在民众日常娱乐生活中获得一席之地，与它独特的艺术魅力是分不开的。与其他表演形式相比，它不需要复杂的舞台设施，在简单的一桌、数椅和茶壶的布置下，即可进行演出。常见的演出形式包括主唱者左手敲打钢板，右手敲击平鼓，伴有坠胡的乐师伴奏，呈现欢快、活泼的风格。河洛大鼓的唱腔汲取了河南地方各类曲种的精华，唱腔变化多样，通常会迅速引入戏曲节奏，使整个表演氛围活跃起来。韵律感是河洛大鼓唱词语言的一大特点，这是由河南方言本身的发音方式决定的，普通话的发音方式容易造成跑调、韵律失衡等情况。艺人们为防止这种情况，将方言运用其中，产生了独特的艺术效果，并与其他曲艺文化区分开来。一些河洛当地特色方言俚语、小调民歌都成为河洛大鼓创作的来源，唱词中还添加了百姓所熟知的俗语，雅俗共赏，老少皆宜。如在《听说生意跑折腿》中就有“疙痨”一词，这是河洛一带对疥疮的俗称。此外，河洛大鼓艺人将具有河南风格的小故事融入题材内容之中，使河洛大鼓的内容有持续的创新能力，确保题材创作的生命力。在表演中，演员注重运用抑扬顿挫等表演技巧，以及手势、眼神、身体动作、唱法和步伐等元素，展现最朴实自然的表演。

（二）河洛大鼓的文化意义与影响

河洛大鼓作为一种独特的艺术形式，不仅具备与众不同的艺术性，而且承载着丰富的文化记忆，其传递的文化内涵影响深远，贯穿了河洛地区几代人的情感、智慧和对世界的理解，通过对这一传统艺术形式的起源和演变过程进行探索，可以初步了解其沿革的历史脉络，进一步深入剖析河洛大鼓在文化层面的价值，探讨其对每个河洛人的思维方式和情感表达的影响，以及其在更广泛的文化背景下的重要地位，有助于进一步认识和理解河洛大鼓在整个华夏文化中的文化影响与意义。

1. 河洛大鼓对当地社区和民众的影响

河洛大鼓作为承载当地历史、传统和文化价值的重要表达形式，在河南地区的社区和民众中产生了广泛的影响。通过大鼓《李逵夺鱼》《武松赶会》《洛阳老城旧事》等书目，当地的年轻一代可以了解并传承本地的文化和传统。当地的艺术家和文化机构通过不断创新，将大鼓与现代文化、技术和生活方式相结合，为其注入新的生命力。例如，新时代常龙演艺将经典的诗词改编为河洛大鼓说唱音乐，让中小学生进行演唱。在纪念中国红军长征胜利80周年的活动中，洛阳外国语学校学生用河洛大鼓说唱的方式演唱了《七律·长征》《七律·人们解放军占领南京》《水调歌头·与李长源游龙门》《七律·龙门山色》等，充分展示了传统曲艺与优秀诗词文化的结合，大鼓书中的唱词也为孩子们提供了品德教育和生活智慧，这保证了其传统精髓的传承。大鼓书的故事内容涵盖了民间生活、爱情、伦理等各个方面，为民众提供了情感的寄托和共鸣。例如，《相信政府是真理》和《时间都去哪了》等作品帮助他们理解和面对生活中的困境和情感。在过去，大鼓书的表演常常发生在庙会、集市或其他重要社交场合，成为人们交流和娱乐的重要方式。即使在现代，大鼓的演出依然为当地民众提供了交流和聚集的平台，集体演出和活动增强了社区的凝聚力，使民众之间形成了更紧密的纽带，加强了他们对社区的归属感。作为地方的文化代表，河洛大鼓被介绍到其他地区和国家，为河南和河洛地区的文化交流和传播发挥了积极的作用。早在1950年，周恩来总理率领慰问团前往朝鲜慰问抗美援朝的志愿军时，来自偃师县的二代鼓书艺人张天培随团演出，接触和欣赏大鼓书能增强战士们的文化自豪感和认同感。此外，大鼓书的表演和相关活动能够吸引游客，推动当地的文化旅游产业发展。与大鼓书相关的商品和服务（如纪念品、教学和培训等）也为当地创造了经济效益。

2. 河洛大鼓在社会及文化方面的重要性

河洛大鼓作为一种传统艺术形式，代表了河南乃至中华文化的一个重要分支。对于河南人民，它不仅是娱乐，更是一种文化记忆和地域认同的象征，是连接过去与现在、乡土与现代的文化纽带。它深深地扎根于河南地区的历史文化中，反映了该地区的历史变迁、社会生活、人民情感等，是地域文化的生动体现。它承载了对历史、文化和社会变迁的独到见解与反映。河洛大鼓的演唱风格、唱腔、伴奏和曲目都具有鲜明的地域性和创新性，这为我国的曲艺领域增添了一种富有特色的表现形式，成为我国非物质文化遗产的重要组成部分。虽然河洛大鼓起源于河南，但它在传播过程中融入了其他地区的文化元素，同时也影响了其他戏曲艺术。这种文化交流与碰撞增强了各地区之间的文化联系，促进了中华文化的多元发展。在早期社会中，河洛大鼓充当了新闻传递、教育普及、伦理道德引导等多重功能。在传统村落中，河洛大鼓常作为庆典、祭祀等重要活动的表演内容，它既是娱乐，也是社区成员之间共同的精神纽带。通过观赏大鼓，人们增强了彼此间的友情和合作精神，为村落的和谐与发展奠定了坚实基础。它在集市、庙会、乡村、茶馆等公共场合中演出，达到了娱乐大众、教化民心的目的。它强调诚信、孝顺、勤劳、节俭等传统美德，鼓励人们在社会生活中秉持这些原则，从而促进社会的和谐稳定。许多大鼓的故事背景设定在特定的历史时期或社会环境中，通过表演，观众能够了解那个时代的生活面貌、人们的思想观念和社会矛盾。这些故事反映了社会的变革和人民的心声，是研究历史文化变迁的宝贵资料。

二、数字时代对河洛大鼓的机遇与挑战

随着技术进步，人们的娱乐方式和信息获取渠道发生了巨大变革，使得大鼓这一传统艺术形式在吸引现代观众和传承中遭遇困难。数字时代

带来的“即时”文化使得许多年轻人对于这种需要耐心和时间去欣赏的艺术形式产生了距离感。数字技术的介入使得河洛大鼓既有机会被更多人所了解，同时也面临失去其原始纯粹性和地域特色的风险。因此，如何在尊重和保护传统的基础上，利用数字技术对河洛大鼓进行创新和传播，确保其在现代社会中既能与时俱进，又不失其传统特色，是摆在当前的一个重要课题。

（一）机遇：传承发展推广的新途径

在存储和传播方面，河洛大鼓传统上依赖口口相传或实体媒介（如书籍、录音带）进行保存和传播。随着数字技术的出现，这些传统方法显得逐渐过时，数字化允许河洛大鼓的表演、故事和音乐被长久保存，并通过网络平台进行广泛分享，更方便地吸引新一代听众。在创作工具和方法方面，传统演出主要在实地举行，数字技术给予了表演形式多样化选择的可能，虚拟现实和增强现实技术能够模拟河洛大鼓的现场体验，为听众带来更加沉浸式的观赏感受。在艺术形式和内容方面，大鼓书故事可以结合动画、音效等数字元素进行再创作，使之更加生动和吸引人。在艺术教育和培训方面，在线教学平台可以为更多人提供学习河洛大鼓的机会，打破了地域和时间的限制。在艺术市场和销售方面，通过在线平台进行直播或售卖录播版本，可以吸引更广泛的听众并提高收入，数字版权管理技术可以帮助保护河洛大鼓的原创内容。在观众互动与参与方面，互动平台允许听众在河洛大鼓的演出中进行实时互动，如提问、点歌等，提高了参与度。数字技术为河洛大鼓带来了创新和发展的机会，适应这些变化，河洛大鼓可以在数字时代继续传承和发展。

（二）挑战：技术与文化的平衡、市场竞争中的独特性和文化保持

任何技术进步都具有双面性，数字时代为河洛大鼓的发展带来机遇的同时也带来各种挑战。数字技术的广泛应用或将改变河洛大鼓的表演形式和氛围，顺应现代审美趋势使得大鼓书不得不与众多娱乐形式产生竞争，为了满足市场需求，不可避免地需要进行某些改变。因此，在尊重和保持河洛大鼓的原始和真实文化价值的同时，适度采纳现代技术，保持大鼓的独特性和文化价值在市场竞争中具有重要意义。大鼓传统的师徒相传方式受到现代教育模式的冲击可能会被打破，导致珍贵的技艺和经验难以延续。当前的年轻一代对于短视频、电子游戏等现代娱乐形式表现出较高的兴趣，对传统表演艺术的耐心和兴趣有所减少。因此，如何吸引和留住年轻观众，以及如何将传统艺术形式进行传承和发展，保证河洛大鼓的技艺得到妥善的传承和发展是一个关键问题。数字时代的版权保护问题也需要引起重视。内容的快速传播使得河洛大鼓的音频、视频等内容容易被非法复制和传播，从而导致经济损失。确保大鼓的内容在数字平台上得到合法和有效的保护，是亟须解决的问题。在保持其传统精髓的基础上，合理应用数字技术，平衡技术介入与艺术原始性之间的关系，积极吸引年轻观众，采取恰当的传承方式并保护知识产权，将是河洛大鼓持续繁荣发展的关键所在。

三、数字时代下河洛大鼓的文化存续策略

存续策略的核心目标是确保河洛大鼓作为一

种传统艺术形式得以持续、有效地传承下去，不被遗忘或消失，手段涉及培训新一代的表演者、记录和整理历史资料、创新剧目和内容制作与现代文化的结合等。效果的衡量主要通过新一代的学习者数量、文献的保存和研究状态、表演活动的频率等来评估存续策略的效果，导向更偏长期性，更注重河洛大鼓在长期内的生存和繁荣，确保它能够继续被未来几代人所传承和欣赏。

（一）数字化档案建设与政府资金源支持

数字化档案建设是一个复杂的过程，旨在通过数字技术将物理形态的艺术作品和文献转换为电子版。这涉及扫描、音频和视频录制、元数据创建、存储和分发等多个环节。为了确保最高的复制质量，需要使用高分辨率的设备进行扫描或录制。为了保证数字档案的易检索性，需要在每个资料中添加详细的描述性、结构性和管理性信息，采用开放源代码和标准格式可以保证长期的可访问性和设备兼容性，定期更新档案格式和存储解决方案可以确保持久性。考虑到数字化档案建设的复杂性和成本，政府资金支持也至关重要。政府有关部门可以通过为河洛大鼓分配特定资金来提供维护和传承的支持，同时还可以推动技术创新和宣传推广。此外，可以根据项目需求设立特定的资助项目，并通过税收优惠或其他激励措施鼓励私人部门的投资。还可以资助建设培训中心、展览馆和研究机构等实体设施，推动技术合作，促进与高校和研究机构的合作，推动河洛大鼓的数字化研发工作，为河洛大鼓的发展提供支持。通过数字化档案建设，河洛大鼓可以得到一个永久的、易于访问的平台，而政府的持续资金支持为其在数字时代的存续、传承和创新提供了有力的支持。

（二）创新剧目与现代文化的结合

面对数字时代的洗礼，传统艺术如河洛大鼓不仅要跨越技术的鸿沟，还需要跟上现代文化的步伐。这一挑战背后实际上蕴含着一种机遇：如何保持传统，又在内容和形式上与现代观众产生共鸣。在全球化、多元化和互联网化的浪潮下，现代文化形成了其独特的特点。年轻的一代，他们生长在这样的文化环境中，对于融入现代元素和技术的文化作品有更高的接受度。因此，要使河洛大鼓不被时代遗忘，与现代文化的紧密结合就显得尤为重要。面对当下社会的种种问题，如环境危机、都市化带来的种种情感纠葛、科技进步对伦理的挑战等，河洛大鼓可以从中找到新的创作灵感。这些现代题材不仅能吸引更多的年轻观众，还可以使河洛大鼓的故事更具时代感。在保持传统角色的基础上，引入现代角色是一种策略。例如，通过一名程序员与一个传统手艺人之间的交流，探讨传统与现代、工艺与技术之间的碰撞与和解。还可以进行跨界艺术的尝试，河洛大鼓可以与其他艺术形式，如现代舞、电子音乐、影视等进行跨界合作。这不仅为河洛大鼓带来新的表现形式，也能将其传统韵味与现代艺术完美结合，形成独特的艺术语言。这种与现代文化的深度结合，不仅能赋予河洛大鼓全新的生命力，更是对其传统魅力的一种延续与升华。河洛大鼓需要在尊重传统的基础上，勇于创新，才能在数字时代持续地繁荣和发展。

（三）教育传承及跨学科研究合作

在数字化时代，传统艺术的传承不仅需要坚守本源，更需要用现代的方式与当代观众建立链接。与中小学及大学合作，将河洛大鼓纳入艺术教育课程，或者组织专题讲座和工作坊，将其文化和技艺教授给学生。通过教育与学术合作的策略，不仅可以为这一传统艺术找到新的生命力，还可以为其注入现代文化中的活跃元素。与传统课堂教学相比，线上课程打破了时间和地点的限制，能够让更多感兴趣的学员接触到河洛大鼓。例如，可以在网易云课堂、知乎 Live 等在线教育平台推出系列教学内容，详细讲解大鼓书的演唱、演奏和故事背景。通过虚拟实境技术，学员可以“身临其境”地体验河洛大鼓的表演，使学习过程更加生动有趣。此外，还可以模拟传统的学习环境，如师徒传承的场景，使学员深入体验传统艺术的魅力。将河洛大鼓与现代音乐、舞蹈或戏剧结合，通过跨界艺术创作，为传统艺术找到新的表达方式，吸引年轻观众。开发大鼓书为主题的游戏、动画或电影，利用现代媒体工具，扩大其文化影响，增强大众的认同感。鼓励多学科学者，如历史学家、社会学家、艺术家和心理学家，对河洛大鼓进行深入研究，发掘其更多的文化价值和社会意义。与其他文化遗产项目合作，共享资源和经验，共同面对数字时代的挑战，找到更多的传承与创新路径。

四、数字时代下河洛大鼓的传播策略

存续策略主要从维护、保护和传承的角度出发，旨在确保传统艺术形式在未来得以延续与发展。传播策略则注重宣传和推广，旨在增强公众对特定传统艺术形式的认知与关注，并将其广泛传播给更广泛的受众，以确保其文化价值被更多人知晓和欣赏。传播策略涉及使用多种媒介与渠道（如社交媒体、数字平台、线上线下活动等）来展示和推广传统艺术形式。传播效果可以通过受众群体的增长、互动频率、阅读／观赏时长、分享次数等数据进行评估。尽管传播策略也需关注长远目标，但更注重短期宣传和推广活动，并关注即时反馈效果。在数字化时代，为确保传统艺术如河洛大鼓广泛传播与被了解与欣赏，需要采取与时代相适应的传播策略，不仅关注技术应用，更强调其所能带来的文化影响与社会价值的扩散。

（一）突出特色：制作高质量音视频内容

高质量的视频内容需要内容、技术两方面的加持。在内容策略方面，制作内容应深入其文化和历史背景，解析河洛大鼓的起源、发展及其对当地社区的影响，这有助于观众更好地理解和欣赏这一艺术形式。制作教学视频，分步骤、分技巧地展示河洛大鼓的表演技术，从初级到高级，逐步引导观众学习。邀请资深的河洛大鼓艺术家，进行深入访谈，分享他们的艺术经验和生活故事，使观众能够从不同的角度接触和理解河洛大鼓。在技术策略方面，应注重使用多台摄像机，从不同的角度捕捉表演的细节，尤其是手部和鼓棒的动作、脸部的表情等关键部分，为观众提供全面的观赏体验，确保视频内容清晰、画面稳定，音频质量也需达到高标准，捕捉每一次敲击和音乐的细节，利用专业的后期制作工具，进行剪辑、调色、增加特效等，使内容更具吸引力。

（二）人际互动：社交媒体与粉丝经济

社交媒体的崛起和粉丝经济的兴起改变了人们与艺术、文化和娱乐的互动方式。社交媒体平台成为人们分享、讨论和发现艺术作品和文化现象的重要渠道，而粉丝经济则为艺术家、演员和音乐人等创作者提供了更直接的与粉丝互动的途径。在这种背景下，社交媒体与粉丝经济成为河洛大鼓与当代观众之间搭建桥梁的重要工具，为其传播、推广和传承提供了全新的可能性。

1. 社交媒体在传播河洛大鼓文化中的地位与作用

在数字化时代，社交媒体作为主要的信息传播渠道，在河洛大鼓的推广和传播中发挥着至关重要的作用。社交媒体具有全球性特点，使得河洛大鼓的内容得以迅速传播到世界各地，吸引了不同文化和背景的观众。相对于传统媒体，社交媒体为艺术家和文化机构提供了低成本甚至免费的宣传平台，使得更多的独立艺术家有机会展示自己的作品。此外，社交媒体平台的即时更新机制使得观众能够实时了解河洛大鼓的最新动态，而艺术家或机构也能够及时获取观众的反馈，进行相应的策略调整。在社交媒体的运用上，根据不同平台的特点，个性化定制内容是至关重要的。例如，通过在Instagram上发布精美的河洛大鼓表演照片，或者在TikTok上发布短视频片段，可以吸引不同人群的关注。此外，借助Facebook Live或抖音等平台进行直播表演、艺术家访谈或幕后制作，能够让粉丝们体验更真实、即时的互动。与有影响力的社交媒体个体合作，利用他们的粉丝基础，可以为河洛大鼓带来更多的关注。国内的微博、抖音、微信公众号等平台，允许多种内容格式的发布，如图像、视频、直播等。借助这些平台，可以发布河洛大鼓的短视频、演出预告、故事背景等内容，吸引年轻一代的关注，同时为展示河洛大鼓提供了多元化的手段。此外，通过高质量的社交媒体广告、推广和品牌营销，河洛大鼓可以建立起有力的品牌形象，提升其知名度和认知度，吸引更多人加入和了解这一传统艺术形式。社交媒体平台内置的算法推荐，还可以自然地引导更多的用户接触到河洛大鼓这种传统艺术形式。

2. 通过社交媒体平台实现与观众的互动与参与

社交媒体的广泛传播与互动功能，可以极大地提升河洛大鼓的知名度与社会影响力，促进其文化传播。利用社交媒体实现与观众的互动大致包括以下四种途径。第一，创建官方的社交媒体账号，如微博、微信公众号、B站、抖音等，定期发布与大鼓书相关的内容。第二，通过举办线上问答、互动直播等活动，鼓励观众参与河洛大鼓的文化传播过程。通过线上直播平台，实时播放河洛大鼓的演出，吸引全球的观众。同时，设置互动环节，如弹幕、打赏、实时讨论等，增加观众的参与度。积极鼓励观众分享自己与河洛大鼓相关的内容，如模仿表演、创意改编等，进一步扩大其文化影响，还可以创建河洛大鼓的粉丝社群或讨论组，为热爱这一文化的人提供一个交流与分享的平台，发布在线调查或反馈表，邀请观众对河洛大鼓的表演、活动等提供意见和建议。第三，根据河洛大鼓特色，设计并销售T恤、帽子、纪念品等周边商品，转化粉丝的热情为经济收益。推出线上河洛大鼓教学课程，并引入会员制度，为粉丝提供专属内容，如幕后花絮、高清表演视频等。第四，利用平台如Kickstarter或摩点众筹等发起众筹项目，筹集资金用于新的表演、研究或文化活动，更有效地团结和扩大河洛大鼓的粉丝群体，为其带来更稳固的支持。

（三）技术应用：虚拟现实与增强现实体验

虚拟现实（VR）和增强现实（AR）技术已逐步渗透至艺术、娱乐和教育领域，为传统艺术如河洛大鼓提供了全新的体验与传播途径。它们不仅让传统艺术更加生动、有趣，而且使教育和学习过程更为现代化、互动和高效。在数字时代，这两种技术的应用将进一步促进河洛大鼓与现代文化的交融，为其未来的传承和创新奠定坚实基础。传统的河洛大鼓表演需要特定的场地和环境，而VR技术可以让观众无须身临其境也能体验到沉浸性表演。在某些与河洛大鼓相关的历史场所或博物馆，观众可以通过AR眼镜看到古老的表演或事件在眼前重现，丰富了文化遗产的解读和体验。观众甚至可以身临其境地经历古代的大鼓书表演，与历史上的观众并肩坐着，真实地感受那个时代的气氛，包括听到喝彩声、看到表演者的每一个细微动作，甚至感受到场地的温度和气氛。在实地观赏表演时，通过AR眼镜或应用程序，还可以获得与表演相关的丰富背景资料、角色历史和表演技巧等。例如，当某个角色出现时，AR技术可以为观众提供该角色的背景故事、历史地位等深入信息。AR不仅可以用于演出中，还可以在河洛大鼓的教学过程中发挥作用。传统的学习往往依赖于“面对面”与师傅的交流，在VR环境中，学习者可以在模拟的舞台上重复表演，同时接受虚拟师傅的指导和反馈，使学习过程更为灵活和高效。

在数字化进程加速的今天，传统艺术与现代技术的融合与碰撞愈发显著。作为中国深厚的文化遗产之一，河洛大鼓的文化存续与传播策略在数字时代显得格外重要。针对存续策略，焦点在于利用数字技术为其注入新的生命力，使其与时俱进、持续传承。而传播策略则着重于利用现代数字化手段，向更广泛受众推广和传递河洛大鼓的艺术价值和文化内涵。未来，河洛大鼓面临诸多挑战，但也附带机遇和希望，研究需进一步探索数字技术与河洛大鼓艺术的结合，例如通过人工智能技术在创作中加入新元素，或利用虚拟技术创造更沉浸式的体验。在推广与传播的过程中，必须保护与维护河洛大鼓的核心价值，以确保其在数字化浪潮中能够长久传承，不失真实面貌。数字时代为河洛大鼓带来了无限可能性，在坚守传统的核心价值下发展创新，河洛大鼓必将在未来继续展现其独特的魅力。

---

[1] 丹纳. 艺术哲学［M］. 傅雷译. 北京：人民文学出版社，1983.

[2] 李思佳. 河洛大鼓书目研究［D］. 开封：河南大学，2012.

杭州清代名人故居的现状与保养性修复
——以胡雪岩旧居为例

占　翀[1]　黄迅辰[2]　胡　茗[3]
1.杭州西湖风景名胜区凤凰山管理处；2.中国计量大学；3.浙江省文物考古研究所

摘要：胡雪岩旧居是“清末中国巨商第一豪宅”，也是杭州名人故居的代表。1999年，由杭州市政府牵头，联合相关文物保护管理部门对胡雪岩旧居进行保养性修复，此后移交给杭州西湖风景名胜区凤凰山管理处进行管理。本文通过对胡雪岩旧居遗迹范围及现状进行梳理，从而剖析胡雪岩旧居的建筑形制特点，并以胡雪岩旧居保养性修复设计为原则窥探其遗迹范围和现存状态。

关键词：胡雪岩旧居；形制；建筑遗迹；保养性修复设计

杭州具有深厚的历史底蕴和丰富的物质文化遗存。从初民最早的穴居发展到现代社会的高楼耸立，人口增长是民居发展的势所必然，在中国的历史长河中建筑的发展可谓百川归海，其中名人故居所呈现出的灿烂光辉有着独具代表性的地域与民族特点，名人故居也是窥探中国古建筑在不同时代文明传承的载体，具有极高的历史、美学、装饰、空间等方面的科学价值，保护古建也是当今社会的共识，而方法、理论、原则等虽有共通之处，但也需根据古建筑的实际问题出发，通过交流与研究使其逐步深入达到科学化的保护与修缮，目的是使其维持良好的状态、延续其存在的时间。本文通过清末中国巨商第一豪宅——胡雪岩旧居的现状与保养性修复，探索其保存的现状及社会价值。

一、杭州现存清代名人故居、旧居地域分布和建筑形制特点

杭州地区现存纳入各级文物保护单位名录的清代名人故居共8处，分别为梁肯堂旧居、葛云飞故居、朱凤标故居、朱智故居、胡雪岩旧居、王文韶大学士府、濮振声故居、吴道台宅院。（表1）

按地域划分分布于杭州市上城区3处，萧山区2处，拱墅区、余杭区、桐庐县各1处。上城区的3处均位于大井巷历史文化保护区内，另外，杭州清代名人梁肯堂、朱凤标、朱智、胡雪岩、王文韶、吴道台均有历任官职，他们的

表 1　杭州地区现存清代名人故居 [1]

序号	名称	主人生平	地址	建筑形制	保护现状
1	梁肯堂旧居	梁肯堂（1717—1801），历任刑部尚书、漕运总署等	杭州市拱墅区长庆街道王马社区龙潭 3 号	坐北朝南，分东、中、西三个院落	杭州市市级文物保护单位
2	葛云飞故居	葛云飞（1789—1841），中国近代史上著名的民主英雄，诰授振威将军	杭州市萧山区进化镇云飞村山头埠自然村中部	葛氏宗祠：坐西朝东，四合院形式 宫保第：坐西朝东，三合院式院落	浙江省省级文物保护单位
3	朱凤标故居	朱凤标（1799—1873），历任国子监司业、兵部侍郎、协办大学士、兼翰林院掌院学士、拜体仁阁大学士等	杭州市萧山区新塘街道朱家坛村	坐北朝南，分东、西两个院落	杭州市市级文物保护单位
4	朱智故居	朱智（1821—?），历任工部主事、军机处章京、通政使副使、大理寺卿、太仆寺卿等	杭州市上城区元宝街 1—4 号、金钗袋巷 79—87 号	坐北朝南，分别由西、中、东三条轴线多重院落横向套接而成	杭州市市级文物保护单位
5	胡雪岩旧居	胡雪岩（1823—1885），创办胡庆余堂国药号。官至候补道，衔至布政使，阶至二品，服至黄马褂	杭州市上城区元宝街 18 号	坐北朝南，分东、中、西三个院落	全国重点文物保护单位
6	王文韶大学士府	王文韶（1830—1908），晚清重臣。历任军机大臣、北洋大臣、外务部大臣、文渊阁大学士、武英殿大学士等	杭州上城区小营街道小营巷社区清吟巷扩建宅地	坐北朝南，分东、中、西三个院落	杭州市市级文物保护单位
7	濮振声故居	濮振声（1844—1907），六县客民总董事，白布会首领	杭州市桐庐县瑶琳镇高翔行政村石青自然村	坐西朝东，为三间一弄后两厢三合式楼房	桐庐县文物保护单位
8	吴道台宅院	吴道台（1875—1980），历任浙江布政使、巡抚等	杭州市余杭区余杭镇通济社区方井头 17 号	坐北朝南，砖木结构，建筑共二进	杭州市市级文物保护单位

故居形制表现为清代代表建筑，有土木建构封闭、内向的院落式特征，具有中轴线观念，朝向除追求正南外，也会因地制宜地有其他朝向，多为多重院落群体。濮振声为六县客民总董事，白布会首领，是义和团运动爆发后的反清武装力量，故居建筑形制为民国时期的新建筑风格，三间一弄后两厢三合式楼房。葛云飞是中国近代史上著名的民族英雄，他的故居包括葛氏宗祠和宫保第，分别是葛云飞幼年读书与出生的地方，其形制具有典型的江南民居特点，分别为四合院和三合院的形式。

由此看来，名人故居的形制也反映了虽然他们当时享有一定的知名度，但因为阶层不同，所以有着不同的建筑形制来区分其社会地位。杭州名人故居中最常见的是具有典型性的木构架庭院建筑，在南北主轴线上建正厅，正厅左右对称建厢房，从而形成次要的东西向轴线，这种院落称为“三合院”或“四合院”，这也是清代社会在相宅选址的规划中，长期探索和积累的运作规范。

二、对胡雪岩旧居相关研究现状

胡雪岩（1823—1885），字光墉，幼名顺官，字雪岩。道光十五年（1835），13 岁的胡雪岩开始在钱庄做学徒，继而走上从商之路；咸丰十年（1860），38 岁的胡雪岩开始自行创办钱庄，进军典当业；同治元年（1862），40 岁的胡雪岩结识中兴名臣——左宗棠，两人相互倚重，官商知交，凭借其政治支持和自身经营，构建了晚清中国历史上最为庞大的商业帝国。光绪元年（1875），胡雪岩在杭州元宝街修建宅邸，历时 3 年，耗银 50 万两以上，所建宅邸有“江南第一豪宅”之誉。

从现有研究来看，学术界关于胡雪岩旧居的研究多集中在以下几个方面：

（一）有关胡雪岩旧居的概述

对胡雪岩旧居的概述研究多集中在根据历史背景，概况分析其旧居的建筑价值和文化价值，通过胡雪岩旧居来窥探晚清江南官僚巨贾宅院的建筑形制与园林构建。[2]

（二）胡雪岩旧居保护利用与旅游开发之间的思考和探索

胡雪岩旧居作为建筑与历史文化相互交融的国保建筑，同时也是人文景观和旅游资源相互融合的产物。在文旅紧密结合的时代，探讨如何适度开发胡雪岩旧居以适应游客需求，以及如何在保护和合理开发的前提下发挥名人旧居作为文化遗产资源的集群效益，继而推动胡雪岩旧居旅游的可持续发展。[3]

（三）关于胡雪岩旧居的修复理论探索

对于胡雪岩旧居的抢救性修复，主要争论点在“原真性”上，由于各种历史原因，修复前的胡雪岩旧居已损毁严重，仅残存少量遗址，放任不管可能会导致建筑本体消失，其所附带的一切价值就失去了载体。对于保护文物建筑及历史地段的国际原则按国际惯例应参考《威尼斯宪章》的标准来执行，所以胡雪岩旧居在修复过程中可能存在“臆测”的嫌疑，违背了该宪章的原则，这是对其产生争议的主要方面，所以对胡雪岩旧居的修复在一定程度上只能算复原不能算修复。[4] 但胡雪岩旧居有着中国传统古建筑特有的木构材料特性，这是基于中国传统古建筑不同于西方建筑的存在，所以在修复过程中无法完全像西方建筑一样保持明显的分界。基于《威尼斯宪章》的修订是站在西方建筑遗产体系的角度看问题，它并没有考虑东方建筑材料的结构特殊性，而胡雪岩旧居的修复意义不仅在于本体性的历史价值，还在于它是特殊历史阶段的见证，也是中国民族资产阶级发展过程中的实物例证之一，所以对胡雪岩旧居的修复不能仅从《威尼斯宪章》的修订原则来看。[5]

（四）胡雪岩旧居的园林建筑研究

胡雪岩旧居是江南私家园林的代表，根据老照片及考古调查报告来探析胡雪岩旧居的空间营构，通过材料、小品等要素的分析，发现胡雪岩旧居有着中西方文化结合的独特景致，是江南私家园林造园手法与精神追求的探索与表现。[6]

三、胡雪岩旧居遗迹范围及现状

目前我们所见到的胡雪岩旧居是 1999 年初由杭州市政府牵头，联合相关文物保护管理部门根据沈理源先生于 1920 年在华信工程司任职时测绘的胡雪岩旧居平面略图进行的清理与修复[7]，后又依据《胡雪岩故居遗址考古调查简报》[8]进行修复的文物建筑。

因胡氏家族败落，后来胡雪岩旧居又几经易主，年久失修，毁损严重，不少建筑仅剩遗址。笔者根据《胡雪岩故居遗址考古调查简报》记载，以及胡雪岩旧居中轴线形制，将其遗迹遗存情况绘制如下图（图 1），并分为中部（礼仪活动区）、东部（居住式庭院）和西部（芝园）三部分。

根据胡雪岩旧居建筑残存情况与遗迹范围显示（表 2），保存最完整的是东部（居住式庭院）形制，建筑残存 4 间，分别是老七间、新七间、破屋、下房一，遗迹范围涵盖鸳鸯厅及附近园林、花厅一、花厅二及厨房二；中部（礼仪活动区）形制仅存轿厅，遗迹范围涵盖东、西四面厅及附近园林、厅、下房一和厨房一；西部（芝园）形制仅存花厅四，发现遗迹范围有红木厅、池子、亭和临水曲廊。（图 2、图 3）

表 2　胡雪岩旧居建筑残存及遗迹范围

形制划分	残存建筑数量	残存建筑	发现的遗迹范围
东部（居住式庭院）	4	老七间、新七间、破屋、下房一	鸳鸯厅及附近园林、花厅一、花厅二、厨房二
中部（礼仪活动区）	1	轿厅	东、西四面厅及附近园林、厅、下房一、厨房一
西部（芝园）	1	花厅四	红木厅、池子、亭、临水曲廊

由表可知胡雪岩旧居老七间、新七间、破屋、下房一、轿厅、花厅四等 6 间建筑是在原来残存建筑基础上进行的复建，鸳鸯厅及附近园林、花厅一、花厅二、厨房二、东四面厅、西四面厅及附近园林、厅、下房一、厨房一、红木厅、池子、亭、临水曲廊是根据考古遗迹复建。

根据以上考古调查，修复团队依据古建筑修缮“不改变原状”原则，对胡雪岩旧居进行修复，修复后的胡雪岩旧居平面图（图 4）与沈理源先生于 1920 年在华信工程司任职时测绘的胡雪岩旧居平面图整体布局基本一致。

修复后的胡雪岩旧居还补建了缺失的西北角，从对胡雪岩旧居的航拍图中可见。（图 5）

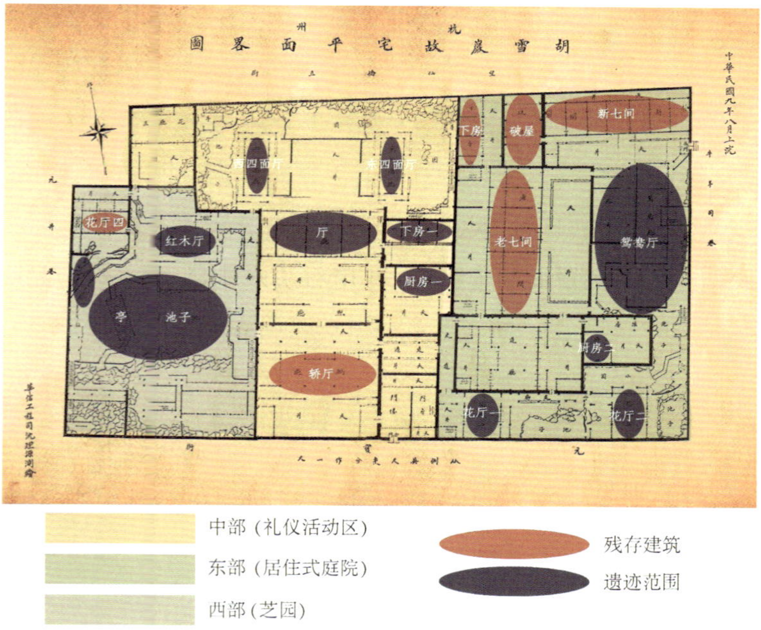

图 1　胡雪岩旧居遗迹遗存情况

五、胡雪岩旧居保养性修复

胡雪岩旧居作为具有独特性的清代古建筑文化载体，具有极高的历史、美学、装饰、空间等艺术成就和科学价值，对其进行保护性修复是文物保护工作者的重要责任，其目的是使文物古建能维持良好状态、续存建筑时间。

（一）保养性修复的原则与性质

胡雪岩旧居经历了数百年的岁月洗礼，旅游开放中的人为因素，江南地区潮湿的气候因素和木结构建筑的常规问题导致胡雪岩旧居木结构建筑糟朽霉烂，墙面开裂变形，屋面残损断裂等诸多病害和安全隐患。根据“保护为主、抢救第一、合理利用、加强管理”的文物保护方针，在坚持“尊重历史、尊重文物本体、不改变文物原状和最小干预”的文物保护原则下，近年来，杭州西湖风景名胜区凤凰山管理处始终坚持以“保养为主，修复为辅”的保护方针，结合胡雪岩旧居作为文物建筑开放后的保存状况，客观合理地确定保护目标，最大程度保护文物本体安全。在这一思想的指导下，杭州西湖风景名胜区凤凰山管理处对胡雪岩旧居进行统一勘测分析，以确保故居在边维护边开放的情况下，实现分区块、分时段、有计划的保养性修复，并尽量多地保留和利用既有建筑的原材料，从而避免遗产载体遗失。

（二）保养性修复设计总体说明

根据《中国文物古迹保护准则》提出的各项修缮原则制定胡雪岩旧居基本保养性修复设计方案，以保护文物建筑本体的完整性和健康状态。保养性修复设计范围包括：一、对存在渗漏的建筑进行揭顶重新换瓦；二、对大木构结构残损严重的构件进行更换补强；三、对严重酥碱开裂的墙体进行局部拆砌加固；四、替补、更换腐朽木构件，修补保养残损构件；五、对不当人为干预造成的问题采取补救措施。具体分为以下内容：

图 2　芝园俯视航拍图

图 3　芝园池子、亭

1. 墙面保养性修复

对胡雪岩旧居的室内老墙面喷洒防水补强剂，维持墙面原状。针对外墙体因风雨侵蚀所造成不同程度的粉刷层脱落现象，可在清理墙体表面基层后，以 1∶6 混合砂浆作底（分层找平），纸筋灰罩面（压实），并用石灰水刷白二度，以保持墙面的整体美观度。

2. 屋面保养性修复

因受雨水侵蚀、风化作用等影响，针对胡雪岩旧居屋面不同程度的松动或脱落，部分瓦片破损等情况，修缮中表现为对小青瓦屋面进行揭瓦翻修，局部以新瓦更换残损瓦件。修缮时将瓦片编号管理，以便后续按原位排放，并在施工中尽

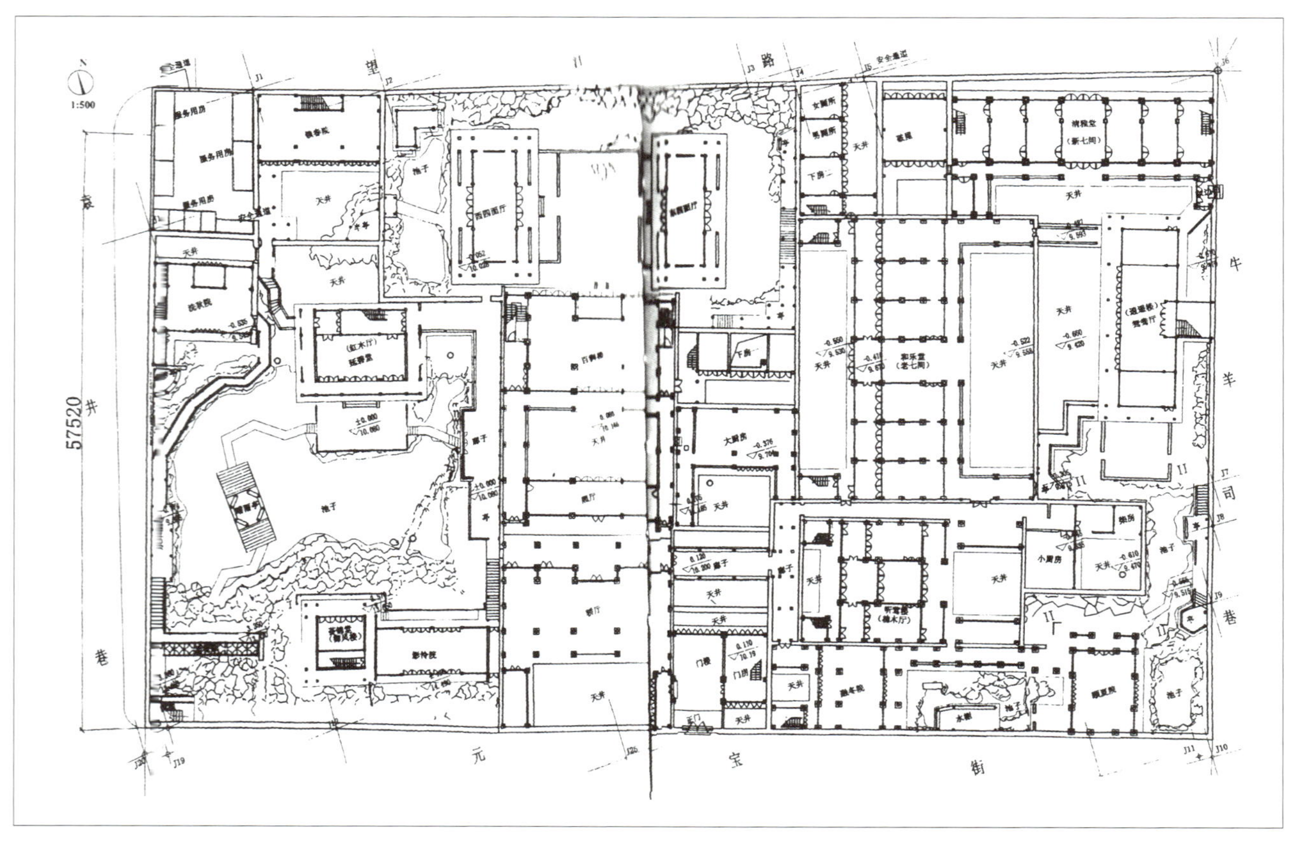

图 4　1920 年江理源主持测绘的胡雪岩旧居平面图（胡雪岩旧居修复平面图）

图 5　胡雪岩旧居俯视航拍图

量保留质量尚可的原瓦件，若碎裂粘接后尚可使用，可将继用的瓦件进行“剔补擦抹”，以备继用，残缺者依现存规格、形制及做法进行补配。重新安装时需考虑视觉效果，根据施工前的精准定位，将原状曲线铺设在建筑的主要看面，或适当部位集中摆放，并对破损、缺失的瓦件和脊饰等依照原尺寸和材料进行更换和添配。

3. 地面保养性修复

建筑地面的损伤常常不被重视，修缮也基本是照原样进行修复，针对胡雪岩旧居地面的损伤情况主要集中在因表面酥碱造成坑蚀，一些地砖因受压不均或地基不匀称而断裂、残缺。针对其病害进行的保养性维护表现为更换残损、风化严重的石质构件，对已碎裂但不影响步行与使用的阶沿石保持现状，对已不成形、部分缺失的阶沿石，采取挖除重铺进行修补与更换。

4. 木构件保养性修复

对胡雪岩旧居的木构件进行安全检查，对保存状态较好的木构件进行保护，对部分后期添加、改动或残损的构建进行原样修复，大木构架各部分选材须符合《古建筑修建工程质量检验评定标准》（CJJ70—96）和《木结构设计规范》（GB5005—2003）的相关规定，所用木材含水率应低于 18%，并按要求对木构件进行防火、防虫、防腐处理。

针对柱头或柱脚严重糟朽的木桩，采取剔除损坏的部分，并墩接加上补长的部分，墩接长度不得超过其柱高的 1/3，以明柱 1/5、暗柱 1/3 为限，并用铁箍两道加固，铁箍的数量与大小可根据具体情况酌定；凡朽烂超过 1/4 的必须更换。对雕刻精美但已糟朽的额枋、穿枋等构件采取“镶包”的方式加以修复，将额枋两侧表面约 3 ～ 4 厘米厚的木雕锯下，然后再将其胶合到重新调换的额枋的表面。如碰到严重受潮而导致糟朽的大木构件，予以更换或墩接维修，新换的木料在加工厂完成防腐防潮处理，并在选用时严格控制含水率。构件榫卯等应符合《营造法原》及其他相关标准要求。

5. 装修保养性修复

在保持胡雪岩旧居原有风貌的前提下，装修保养主要体现在对轻微变形的木窗进行复原处理，如变形严重则参照老木门的式样进行重新制作，新做木窗所用木材含水率应低于 12%，以免日久变形走样。

6. 白蚁防治

针对胡雪岩旧居文物建筑木构件存在虫蛀及糟朽的状况，需专业防虫害公司对区域内病虫害种类、生物类型进行调查分析，以便确定旧居防虫防腐的处理方法。针对调查分析，仔细检查大木装饰构件和小木装饰构件，对虫蛀腐朽严重的木构件进行更换；对局部有虫蛀但还仍能承重的木构件，进行保守性修复，选用适当的杀虫药品，采用注射虫眼和表面涂刷相结合的方法，尽量使构件较多地吸浸杀虫剂，以延长木构件的使用寿命；如需更换新的木构件，使用前要用杀虫药剂浸泡处理。

本文所研究的胡雪岩旧居坐落于清河坊大街，此地“地当四冲，百货所聚”，是清代杭州重要的集市之一，胡雪岩旧居的建筑形制是杭州地区清代名人故居的典范和缩影，具有清式建筑造型稳重，华丽不繁缛的特征，是南方清代官式建筑与民居建筑的有机结合。2001 年自胡雪岩旧居修复开放以来，胡雪岩旧居的文物价值，不光表现在单体建筑上，更是历史、科学与艺术的结合。对胡雪岩旧居的保养性修复是一项综合性的古建文物修缮，涵盖了古建筑养护的全部内容，本文通过对《文物保护法》里各项原则的贯彻执行予以实践，从而减除古建筑的隐患危害，使建筑建构整体安全稳定，在修缮过程中力求更多地使用原有构件、材料，减少不必要的更替，从而保护建筑现存状态的艺术风格。

---

[1] 杭州市第三次全国文物普查领导小组办公室，杭州市园林文物局. 杭州名人故居［M］. 杭州：浙江人民出版社，2013.

[2][5] 高念华. 胡雪岩故居修复研究［M］. 北京：文物出版社，2002.

[3] 王露. 深化杭州名人故居旅游开发的思考：以胡雪岩故居为例［J］. 商场现代化，2011（9）.

[4] 方冉. 19 世纪风格性修复理论以及对当代中国历史建筑保护的再认识［D］. 上海：同济大学，2007.

[6] 王雨欣. 杭州市名人故居植物景观的研究：以胡雪岩故居为例［D］. 浙江：浙江农林大学，2017.

[7] 孙培芳，方绪明. 胡雪岩故居的考察与认识［J］. 华中建筑，2009（10）.

[8] 梁宝华，劳伯敏. 胡雪岩故居遗址考古调查简报［J］. 古建园林技术，2002（4）.

《博物馆探索》征稿启事

为适应文博事业发展的新内容、新趋势和新要求，提升文博学术研究水平，搭建学习交流的平台，推动河南文博事业的创新发展，河南博物院结集出版《博物馆探索》（原《河南博物院院刊》），每年两辑。刊物栏目如下：

1. 考古探索（考古资料及相关理论方法研究）
2. 博物馆实践（博物馆学理论方法与实践探索研究）
3. 展览评议（以国内外原创性展览为主要研究对象）
4. 文物研究（馆藏及考古出土文物研究）
5. 史学发微（历史文化研究）
6. 博物馆史研究（中国博物馆历史发展研究）
7. 文化遗产与保护（物质、非物质文化遗产的保护研究）
8. 艺文园地（艺术史、艺术作品等方面研究）
9. 书刊评价（考古文博类图书推介）

现将投稿要求和具体格式启事如下：

1. 投稿文章，敬请提供电子文本，提供文章的关键词、中文摘要及作者简介（工作单位、职称、主要研究方向、邮政编码、联系方式等）。投稿时请标明“投稿《博物馆探索》”。

2. 来稿要求文字精练、标题准确、层次清晰、观点鲜明，图文并茂。引文核对准确，注释一律放在文末并注明出处，注释的格式参照国际标准；图片请提供600dpi以上的清晰大图，图表请注明名称、来源。

3. 自收稿之日起，编辑部将在3个月内给作者答复来稿处理意见，如在此期限内未收到采用通知，作者可另行处理稿件并告知我刊。稿件恕不退还，请自留底稿。

4. 凡向本刊投稿，稿件录用后即视为授权本刊，并包括本刊关联的出版物、网站及其他合作出版物和网站。

5. 在不改变原意的前提下，本刊有权对来稿进行必要的文字处理。

6. 所有稿件应为作者独创，不得侵犯他人著作权或其他权利，如有侵权，由稿件署名人负责。

7. 本刊已许可中国知网以数字化方式复制、汇编、发行、信息网络传播本刊全文。本刊支付的稿酬已包含中国知网著作权使用费，所有署名作者向本刊提交文章发表之行为视为同意上述声明。如有异议，请在投稿时说明，本刊将按作者说明处理。

通讯地址：河南省郑州市农业路8号河南博物院研究部　　邮编：450002

电话：0371—63511064　　电子信箱：hnbwyyk@163.com

《博物馆探索》编辑部